Willem Dieleman

Pancake Adventures

WILLEM DIELEMAN

PANCAKE ADVENTURES

Auf der ganzen Welt zu Hause mit dem Rezept meiner Oma

Übersetzung aus dem Niederländischen
von Simone Schroth

LÜBBE

Dieser Titel ist auch als E-Book erschienen

Titel der niederländischen Originalausgabe:
»Pancake Adventures. Hoe ik pannenkoeken aan de wereld
gaf *en* wat ik ervoor terugkreeg«

Für die Originalausgabe:
Copyright © 2018 by Willem Dieleman
Originally published by Ambo | Anthos Uitgevers, Amsterdam

Für die deutschsprachige Ausgabe:
Copyright © 2019 by Bastei Lübbe AG, Köln
Textredaktion: Elisa Valérie Thieme, Düsseldorf
Umschlaggestaltung: Thomas Krämer
Unter Verwendung eines Motivs von © Jerome de Lint, Amsterdam
Copyright Fotos Bildteil © Willem Dieleman
Copyright Fotos Innenklappen © Willem Dieleman
Satz: Dörlemann Satz, Lemförde
Gesetzt aus der Scala
Druck und Einband: Druckerei C. H. Beck, Nördlingen

Printed in Germany
ISBN 978-3-4310-4135-4

2   4   5   3   1

Sie finden uns im Internet unter: www.luebbe.de
Bitte beachten Sie auch: www.lesejury.de

Für alle,
die diese Reise möglich
gemacht haben.*

Inhalt

Istanbul: Ein schwieriger Anfang

Was um Himmels willen tat ich auf dieser fremden Couch, wenn ich auch bei Sem im Bett hätte liegen können? Oder nachts mit ihr durch die ausgestorbenen Grachten bummeln, so, als würde die Stadt uns gehören. Immer auf der Suche nach bisher unentdeckten Stellen in Amsterdam und an unseren Körpern ...

Erst vor fünf Tagen hatten wir uns dramatisch zum Abschied geküsst. Ich starrte nach draußen. Sem war es, die mir völlig die Gedanken vernebelte. Wie sie tanzte, als schaue ihr niemand zu. Wie sie guckte, wenn sie etwas Freches tat, und wie sie planlos im Kreis durch das Zimmer rannte, wenn ihr alles über den Kopf wuchs. Ich war auf verzweifelte Weise verliebt: ein Fluch, der so manch einen ereilt, der auf unbestimmte Zeit verreist. Wenn man die Brücken hinter sich verbrennt, kann man nur noch die größten Schätze retten.

Wegen meines Liebeskummers hätte ich beinahe vergessen, warum ich überhaupt losziehen wollte.

Ich war der Datenmeister der Datenmonster gewesen. Wir füllten eine Onlinedatenbank mit Kontaktdetails von Journalisten. Eine Kadenz aus Kurztastenbefehlen untermalte diese Tätigkeit: Strg und C, Alt und Tab, Strg und V, Alt und Tab. Tab, Strg und C, Alt und Tab, Strg und V, Alt und Tab. Tab. Tab.

Offiziell wurde die Datenbank als »Journalistendatei« bezeichnet, denn das klang harmloser. Es war eine ehrenvolle Arbeit. Wie jedes Start-up beteiligten wir uns am Aufbau einer sinnvollen, nachhaltigen und effizienten Welt. Die Journalisten bekamen dank uns weniger Spam, die PR-Firmen eine genauer definierte

Zielgruppe, und wir? Wir bekamen unser Gehalt. Ach ja, und da gab es noch einen Kickertisch, den bis Freitagnachmittag niemand anrührte.

Am wenigsten geistestötend war das Mittagessen, bei dem man sich vor allem über Fernsehserien unterhielt. Dann wurden überraschende Entwicklungen im Plot und bei den Figuren diskutiert. Wenn man nicht seine ganze Freizeit darauf verwenden wollte, den Anschluss nicht zu verlieren, konnte man sich zu den beiden ausländischen Programmierern setzen, die schon innerlich abschalteten, sobald jemand »Schönes Wochenende gehabt?« fragte.

Eines Nachmittags, der sich im Nachhinein als ein Wendepunkt in meinem Leben herausstellte, sah ich zu meinem Schrecken im Terminkalender, dass unser administrativer Mitarbeiter Geburtstag hatte. Das bedeutete, dass wir um vier Uhr wieder alle zusammen am Tisch sitzen und das Gespräch fortsetzen mussten, das sich schon während des Mittagessens quälend langsam dahingeschleppt hatte und schließlich im Sande verlaufen war.

Eine Torte wurde angeschnitten, und man verteilte die Stücke. Bei meinem thronte ein Mandarinenschnitz auf der hart gewordenen Schlagsahne. »Dann auf viele weitere Jahre, mein Lieber!«, verkündete der Geschäftsführer mit vollem Mund.

Unendlich viele Excel-Bögen mit Namen und E-Mail-Adressen wirbelten vor meinem inneren Auge umher. Die Worte hallten wie Herzschläge in meinem Kopf nach: *Dann auf viele weitere Jahre. Dann auf viele weitere Jahre. Auf viele weitere Jahre. Viele weitere Jahre.* Eine halbe Stunde später meldete ich mich krank.

Ich ließ mich kopfüber aufs Bett fallen und versuchte zu weinen. Es blieb beim Versuch, weil ich alle Emotionen, die man dafür braucht, sorgfältig unterdrückt hatte.

Das hier war nicht das Leben, das ich vor mir gesehen hatte, als ich als fünfzehnjähriger Punk die Wand des Schulgebäudes mit einem »Fuck the System«-Graffito versah. Ich hatte meinen Freunden und meinen Eltern versprochen, dass ich vor meinem dreißigsten Geburtstag entweder tot oder zu irgendeinem Stamm in den Amazonas gezogen wäre. »Das halte ich wirklich für eine ganz großartige Idee, mein Junge«, hatte mein Vater in ermutigendem Tonfall zu mir gesagt, während er vor seinen Patiencekarten saß.

Später dann saß ich nach einem abgeschlossenen Master vor einer Datenbank und stellte mit *Copy & Paste* die Kontaktdetails von Journalisten zusammen. *Schaut nur alle her, was für ein Rebell ich bin*, dachte ich nun, während ich vergeblich den Kopf ins Kissen rammte.

Warum sollte ich bis zu meinem dreißigsten Geburtstag warten, wenn ich jetzt schon unzufrieden war? Es gab nichts, was mich an diesen Ort fesselte, und niemanden, der mich zurückhielt. Mir blieben noch ein paar Monate, um weltberühmt zu werden und mir per goldenem Schuss oder einer Shotgun die Mitgliedschaft im Club 27 zu sichern. Das war straff geplant und zugegebenermaßen auch ein bisschen pubertär. Da musste es doch eine bessere Alternative geben.

Vielleicht musste ich ja auch einfach mal raus aus dem Alltag und mich komplett neu sortieren. So richtig schön auf die Suche nach mir selbst gehen. Barfuß durch die Gegend laufen, um der Natur näherzukommen, und zwecks Selbstfindung eine Schweigetherapie antreten. In einer Pluderhose herumlaufen, weil das viel bequemer ist, eine buddhistische Gebetskette tragen, um das Fließen positiver Energien anzuregen. – Und dabei seufzend überlegen, dass Menschen, die gar nichts haben, vielleicht sogar glücklicher sind als wir, die wir unter dem Joch des Überflusses leiden. Oder um gleich den waschechten Backpacker-Slang zu verwenden: Es war Zeit für ein Studium an der *University of Life*.

Zur Inspiration ließ ich den Mauszeiger über Google Maps schweben. Plötzlich beschlich mich eine merkwürdige Faszination für Alexander den Großen und Dschingis Khan. Die hatten vor ihrem dreißigsten Geburtstag die halbe Welt eingenommen. Ein gigantisch großes Gebiet, von dem ich eigentlich keine Ahnung hatte.

Ich war siebenundzwanzig und wusste nicht, wie die Hauptstadt von Georgien heißt oder an welche Länder Pakistan grenzt, worin der Unterschied zwischen Sunniten und Schiiten besteht oder ob es Kamtschatka auch wirklich gibt und nicht einfach nur als zu eroberndes Gebiet beim *Risiko*-Spielen. Ich wusste nicht, welche Länder zwischen den Niederlanden und China liegen. Ich wusste nicht einmal, dass die Route, die die beiden verbindet, schon Tausende von Jahren alt ist und »Seidenstraße« genannt wird.

Weil ich eine Journalistendatenbank mit Informationen füllte, wusste ich stattdessen, dass die Magazine *Puppen* und *Teddybären* sich gerade zu *Puppen und Teddybären* zusammengeschlossen hatten, dass Geesje Rotgers jetzt bei der *Fachzeitschrift für unabhängige Käsereien* arbeitete und dass der Baumzüchter Brienen Brienissen durch einen leidenschaftlichen Appell in *Stadt und Natur* dem »dilettantischen Umgang mit Ulmen auf Glabra-Wurzelstöcken« Einhalt gebieten wollte.

Wenn es einen Moment gab, in dem ich meinem Leben ein wenig mehr Bedeutung verleihen musste, dann diesen. Ich kaufte ein Flugticket nach Istanbul und beschloss, wie ein moderner Marco Polo mit Brüdern des Mevlevi-Ordens zu tanzen, durch das Pamirgebirge zu galoppieren, fließend Kokborok sprechen zu lernen und mit dem Dalai Lama Tee zu trinken. Was man eben auf Reisen so machte.

Und plötzlich saß ich jammernd auf der Couch in Cansus Wohnzimmer. Das war also der Anfang meines großartigen, mitreißenden Lebens.

Zwei Monate vor meinem geplanten Aufbruch verbrachte Sem einen Monat in Kuba, und ihre plötzliche Abwesenheit entfachte in mir eine überwältigende Sehnsucht. Zwei Wochen lang hörte ich nichts von ihr, dann kam eine Nachricht: »Ich liege auf dem Deck eines Segelboots und schaue in die Sterne, und gerade musste ich ganz plötzlich an dich denken.« Mit einem Kloß im Hals starrte ich auf mein Handy.

Als Sem nach einem Monat und einer gefühlten Ewigkeit zurückkam, hatte sie lange über sich selbst nachdenken können und über ihre Beziehung, ihr Leben und was sie damit um Himmels willen anfangen sollte. Wir verabredeten uns in einer Kneipe, wo sie mir mitteilte, dass es zwischen uns vorbei war. Sie konnte das ihrem Freund wirklich nicht weiter antun. Sie liebte ihn zu sehr. Ich würde ja sowieso auf Reisen gehen, deswegen hätte sie gar nichts von mir und ich auch nichts von ihr. Ich fand das schade, respektierte ihre Entscheidung jedoch. Zum zehnten Mal in diesem Jahr.

Drei Biere später rissen wir uns an der Zuiderkerk gegenseitig die Kleider vom Leib. Intention *sehr gut*, Umsetzung *ungenügend*. Ich nahm es Sem nicht übel und verliebte mich nur umso heftiger in sie, als ich sah, wie der Kampf zwischen ihrem Gewissen und ihrer Begierde ihr Herz in ein Schlachtfeld verwandelte. Es machte sie so ehrlich. So menschlich. Und dann rannte sie wieder in ihrem Zimmer im Kreis herum, weil sie einfach nicht begriff, wie ich doch wieder in ihrem Bett hatte landen können. Das wollte sie so sehr, und gleichzeitig wollte sie es mit allen Mitteln verhindern.

»Das ist doch nicht weiter schlimm. In einem Monat bin ich sowieso weg, und damit löst sich das Problem von selbst«, tröstete ich sie. Oder *manipulierte* sie, wie sie das nannte. Dass sie dann keine Probleme mehr hätte, stellte sich nämlich als Lüge heraus. Sem hatte ein Problem mit ihrem Gewissen und ich eins mit der Sehnsucht.

Ich schaffte es einfach nicht, aus Istanbul abzureisen. Meine Gastgeberin Cansu war rundum fantastisch. Ich hatte sie über die Online-Reisecommunity *Couchsurfing* kennengelernt. Das Prinzip funktioniert folgendermaßen: Man stellt anderen Mitgliedern kostenlos einen Schlafplatz zur Verfügung und kann dann auch bei Leuten aus der Community schlafen. So erschafft man ein großes weltweites Netzwerk von Freunden. Natürlich braucht man nicht jedem x-Beliebigen einen Schlafplatz anzubieten, aber offensichtlich fand Cansu mein Profil interessant genug, um meine Bitte um einen Couchsurfing-Kontakt zu akzeptieren. Ich durfte drei Wochen lang ohne Bezahlung auf ihrem Sofa schlafen.

Das bedeutete aber nicht, dass ich keine Gegenleistung erbringen wollte. Um meiner Dankbarkeit Ausdruck zu verleihen, machte ich eine große Schüssel Teig, sodass wir für eine ganze Woche Pfannkuchen hatten. Das tat ich öfter, wenn Couchsurfer oder Freunde aus dem Ausland zu Besuch kamen.

Zum ersten Mal backte ich in Washington Pfannkuchen für einen Couchsurfing-Gastgeber. Ich war sogar vorbereitet gewesen und hatte extra Sirup aus den Niederlanden mitgebracht. In seiner Bewertung schrieb er hinterher:

Willem war ein toller Gast und total unkompliziert. Er hat sich sogar für unsere Mottoparty verkleidet und Pfannkuchen mit echtem Stroop-Sirup gemacht (richtig »geiles Zeug«, meinte ein Freund).

Mit dieser Bewertung war eine Tradition geboren: Für meine Gäste und Gastgeber aus dem Ausland backte ich Käsepfannkuchen mit Sirup. Dass das Pfannkuchenbacken zum roten Faden meiner Reise werden sollte, ahnte ich in diesem Augenblick noch nicht.

Cansu nahm mich mit in die hippen Stadtviertel und erzählte voller Leidenschaft von dem Protest auf dem Taksim-Platz. Oft trieb ich mich auch allein in der Stadt herum, vorbei an den Teehäusern, vor denen alte Männer auf Holzhockern Backgammon spielten und dazu Tee tranken. Vorbei an den unzähligen Straßenkatzen, die von den Einwohnern der Stadt gut versorgt wurden. An den Fischern an der Galatabrücke. An den spielenden Kindern in den ärmlichen Straßen von Beyoğlu. An den Märkten entlang des Flusses, wo zehn kleine Geschäfte nebeneinander Isoliermaterial verkauften. Am Geschrei der Marktleute, das von Gebetsgesängen aus den Minaretten überstimmt wurde. Nach drei Wochen fühlte ich mich in der Stadt schon sehr daheim.

Ich suchte nach gemütlichen Cafés, wo ich hartnäckig mein gebrochenes Türkisch ausprobierte: »*Bir çay lütfen* und das WLAN-Passwort bitte.« Von dort aus schickte ich dramatische Nachrichten an Sem. Außerdem versuchte ich, ein neues Ziel zu finden und so von meinem alten Leben loszukommen. Ein Ziel, mit dem ich meinen Freunden zeigen konnte, dass mein Leben eine gute Wendung genommen hatte. Ich produzierte Vlogs, die nie mein Handy verließen, und schrieb Textentwürfe, die nie zu Geschichten wurden.

Was taten die Menschen eigentlich, wenn sie auf Reisen gingen? Wie funktionierte das? War es ein Wettbewerb nach dem Motto »Wer als Erstes auf der anderen Seite der Welt ist, hat gewonnen«? Ich hatte keinen blassen Schimmer und irrte einfach weiter durch Istanbul.

Während dieser drei Wochen gab es ein paar missglückte romantische Nächte mit Cansu. Vielleicht steckte hinter diesem ganzen Couchsurfing doch mehr. Man brauchte in jener Zeit eine Menge Fantasie, um aus ihr oder anderen Frauen etwas zu machen, das Sem ähnelte. Doch es half nichts: Stocksteif lag ich neben Cansu, nur mit meinem Schwanz war nichts zu wollen.

Das brachte mir eine Erkenntnis: Ich musste meinen Trekkingrucksack packen und statt des Möchtegern-Don-Juan meinen inneren Marco Polo aktivieren.

Planänderung

Von dem Bus, in dem sich mein Rucksack, mein Pass und meine Kamera befanden, waren nur noch die roten Rücklichter zu sehen. Ich rannte, als wären mir wilde Hunde auf den Fersen. Dann winkte ich. Es schien mir unmöglich, einen Bus einzuholen, aber ich wusste natürlich auch nicht, ob mich jemand im Dunkeln winken sehen würde. Drei Wochen hatte ich gebraucht, um meinen ganzen Mut zusammenzunehmen und Istanbul zu verlassen, und sofort wurde mein Aufbruch mit einem Unglück belohnt. Nach einem kurzen Halt an einem Zollhäuschen fuhr der Bus wieder an. Mit meiner letzten Energie sprintete ich weiter. Mein Mund schmeckte nach Blut. Ich hatte es fast geschafft. Der Bus beschleunigte wieder. Ich stieß einen unartikulierten Schrei aus. Inzwischen rannte ich neben dem Bus her und schlug mit den Händen auf die Seitenfenster. Als die Türen sich endlich mit einem Seufzen öffneten, erschien mir das wie lieblicher Engelsgesang. Der Busfahrer warf mir einen kurzen, leeren Blick zu und schloss die Tür hinter mir.

»Seit letztem Jahr herrscht im Bus Rauchverbot, deshalb halten die Fahrer alle Viertelstunde für eine Zigarettenlänge oder zwei an, gerade kurz genug, damit die Passagiere nicht zur Toilette gehen können.« Der Mann auf der anderen Seite des Ganges lachte. Er hatte zwei Kinder bei sich. Sein Englisch war gut. Ausgezeichnet sogar, verglichen mit dem der restlichen Passagiere.

»Husseyin«, stellte er sich vor und überreichte mir eine weiße Visitenkarte mit seinem Namen darauf. Ich drehte sie um: *Ge-*

schäftsführer White Beach, Luxusjachten, Helikopterflüge, Makler, Hauswart.

Husseyin erzählte, dass er gerade seine Kinder von ihrer Mutter aus Istanbul abgeholt hatte und sie nach Göcek mitnahm, wo er mit seinem Vater wohnte. Kinder fand er einfach nur nervig. Aber vor allem fand er seine Ex-Frau kompliziert. Nach der gescheiterten Ehe hatte sie bei Allah Liebe gesucht, der verstand sie zumindest.

Husseyin hatte Allah bei seiner Frau auf dem Sofa zurückgelassen und sich zur seelischen Regeneration dem Alkohol ergeben. In seinem Dorf wartete eine nette Geliebte auf ihn, »der das Vögeln Spaß machte«. In mir schien er endlich jemanden gefunden zu haben, mit dem er sich ungeniert über Sex unterhalten konnte. Weil niemand sonst im Bus Englisch sprach, brauchte er nicht diskret zu sein.

Bei einem von Neonröhren beleuchteten Restaurant, in dem einem Männer mit Schnurrbärten und fleckigen Schürzen das Essen auf den Teller klatschten, tranken wir starken Tee aus dem typisch türkischen Glas in Korsettform. Das ist der Espresso unter den Teesorten.

Wir unterhielten uns über den Islam, von dem Husseyin sich immer weiter entfernte, über Europa und über meine Reise, die gerade erst begonnen hatte. Dann sprachen wir doch wieder über Sex. »Das ist der Grund dafür, dass ich so gut Englisch spreche«, erklärte er stolz. »Meine Englischlehrerin. Ich war fünfzehn und sie dreiundzwanzig. Die Affäre dauerte etwa drei Jahre.«

Ich musste an meine eigene Liebe denken. Ich wusste nie, als was ich sie bezeichnen sollte: als Bettgeschichte, Geliebte, Affäre, Gelegenheitskontakt, Fast-Beziehung oder »Booty Call«. Sem gehörte zu den Menschen, die es nicht mochten, wenn man sie in Kategorien steckte. Ich teilte diese Auffassung. Liebe ... Das sagte schon alles.

Je weiter ich von ihr wegfuhr, desto mehr fühlte es sich an, als ob ich in einer alten Dampflokomotive aus dem Fenster hing und sie dem Zug hinterherrannte. Sie konnte ihn nicht einholen. Ich würde immer weiter am Horizont verschwinden. Danach konnte sie ihr eigenes Leben wieder aufnehmen.

»Ich habe zu Hause eine Geliebte«, sagte ich zu Husseyin.

»Was tust du dann hier?«

»Sie hat einen Freund.«

Husseyin schaute ablehnend und erschrocken drein. »Bei untreuen Frauen musst du aufpassen. Die machen einem das Leben total kaputt. Das darfst du mir ruhig glauben.« Er schien in Erwägung zu ziehen, eine neue Geschichte aus seinem Leben zu erzählen, seufzte jedoch stattdessen laut. »Schlag dir die Frau so schnell wie möglich aus dem Kopf. Wir finden schon eine nette Türkin für dich.«

Husseyins Kinder forderten seine Aufmerksamkeit. Ich lehnte mich zurück und konnte nur noch an Sem denken. Selbst wenn sie mit ihrem Freund Schluss machen und sich für mich entscheiden würde, wie sollte ich ihr dann vertrauen können? Das Einzige, worauf ich vertrauen konnte, war, dass sie fremdging. Ein seltsames Gefühl der Sicherheit. Von mir aus durfte sie machen, was und mit wem sie es wollte. Ich hatte beschlossen, dass Lieben nicht dem Besitzen gleichkam. Aber ich war es leid, ihr größtes Geheimnis zu sein. Sie würde ihren Freund nie verlassen, und mich wollte sie nur für Sex.

Ich hatte mich losgemacht. Der Liebeskummer würde vergehen, das wusste ich aus Erfahrung, aber es war schwer zu sagen, wann das passieren würde.

»Musst du wirklich noch heute ins Kabaktal?«, fragte mich Husseyin leise. Seine Kinder waren eingeschlafen. Seine Tochter lag auf seinem Schoß, und sein Sohn hatte sich an mich geschmiegt.

»Das ist zumindest der Plan«, antwortete ich. »Wieso?«

»Was willst du da eigentlich?«

»Was ich da will? Ich will einfach hin. So sieht mein Plan aus. Ich habe gehört, da soll es schön sein, und ...«

»Warum fährst du nicht mit nach Göcek? Da ist es viel schöner, und du kannst meinen Vater kennenlernen. Kabak ist doch für Hippies.« Husseyin musste es wissen, ihm gehörte schließlich ein Helikopterbetrieb.

Mein eigenes Abenteuer hatte gerade erst begonnen, und schon wurde mein ganzer Plan umgeworfen, weil irgendein x-beliebiger Mann bei mir in einem Nachtbus saß. Alle Menschen, die einem auf Reisen begegnen, sind Vorüberziehende. Die Gespräche scheinen oft unbedeutend, aber rückblickend betrachtet kann ihnen eine bedeutsame Rolle zukommen. Ich saß immer noch in meinem Schutzraum. Wenn mir ein wildfremder Mann vorschlug, mit zu ihm nach Hause zu fahren und dort das Wochenende mit ihm zu verbringen, schrillten bei mir alle möglichen Alarmglocken. Warum war er darauf aus, dass ich mit zu ihm nach Hause kam? Wollte er mir einen Flug im Helikopter andrehen? Würde er mich überfallen? Oder noch schlimmer, wollte er mich als Babysitter einsetzen, während er mit seiner Geliebten auf Reisen ging? Es musste mehr dahinterstecken. Während meines BWL-Studiums hatte ich irgendwann mal gelernt, dass Manager und Investoren immer denken: »Nette Idee, aber was bringt *mir* das?« Wo war hier der Haken? Was hatte Husseyin davon, wenn er sich um einen zerrauften Backpacker kümmerte?

Dann sagte ich höflich und verunsichert, ich würde doch lieber nach Kabak fahren.

»Bist du jetzt ein Reisender oder nicht?!«, gab Husseyin spöttisch zurück. Seine Tochter wachte auf.

War ich jetzt ein Reisender oder nicht? Ich wusste es nicht. Ich hatte mich doch gerade erst auf den Weg gemacht. Ich wusste nicht einmal, wonach ich suchte und was ich erreichen wollte, außer, dass ich ein Ziel finden musste, mit dem ich meinem armseligen Leben ein wenig Bedeutung verleihen konnte. Später würde ich sagen, der größte Unterschied zwischen einem Reisenden und einem Backpacker bestehe darin, dass ein Backpacker sagt, er wäre kein Tourist, und ein Reisender, er wäre kein Backpacker. Aber was ich genau war? In diesem Augenblick war ich einfach nur unterwegs.

Der Bus kroch weiter vorwärts, jede Viertelstunde gab es eine Raucherpause.

»Du bist ein freier Mensch«, fuhr Husseyin fort, »gleich zeige ich dir die Dinge, die im Leben wirklich wichtig sind. Dein Leben wird nicht von Kindern, einer Hypothek oder einem Chef bestimmt. Bald bist du tot, und dann?«

Wenn ich das Glück haben sollte, in fünfzig Jahren auf dem Sterbebett zu liegen und mir die Zeit nehmen zu können, über die vergangenen achtzig Jahre nachzudenken, würde ich nur Reue darüber empfinden wollen, dass ich auf dem Sterbebett lag und nicht bei irgendeiner Aktivität zu Tode gekommen war.

Und sollte ich doch das Pech haben, in einem Pflegeheim zu enden, so hoffte ich, ich könnte, während mir die Schwestern die Hose zuknöpften, ständig von den Ländern erzählen, die ich besucht hatte, wo die Frauen am schönsten waren, und wie sich die Gipfel des Himalaja grellorange färbten, wenn die Sonne unterging. Tagein, tagaus. Bis die Schwestern so frustriert waren, dass sie ihre Jobs aufgaben und sich statt eines neuen Sofas einen Trekkingrucksack kauften. So sah mein Ideal eines großartigen, mitreißenden Lebens aus.

Dr. Safety und Mr. Adventure diskutierten heftig miteinander. Wollte ich das Abenteuer? Ja, ich wollte das Abenteuer. Aber was, wenn das hier eine Falle war? Dann würden wir das später schon regeln. Wenn man ein großartiges und mitreißendes Leben führen möchte, muss man sich auch mitreißen lassen, sonst kann man genauso gut bei Instagram Fotos von Palmenstränden mit Likes versehen. Mr. Adventure trug den Sieg davon.

Ein paar Stunden später stand ich auf Husseyins Veranda. Sein Vater begrüßte mich mit einer herzlichen Umarmung und einem Wangenkuss, so als wäre ich der heimgekehrte verlorene Sohn. Er bedeutete mir, ich solle mich setzen, und verzählte mir seine Lebensgeschichte. Er lachte breit, die Zähne hatte er sich aus dem Mund geraucht, oder man hatte sie ihm ausgeschlagen. Ich hörte zu und nickte höflich. Er schaute mich erwartungsvoll an. »Ich nix Türke«, erklärte ich mit den entsprechenden Gesten. Husseyins Vater erwiderte auf Türkisch, das sei ihm scheißegal. Wir mussten lachen. Husseyin war inzwischen mit den Grillsachen zurückgekommen und erklärte mir, sein Vater sei einmal der stärkste Mann der ganzen Provinz gewesen und habe mit einer Hand einen Lastwagen hochheben können. Kein Witz! Ich betrachtete fasziniert die zitternde Hand und lachte. Der Vater grinste noch einmal mit seinem zahnlosen Mund. Der stärkste Mann der ganzen Provinz.

Husseyin erzählte mir von seinem konservativen Heimatdorf. Sein Vater hatte ihm eine streng islamische Erziehung verpasst. Er war nach Istanbul geflüchtet, wo er seine Englischlehrerin und später seine Frau aufgetan hatte. Später, als seine Ehe scheiterte, war er fertig mit der großen Stadt. Man bot ihm in Göcek eine Stelle und ein Haus an, und er holte sofort seinen Vater zu sich, weg aus dem kleinen Dorf in den Hügeln. »Es ist nicht gut, wenn man schlechte Gefühle gegenüber seinen Eltern hegt. Im Prinzip wollen sie doch nur das Beste für einen. Das weiß ich auch erst, seit ich selbst Vater bin.«

Ich war inzwischen davon überzeugt, dass mir keine große Gefahr drohte. Einem Mann, der für seinen armen Vater und zwei Kinder sorgte, musste man doch wohl trauen können.

In den folgenden Tagen sorgte Husseyin dafür, dass ich keine einzige Lira ausgab. Er war mein Gastgeber, ich seine Geisel.

Göcek war ein kleines Monaco: Viel zu tun gab es nicht, aber teure Jachten waren immer noch besser als haschende Hippies in Kabak, das sagte zumindest Husseyin. Wir gingen ins Café, wo uns seine Geliebte Kaffee servierte, schauten reichen Leuten beim Champagnertrinken zu, und gingen an einen Strand, den wir nicht betreten mochten, weil der Einritt unglaublich teuer war. Wir klapperten drei Supermärkte ab, um einen Föhn für eine Frau in einer der Villen zu finden, um die sich Husseyin kümmerte. Danach besuchten wir den Handyladen seines Bruders Mehmet, der mir halb auf Englisch und halb auf Türkisch erklärte, wie er sein Unternehmen aufgebaut hatte. Wir kauften Kleidungsstücke für Husseyins Kinder, gingen an einen Strand, den man gratis besuchen konnte, und grillten abends mit seinem Vater und seinem Bruder. Ein verlorenes Wochenende war das auf keinen Fall.

Es war gut, dass ich mitgefahren war. Nicht, weil ich gerade die spannendsten paar Tage meines Lebens verbrachte, sondern weil ich einen Einblick in das alltägliche Leben eines ortsansässigen Menschen bekam. Außerdem hatte ich mich bisher noch nie so weit aus meiner Komfortzone entfernt. Wann unterhielt man sich zu Hause schon wirklich einmal mit jemandem, einfach um sich besser kennenzulernen? Ja, in einer Kneipe kam das schon mal vor, bei Mädchen, die man auf oberflächliche Weise interessant fand. Mit ein bisschen Glück lernte man sich in derselben Nacht dann noch besser kennen. Aber auf freundschaftlicher Ebene passierte so etwas selten. *Eine authentische Erfahrung wie diese werde ich so schnell nicht wieder machen*, dachte ich mir.

Am dritten Tag beschlich mich das Gefühl, dass ich Husseyins Gastfreundschaft ausnutzte. Es wurde Zeit, meinem ursprünglichen Plan zu folgen und ins Kabaktal zu fahren. Husseyin war einverstanden und betonte, wie froh er sei, dass er einem vorurteilslosen und aufgeschlossenen Reisenden von seinem Liebesleben hatte erzählen können. Vorurteilslos und aufgeschlossen – diesen Titel würde ich erst noch erwerben müssen, aber ich hatte das Gefühl, jetzt auf dem Weg zu sein, ein Reisender zu werden.

Auf dem Weg zum Bus schaute ich in Mehmets kleinem Geschäft vorbei, um mich für seine Gastfreundschaft zu bedanken. Er blickte mich verwirrt an.

»Wo willst du denn hin?«, fragte er skeptisch.

»Nach Kabak.«

»Wieso das denn? Haben wir uns nicht gut um dich gekümmert? Haben wir vielleicht irgendetwas verkehrt gemacht?«

Ich lachte, aber dann sah ich, dass er Tränen in den Augen hatte. Völlig verwirrt bestieg ich den Bus nach Fethiye.

Himmel oder Kürbis

In Fethiye wartete ich auf einen Dolmus, der aber nicht kam. Die Bushaltestelle bot keinen Schutz vor der brennenden Sonne. In meinem einfachsten Englisch hatte ich fünf Leute gefragt, wo der Bus ins Kabaktal abfuhr, und alle fünf hatten mich mit eindeutigen Gesten zu dieser sonnenüberfluteten Stelle geschickt. »Sonnenüberflutet«, so wurde dieses Gebiet in sämtlichen All-Inclusive-Broschüren genannt. Wenn man durch den Regen zur Arbeit radelt, sehnt man sich danach, aber wenn man auf einen Bus wartet, der nicht kommt, wünscht man sich nichts mehr als eine kalte Dusche.

Keiner von den vorbeikommenden Bussen fuhr nach Kabak, und immer wieder schloss sich die Tür, ohne dass mir jemand weiterhelfen wollte.

Um keinen Sonnenstich zu bekommen, ging ich zu einem kleinen Restaurant und nahm eine Packung Ayran aus dem Kühlregal. Davon hatte ich noch nie gehört, aber als ich das Zeug probierte, war ich ziemlich begeistert von dem süßen Joghurtdrink. Sofort kaufte ich noch einen. Und dann gönnte ich mir einen weiteren Liter und kippte ihn direkt in mich rein. Damit hatte ich meinen Bedarf erst mal für ein paar Jahre gedeckt. Das war auch völlig okay. Darüber hatte ich allerdings womöglich den einzigen Bus nach Kabak verpasst.

Ein blaues Familienauto hielt an. Die Scheibe wurde heruntergekurbelt, und ich bückte mich, um auf Augenhöhe mit dem Fahrer zu sein. »Kabak?«, fragte eine Frau freundlich. Ich nickte. »Komm!«, sagte sie und öffnete die Wagentür für mich.

Fatma begrüßte mich mit einem breiten Lächeln. Sie war eine hübsche Frau irgendwo in den Vierzigern. Ich dankte ihr. Sie kicherte verlegen und sagte: »*No good English.*«

Schweigend fuhren wir über sich windende Straßen an den Kliffs entlang, links von uns breitete sich das Mittelmeer aus. Plötzlich fiel mir etwas ein. Ich nahm mein Handy und öffnete Google Translate. Ich sagte: »Vielleicht können wir uns ja so unterhalten?« Die weibliche Stimme übersetzte: »*Belki böyle konuşabiliriz?*«

Sie lachte. Jetzt probierte sie es: »Fantastisch! Wie geht es dir?«

Abwechselnd sprachen wir in mein Handy. Das ging nicht ganz reibungslos, aber wir erfuhren doch ziemlich viel voneinander. Fatma hatte einen Sohn, war geschieden, arbeitete bei einer Bank und fuhr jedes Jahr eine Woche hierher in den Urlaub. Sie hatte lange in Istanbul gewohnt, sich aber jetzt in Fethiye niedergelassen.

Das Handy übersetzte: »Arbeitest du an einer Datenbank mit, weil du dumm bist?«

Ich schaute sie fragend an. Und sie schaute fragend zurück, als meinte sie: »Habe ich was Falsches gesagt?« Ich übersetze den Satz wieder zurück, und jetzt erschrak sie. »No, no, no!« Sie versuchte es wieder, und da sagte die Computerstimme, dass man ein schlauer Mann war, wenn man an einer Datenbank arbeitete. Ich lächelte.

»Musst du wirklich nach Kabak?«, übersetzte mein Telefon Fatmas Frage.

»So lautet zumindest der Plan.«

»Ich nehme dich mit ins Cennet-Tal, da ist es viel schöner. Außer natürlich, du willst zwischen den haschrauchenden Touristen rumsitzen.«

Ich grinste. Wieder wurde ich von der türkischen Gastfreundschaft überwältigt. »*Cennet* bedeutet Himmel. Das Tal heißt so, weil es dort himmlisch schön ist«, erklärte Fatma.

Bevor es so weit war, hielt sie am Straßenrand an. »Das Kelebek-Tal«, sagte sie, »das Schmetterlingstal. Es heißt so, weil es ein Nistplatz für Schmetterlinge ist.«

Davon musste ich Fotos machen. Das Tal war eine kleine tiefe Bucht im Kliff. Zwischen den spitzen Felsen lag eine Grünfläche mit einem Campingplatz. Man konnte nur mit dem Boot dorthin kommen. Außer Fotos vom Schmetterlingstal machten wir ein Selfie, auf dem weder Schmetterlinge noch das Tal zu sehen waren.

Bevor wir weiterfuhren, erklärte mir Fatma, dass wir von Kabak mit dem Boot nach Cennet mussten. Wenn ich noch mitwollte, natürlich. Aber sie war so fest entschlossen, dass ich gar nicht anders konnte. »Kabak bedeutet Kürbis«, erklärte Fatima. »Das Tal heißt so, weil ... Na ja, das wirst du gleich sehen.«

Über eine steile Straße liefen wir an noch nicht fertig gebauten Bungalows entlang. »Kabak ist ein Naturschutzgebiet, und trotzdem haben die Projektentwickler mit dem Bau von Ferienresorts begonnen. Weiterbauen dürfen sie nicht. Jetzt warten sie, bis eine neue Regierung kommt, die es trotzdem erlaubt, und dann wird dieses ganze Tal mit Bungalows vollgebaut und von russischen Terroristen überflutet, genauso wie in Alanya und in Ölüdeniz«, sagte das Handy monoton. Fatma ergänzte das mit einem betrübten Blick.

Als wir uns dem Tal näherten, kamen wir an traditionellen Wohnwagen und Bungalows mit Hängematten davor vorbei. Die Berge, die das Tal umgaben, bildeten eine große grüne Wand, die einen dazu ermutigte, das dunkelblaue Meer und den hellblauen Himmel anzuschauen.

Fatma und Husseyin hatten nicht übertrieben: Überall auf den Feldern und auf den Dächern der Gästehäuser sah ich Horden von jungen Leuten, und der Geruch nach Hasch war allgegenwärtig. Näher am Strand gab es ein Schwimmbad, in dem rosa- und orangefarbene Körper zwischen Efes-Bierflaschen herumdümpelten. »Siehst du, das ist Kabak!« Fatma deutete auf die Körper und lachte. »Also, wie lautet deine Entscheidung: Cennet oder Kabak?«, wollte sie wissen. *Himmel oder Kürbis?*

Dass das eine rhetorische Frage war, begriff ich auch. Das Boot wartete schon auf uns.

Wieder war ich froh darüber, von meinem ursprünglichen Plan abgewichen zu sein. Hinter einem hohen Felsen erstreckte sich das dunkelblaue Meer, das sich langsam in helles Azurblau verwandelte und dann in einen schmalen weißen Sandstrand überging. Der Strand wurde von einer dichten Bewaldung begrenzt, die an einer Bergwand etwa hundert Meter weiter oben ausdünnte, bis auch die stärksten Bäume keinen Halt mehr an den steilen Felsen finden konnten.

Der Strand war leer. Keine Ressorts, kein Haschgeruch und keine Menschenseele zu sehen. Mit dem Rucksack auf dem Kopf sprang ich vom Boot. Nach dem Strand mussten wir über einen schmalen Pfad nach oben. Die Bäume bildeten einen Tunnel, der so niedrig war, dass man nicht aufrecht darin gehen konnte. Nach einer Viertelstunde kamen wir auf eine Lichtung mit einer Holzhütte, drei Kuppelzelten und den Resten einer Psytrans-Party. Es gab zwei Grotten mit schwarzlichtaktiven Malereien und mit Traumfängern, die man nicht mehr verwendete.

Der Campingplatzaufseher begrüßte Fatma, wie gute Freunde das tun, oder alte Geliebte: Er strahlte. Fatma zeigte auf mich und sagte etwas, das ich nicht verstand. Lachend gab mir der Mann die Hand. Ich konnte mir ohne Weiteres vorstellen, dass er ein Jahr lang übers Meer geblickt und auf die Rückkehr seiner Geliebten gewartet hatte.

Nachdem ich mein Gepäck in eines der Kuppelzelte gelegt hatte, erkundete ich das Tal. Ich stieg auf einen Felsen, von dem aus ich Aussicht über mein vorübergehendes Königreich hatte: mein Schloss mit zwei Stangen und einem Leintuch, verborgen unter den Baumwipfeln. Auf dem Berggipfel lag ein Felsbrocken mit einem Nadelbaum daneben, der einen Schatten über den Stein warf. Der Fels schien zum Sitzen wie geschaffen. Ich bewunderte mein ganz persönliches Reiseprospektfoto. Dort saß ich und schaute es mir an. Keine Ahnung, wie lange.

Ein überwältigendes Glücksgefühl ergriff mich. Hier saß ich allein auf dem Berggipfel. »Schau doch!«, sagte ich ab und zu laut zu niemandem im Besonderen.

Wieder wurde ich mit einem dieser unglaublichen Klischees konfrontiert: allein, aber nicht einsam. Hier war ich nun, und es stimmte zu hundert Prozent. Ich fühlte mich nicht einmal übertrieben sentimental. Es gab keine zynische Stimme in mir, die mich dazu aufforderte, mich wieder einzukriegen. Niemanden, der mich darauf hinwies, dass ich schon viermal gesagt hatte, wie schön es hier war. Es fühlte sich an, als würde ich mir zum ersten Mal wirklich die Zeit nehmen, glücklich zu sein. »Das Glück ist nur echt, wenn man es teilt ... Was für ein Schwachsinn!«, verkündete ich mit einem breiten Grinsen.

Lachend fuhr ich mir mit den Händen durchs Haar.

War das hier also das vollkommene Glück, von dem so oft die Rede war?

Mein guter Freund Jochem hatte mich etwa ein Jahr zuvor gefragt: »Wann warst du am glücklichsten?«

Wir saßen am Kloveniersburgwal und tranken Kaffee aus Pappbechern. Die Füße ließen wir über die Kaimauer baumeln, die Frühlingssonne schien, und die Mädchen hatten ihre weiten Pullover gegen kurze Röcke eingetauscht.

»Das kann ich dir nicht sagen«, gab ich zurück. »Aber was wäre mit genau diesem Moment?« Jochem fand das eine schöne Idee. Er war stolz darauf, Teil des Augenblicks auszumachen.

Weil ich mich so bewusst darauf konzentriert habe, kann ich mir diese Erinnerung immer noch ohne Probleme ins Gedächtnis rufen. Es war ein stilles Glücksgefühl, von weniger starker Intensität als das Glück, das ich jetzt erlebte. Auf meinem Felsen war mir fast danach, mich aus Angst, nie wieder so viel zu empfinden, von der Klippe zu stürzen.

Manche meiner Freunde oder Mädchen in Kneipen, die mich ungefragt zum Objekt einer psychoanalytischen Untersuchung machten, hatten mir gesagt, dass ich meine Emotionen zu stark unter Kontrolle hielt. Seit ich vierzehn war, hatte ich nicht mehr geweint. Als Kind hatte ich mich immer ohne Zurückhaltung gehen lassen, aber auf der Sekundarschule fand ich mich dafür zu erwachsen. Man spielte mit Freunden, man hing herum oder chillte. Und man weinte nicht, sondern warf einfach ein Fahrrad ins Wasser, wenn man sich abreagieren musste.

Lange war ich anders. Ich weinte, als ich für eine schriftliche Prüfung, auf die ich mich gut vorbereitet hatte, eine Fünf bekam. Ich versuchte mich zusammenzureißen, konnte aber nicht aufhören. Ich rannte aus der Klasse und brach in Tränen aus. Zu meiner Schande wurde ich von Mädchen getröstet, die das Ganze niedlich fanden. Und es wurde auch noch im Klassenfoto kurz danach verewigt. Als ich den Umschlag mit Gruppenbild und Porträtfotos öffnete, sah ich, wie ich mit leeren, rot geränderten Augen in die Linse starrte. Das war nicht ich. Ich durfte mich von negativen Ereignissen nicht mehr so stark berühren lassen. Ich musste mich davon fernhalten oder sie irgendwie einordnen, indem ich in einen Dialog mit mir selbst trat. Jedes negative Erlebnis wurde evaluiert. Oft war es nicht der Mühe wert, mir davon den Tag verderben zu lassen. In der Küchenpsychologie nennt man das »das Unterdrücken der Emotion«, in der Achtsamkeit »das Erkennen und Angehen negativer Erfahrungen«. Die Wahrheit liegt wahrscheinlich in der Mitte oder genau daneben.

Bis ich achtzehn wurde, war das Verbergen von Schwäche noch etwas, auf das man stolz sein konnte. Später merkte ich, dass es stark und attraktiv wirkte, da hatte ich die entsprechenden Emotionen schon meisterlich unterdrückt. Als meine Oma starb, bat mich mein Bruder, sein Gedicht für das Begräbnis Korrektur zu lesen. Nach der ersten Strophe überkam mich ein irrsinniger Brechreiz. Ich rannte in mein Zimmer und warf mich aufs Bett, drückte das Gesicht ins Kissen und würgte, mit ruckartigen Bewegungen und mit Tränen in den Augen. Das Ganze dauerte zehn Sekunden, dann musste ich plötzlich laut lachen. *Was für ein seltsames Gefühl*, dachte ich, *aber eigentlich ganz angenehm. Sollte ich öfter mal machen.* Danach ist es aber nie wieder passiert.

»Das kommt daher«, sagten die Mädchen oder Freunde dann, »weil du deine Gefühle so tief in dir versteckt hast, dass du sie nicht mehr abrufen kannst.« Sie argumentierten, man könne keine guten Emotionen mehr empfinden, wenn man die schlechten unterdrücke. Denn zu wahrem Glück gehört auch Schmerz. Sie empfahlen mir, eine Therapie zu machen und dort mal ordentlich zu weinen. Aber das Ergebnis war nie mehr als eine einzige armselige Träne. Selbst in der bewussten Nacht auf dem Sofa in Istanbul sehnte ich mich nach nichts anderem als nach Sems Wärme. Es brachte mir feuchte Augen und einen traurigen Zug um den Mund ein. Darüber war ich so froh und stolz, dass ich sofort ein Foto davon machte und ihr schickte. »Siehst du: Liebeskummer!«

Die Diagnose stand fest: Ich war zu oberflächlichen Emotionen verdammt.

Jetzt stand ich da und wusste vor Glück nicht, was ich mit mir anfangen sollte. Ob die Mädchen mit ihren gut gemeinten Ratschlägen sich schon so fühlten, wenn sie im Supermarktregal eine reife Avocado entdeckten? Was für ein herrliches Leben das sein musste.

So saß ich eine Zeit lang da und überblickte mein Königreich, high vor lauter Positivität. Es begann mit dem Gedanken: Das hier muss ich mit jemandem teilen. Also doch. Ich nahm mein Handy. Hier hatte ich keinen Empfang, und Fatma lag bestimmt mit dem Campingplatzaufseher auf dem Küchenflur und spielte eine Runde »Backgammon«.

Die Einzige, mit der ich das hier wirklich teilen wollte, war Sem. Ich wollte, dass sie auf diesen Felsen kletterte, und dann auf mich, die Beine links und rechts von mir, und sie sollte mich in die Zange nehmen. Ich wollte mit der Wange an ihren Hals gepresst durch ihr wehendes Haar durch auf die ruhige See starren. Einen Monat war ich jetzt weg, und ich vermisste sie jeden Tag, aber sogar dieser Gedanke wurde durch meinen brennenden Kopf in Schnsucht statt in Wehmut verwandelt. Ich schickte ihr eine E-Mail, in der nichts offenblieb: »Ich will dich. Jetzt! JETZT! Komm her, jetzt, und wenn es nur ganz kurz ist.« Diese Behauptung passte immer, deswegen würde ich sie verschicken, sobald ich wieder Empfang hatte.

Ich brauchte Abkühlung. Weil ich dort allein war und weil das Königreich sowieso mir gehörte, sparte ich mir die Umstände, die Badehose aus dem Rucksack zu holen. Ich ließ die Wellen gemütlich meine Hoden kitzeln. Sogar etwas Neues probierte ich aus, allerdings eher aus Notwendigkeit als aus Neugierde. Ich musste scheißen und hatte keine Lust, zum Campingplatz hochzuklettern, um dort in einem ekligen Holzverschlag über einem Loch im Boden zu hängen. Ich schwamm zu einer Felsgruppe, die aus dem Wasser ragte. Während ich mich an spitzen Steinen festhielt, um nicht von den Wellen weggezogen zu werden, probierte ich verschiedene Stellungen aus. Als ich gerade die perfekte Position gefunden hatte, sah ich, wie hinter dem Kliff ein kleines Boot erschien. Eindringlinge! In meinem Königreich. *Ich bin nackt und scheiße gerade in die See. Haut ab! Sucht euch euer eigenes unbewohntes Tal*, dachte ich, während ich mich ungeschickt aus meiner unvorteilhaften Position zu manövrieren versuchte.

Ich versteckte mich hinter einem der Felsen und beobachtete

die Neuankömmlinge wie ein echter Inselbewohner, der voller Misstrauen zuschaut, wie die ersten Weißen sein Paradies betreten. Zwei Jungen und ein Mädchen sprangen aus dem Boot. Meine Sachen lagen genau auf der Seite, wo die drei angelegt hatten. Großartig.

Nachdem sie eine Zeit lang in der Sonne gelegen hatten, rannten sie ins Wasser. Für mich war das das Zeichen, an Land zu schwimmen und so lässig wie möglich zu meinen Kleidern zu gehen. Der Strand war ungefähr vierzig Meter lang, also stand mir ein ordentlicher *Walk of Shame* bevor. *Aber Scham bildet man sich nur ein*, sagte ich zu mir selbst. *Ich bin ein Reisender, der alle Hemmungen hinter sich gelassen hat. Ich bin aus dem System ausgebrochen.* Dann machte ich mir allerdings Sorgen, weil die drei zu den Felsen schwammen, wo meine Kackwürste im Wasser herumtrieben.

Die Eindringlinge waren Türken und Anfang zwanzig. Das einzige Mädchen der Gruppe hieß Noella, und nur sie sprach Englisch. Sie rauchte Hasch und war ziemlich aufgeschlossen. Es war eine wertvolle Reiseerfahrung. Fehlte nur noch jemand, der auf der Gitarre *Wonderwall* dazu spielte.

Als Noella aufstand, weil sie sich strecken wollte, entdeckte sie den Abdruck, den ihr Hintern im Sand zurückgelassen hatte. Gedankenlos sagte sie zu mir: »Ach, guck mal, was für ein ...« Aber sie beendete den Satz nicht und schaute sich beschämt um. Wir Männer starrten alle drei ins Feuer, als würden wir gar nichts davon mitbekommen. Noella hatte keinen ungewöhnlich großen Hintern. Ich war zu stoned, um zu wissen, ob ich das nicht vielleicht laut gesagt hatte, aber ich tröstete sie mit der Erklärung, das käme daher, dass sie sich zu viel bewegt hätte.

Noella stand immer noch da und schaute unglücklich auf den Abdruck im Sand herunter. Mit den Füßen wollte sie ihn kleiner machen. Wie bei einer Art analogem Photoshop. Wir sprachen inzwischen wieder darüber, wie sich die Wellen am Strand brachen, dass es so viele Sterne gab und ob noch jemand Hasch dabeihatte. Außer »Holland«, »DJ« und »Marihuana« verstand ich nichts von dem, was sie sagten. Aber die Dinge, die an einem Lagerfeuer besprochen werden, sind universell. Deswegen nickte ich immer wieder zustimmend, starrte aber vor allem in die tanzenden Flammen.

Nachtfalter flogen wie magisch angezogen in Richtung des Feuers, einer nach dem anderen. Die meisten zweifelten zu lange (das Ganze wurde ja doch ziemlich heiß) und versengten sich dadurch die Flügel. Dann versuchten sie im Sand Abkühlung zu finden. Obwohl die anderen sahen, wie bei ihren Artgenossen die Flügel wegbrannten, schienen auch sie es nicht erwarten zu können, in den Feuersee zu fliegen. Dieser Massenselbstmord musste doch einem höheren Ziel dienen? Vielleicht versuchten sie per natürlicher Selektion die Evolution zu einem feuerresistenten Supernachtfalter zu vollziehen.

Eigentlich gar nicht so viel anders als das menschliche Verhalten. Ich begriff nicht, wie das möglich war. Man arbeitet sich für eine bessere Zukunft tot. Das erschien mir wie ein Widerspruch. Dieselbe Unruhe gab es aber auch in mir: Immer war ich auf der Suche nach mir, nach Verbesserungen, nach etwas weiter Entferntem und nach etwas Stärkerem. Nie zufrieden damit, wo ich gerade war. Manche Leute begruben sich unter Bergen von Arbeit, andere flüchten, ständig auf der Jagd nach etwas Besserem. Selbst an diesem herrlichen Strand konnte ich mich der Ruhe nicht ganz und gar hingeben.

Noella und die beiden Jungen zogen am nächsten Tag weiter, und ich blieb allein in meinem Königreich zurück. Ich schwamm zwischen den beiden spitzen Felsen herum, die das Tal begrenzten, kletterte auf die Steine, wo sich meine Kackwürste inzwischen aufgelöst haben mussten, ging auf kleine Entdeckungstouren und las ein paar Seiten in einem Buch. Ich schaute vor mich hin und dachte an Sem. Das ekstatische Gefühl von gestern war der Wehmut gewichen.

Am Abend spielte ich mit dem Campingplatzaufseher und Fatma Backgammon. Weil wir keinen Empfang hatten und ich kein Wörterbuch heruntergeladen hatte, sagte ich nicht mehr als »Yes«, »Teşekk ürler« oder »Çok güzel«, also »Vielen Dank« und »Sehr schön«. Nach fünf verlorenen Partien merkte ich, dass es an der Zeit war, die beiden wieder ihr eigenes Spiel spielen zu lassen.

Das Geräusch des Waldes und des türkischen Liebesspiels hallte durch das Tal, während ich langsam einschlief. Allein, einsam und gelangweilt.

Mit zwanzig Kilo auf dem Rücken und der brennenden Sonne auf dem Kopf lief ich über die atemberaubend schöne Lycian-Route nach Kabak. Dorthin, wo das Leben tobte. Hin und wieder pries ich mich glücklich, wenn ich durch einen dicht bewaldeten Teil musste. »Bald bin ich in Kabak, dann setze ich mich in einen coolen Bungalow und gönne mir ein kaltes Efes.« Mit diesem Gedanken behielt ich einen kühlen Kopf. Aber als ich mich Kabak näherte, hatte mich die Müdigkeit niedergeschlagen gemacht. Bei der Ankunft sehnte ich mich zurück in mein Zelt auf dem abgelegenen Campingplatz.

Obwohl mich die hippen Türken einluden, zusammen mit ihnen zu einer Grotte zu schwimmen, mir Joints anboten und alles mit mir teilten, wurde ich die innerliche Leere nicht los. Ich sah mein Leben als endlose Sommerferienzeit: schwimmen, Bier trinken, mit Mädchen flirten, in der Campingplatzdisco ein Tänzchen wagen. Jeden Tag. Ich verdiente keinen Urlaub. Ich war hier, um über ein sinnvolles Dasein nachzudenken. Ich war der Nachtfalter, der um jeden Preis durch das Feuer auf die andere Seite wollte, ohne zu wissen, was sie mir zu bieten hatte.

Ein paar Hundert Meter von der Küste entfernt gab es einen Felsen, der geradezu zu Schwimmwettbewerben einlud. Ich hatte mir zwei Tage gegeben, um die Achtsamkeit zu entdecken, ein Konzept, von dem immer alle so begeistert waren. Ich interpretierte es als »Zufriedensein mit Nichtstun und über nichts Nachdenken«.

Als ich etwa acht oder neun war, brachte mich meine Mutter zu einer Kinderpsychologin. Die Dame forderte mich in sanftem Ton auf, die Schultern zu entspannen. Ich kniff die Augen fest zu, biss die Zähne zusammen, hielt die Luft an und sagte zu mir selbst: *Entspann dich! Entspann dich!* Dann stieß ich die Luft aus und fragte Beifall heischend: »So?«

Nun tat ich dasselbe. Ich ballte die Fäuste und dachte: *Ich bin zen! Ich bin so fucking zen!* Dann ließ ich mich ins kalte Wasser fallen. Ich hatte alle Zeit der Welt und gab mir selbst eine Woche, um herauszufinden, wie ich *mindful* sein konnte. *So klappt das nicht, junger Mann. Aber wie denn dann?*

Ich musste noch lernen, die Welt anzunehmen, wie sie war. Das bedeutete, dass ich nicht den ganzen Tag über Dope rauchen, chillen und an nichts denken konnte: Ich musste mir ein Ziel suchen, in dem ich eine konstruktive Form des Glücks finden konnte, ohne wie ein Nachtfalter zwanghaft durchs Feuer zu fliegen.

Hier würde mir das nicht gelingen. Mein calvinistisches Arbeitsethos war dem hier nicht gewachsen. Ich erinnerte mich auch an Husseyins Credo, ein echter Reisender habe zwischen haschrauchenden Aussteigertypen nichts zu suchen. Ein echter Reisender musste auf Abenteuersuche gehen. Und ich wollte ein echter Reisender sein, deswegen tauschte ich das Paradies gegen die wilde Landschaft von Kappadozien ein.

Ein echter Reisender

Eine ehemalige Verwaltungsangestellte der University of Sydney erzählte mir, sie habe ihr altes Leben über den Haufen geworfen, als sie mit achtundfünfzig entlassen worden war: »Meine Töchter sind verheiratet, und mein Mann ist gestorben. Es gibt niemanden, der mich zurückhält.« *Super, weiter so!*, wollte ich sagen, doch stattdessen pries ich ihre Tatkraft mit einem oberflächlichen »Wow«.

Es war halb sechs Uhr morgens, und wir hatten gerade die Busstation von Göreme erreicht. Also beschlossen wir kurzum, es sei nett, zusammen zu frühstücken. Danach suchte sie sich ein Hotel und ich mir einen Couchsurfing-Gastgeber. Ich hatte noch immer nicht ganz erfasst, was man auf einer Reise zu tun hatte. Jetzt war ich in Kappadozien, um mir die schönen Felsen anzusehen. Danach konnte ich zum nächsten Highlight weiterreisen. Was mein eigentliches Ziel war, war mir noch immer unklar. Was erwarteten Menschen eigentlich von einer Reise?

»Ich finde es abgedreht, dass wir zu Hause morgens ein trockenes Butterbrot mit trockener Erdnussbutter essen, und hier gibt es Feta, Oliven, Brotstücke, Butter, Honig, Melonen und Trauben«, meinte ich, als uns das Frühstück serviert wurde, und wir die Smartphones weggelegt hatten.

»Ja, interessant«, gab sie in flachem Tonfall zurück.

Nach dem Frühstück ging sie in ihr Hotel. Auch ich hatte einen Schlafplatz gefunden. Wir machten kein gemeinsames Selfie, schickten uns keine Freundschaftsanfragen über Facebook und hatten einander noch nicht einmal unsere Namen gesagt.

Wie Schiffe, die in der Nacht aneinander vorbeigefahren waren und sich kurz über ein akustisches Signal verständigt hatten.

Bruno war ein stämmiger Franzose. Er arbeitete im IT-Bereich und entsprach mit seinem dünnen Bart und dem langen fettigen Haar exakt seinem Onlineprofil. Er kam zur Haustür gestolpert, um mich zu begrüßen. Ich fühlte mich noch ein wenig unwohl. Bruno erklärte, dass er im Winter in Frankreich und im Sommer in Kappadozien wohnte. Warum sollte sich jemand freiwillig in der trockensten Region der Türkei niederlassen? Ein alleinstehender Franzose mittleren Alters mitten in der Türkei, das war schon ein bisschen verdächtig. Ich musste meinen Gastgeber unbedingt etwas besser kennenlernen.

Bruno stellte mir nur eine einzige Frage: »Wie sieht dein Plan aus?«

Ich fing an zu reden. Es schien, als könnte ich gar nicht aufhören, dabei hatte ich eigentlich gar keinen Plan, nur eine Richtung. Wenn ich Pausen entstehen ließ, damit Bruno reagieren und mir seine eigenen Erfahrungen mitteilen konnte, nickte er nur. Damit keine peinliche Stille entstand, redete ich schnell weiter. Wenn Bruno überhaupt etwas beitrug, waren es die Geschichten von anderen Reisenden. Von einem deutschen Radfahrer, der eine Zeit lang hier gewohnt hatte, einem japanischen Pärchen, das ohne Geld reiste, und einem englischen Mädchen, das allein per Anhalter fuhr. So sammelte Bruno Geschichten aus der ganzen Welt, ohne auch nur vom Stuhl aufzustehen oder den Fernseher einzuschalten. Diese Taktik wollte ich schnell von ihm übernehmen. Bei Bruno fühlte ich mich ganz entspannt. Er hörte sich alles vorurteilslos an und nickte dann.

Das Problem mit Kappadozien ist, dass es auf der Liste der UNESCO-Weltkulturstätten steht, deswegen wird es in allen Touristenbroschüren erwähnt. Das bedeutet, dass man erst an einem großen Parkplatz für Reisebusse vorbeimuss, wenn man zu einem Felsen in der Form eines Kamels will. Und dann muss man sich durch eine Menge Leute drängen, deren unablässiges Kameraklicken dem Abfeuern eines Maschinengewehrs gleichkommt. Mich selbst hielt ich inzwischen durchaus für einen echten Reisenden, und echte Reisende schauen auf Leute herab, die als Busladung ankommen und sich nur die Highlights anschauen.

Als ich das in ernstem Ton zu Bruno sagte, antwortete er: »Du bist noch lange kein echter Reisender. Dein Tagesbudget ist viel zu hoch. Und ein echter Reisender fährt per Anhalter und hat ein Zelt dabei. Der setzt sich nicht in einen Nachtbus.«

Argwöhnisch schaute ich ihn an: »Geht das denn in der Türkei, per Anhalter fahren?«

»Siehst du? Du bist noch viel zu ängstlich, als dass du ein echter Reisender sein könntest.« Bruno guckte mich streng an. »Wie lange willst du eigentlich hierbleiben?«

»Zwei Tage, habe ich gedacht, vielleicht drei?«, erwiderte ich. »Ich treffe mich in zwei Wochen mit Freunden im Iran.«

»Dann muss ich dich gleich mal warnen: Die meisten Leute wollen nur zwei Nächte hierbleiben, und dann sind sie mindestens eine Woche hier«, meinte Bruno. Nachdenklich starrte ich vor mich hin. »Ein echter Reisender fühlt sich nicht an einen Zeitplan gebunden«, fuhr Bruno fort.

Bruno hatte die türkische Gastfreundschaft inzwischen gut kennengelernt. Sofort passte ich meinen Plan an.

Während ich die örtlichen Sehenswürdigkeiten besuchte, hatte Bruno ein großes Drei-Gänge-Menü zubereitet. Die zwei Weinflaschen waren schnell leer. Nach der dritten Flasche, die Bruno für besondere Momente aufbewahrte (sagte er jedenfalls), fing er an, eigene Geschichten zu erzählen.

»Als ich eine Zeit lang hier gewohnt habe, habe ich ein großes Abendessen für meine türkischen Freunde organisiert. Den ganzen Tag hatte ich in der Küche gestanden und gute Weine ausgesucht. Kerzen auf dem Tisch, Servietten, es sah einfach großartig aus. Die Türken kamen allesamt eine Stunde zu spät, schlangen das Essen runter, und nach einer halben Stunde standen sie wieder auf, um heimzugehen.« Er zuckte die Achseln. »So läuft das hier.«

Während des Nachtischs bekamen wir Besuch von Jenner, dem Rastatürken. Das war ein kleiner Kerl mit langen Dreadlocks und einem Bob-Marley-T-Shirt. Brunos Haus war ein Bollwerk für Jugendliche, die den konservativen Regeln entkommen wollten, und zugleich ein Ort, wo sie mit ein bisschen Glück schöne blonde Mädchen angucken konnten. Jenner redete so viel, dass ich rasch Brunos Taktik übernahm und nur noch zustimmend nickte. Am nächsten Tag hatte Jenner Geburtstag, und er beschloss, dass man hervorragend mit mir feiern könne.

Am Morgen erschien er mit einer Flasche billigem Fusel, der stark an Whisky erinnerte. Anscheinend war es wichtig, sich schon früh zu betrinken, an irgendeinem Pool rumzusitzen und über Frauen zu reden, und danach stand ein Besuch im Hamam auf dem Programm.

Jenner erzählte mir von der *Underground City* Maziköy, einem Dorf, das ganz und gar aus Stein gehauen war.

»Du musst den Schamanen suchen. Erst kifft ihr zusammen, und dann nimmt er dich mit in die unterirdische Stadt. Man wird ganz irre, wenn man da durch die Gänge kriecht. Eine total spirituelle Erfahrung ist das.«

»Wie erkenne ich denn diesen Schamanen?«, wollte ich wissen.

»Er hat langes schwarzes Haar und spricht fließend Englisch, Französisch und Arabisch. Den erkennst du sofort.«

Am folgenden Tag mietete ich ein Mountainbike und crosste durch Täler, in die es kein *Tour Operator* schaffte. Der Himmel öffnete sich zu einem Sturzregen. Die Region Kappadozien ist für ihre Felsgruppen bekannt, in die die Menschen vor Hunderten von Jahren ihre Behausungen gehauen haben. Ich lehnte mein Rad gegen den Stein und kletterte mit Regen im Gesicht die steile Wand hoch. Dann stieg ich durch den Türrahmen eines seit Langem verlassenen Hauses und ließ die Füße über den Rand baumeln. Während ich dabei zuschaute, wie der Regen die Touristen in der Ferne wegspülte, kam ein Funken Glück zurück. Ich hatte endlich wieder ein paar gute Gespräche gehabt. Warum war ich plötzlich so labil? Im einen Moment fühlte ich mich verloren und im nächsten schon wieder geborgen.

Serge kam direkt aus dem Gefängnis in Brunos Haus. Man hatte ihn des illegalen Drogenbesitzes beschuldigt und ihm außerdem zur Last gelegt, sein Hotel als Bordell zu benutzen. Jenner und zwei weitere junge Türken hatten sich mit ein paar Flaschen Alkohol bei Bruno eingefunden, um Serges Entlassung angemessen zu feiern. Außerdem gab es noch einen türkischen Couchsurfer, der jedes Alkoholangebot ablehnte.

»Korruption, nichts weiter. Mein Vater ist Mitglied der Opposition. Auf diese Weise versucht die Regierung, unsere Familie zu ruinieren«, erklärte Serge.

»Es gab im Hotel also keine Huren?«, erkundigte ich mich, mehr aus Interesse als aus Missbilligung.

»Das spielt doch überhaupt keine Rolle. Es geht darum, dass dieses Land durch die Korruption zerstört wird.«

Serge rückte näher an mich heran und flüsterte mir ins Ohr, der türkische Couchsurfer sei ein Geheimagent von Erdoğan, der das Couchsurfing-System ausnutzte, um Leute zu schnappen, die Drogen nahmen. »Wir feiern woanders weiter, kommst du mit?«

Serge war davon überzeugt, sein Haus würde vom Geheimdienst überwacht. Um unterm Radar durchzuschlüpfen, gingen wir zu einem seiner Freunde. Der hatte ein kleines Wohnzimmer mit zwei Stühlen, einem rosa Blümchensofa und einem Zitat aus dem Koran in silbernen Buchstaben an der Wand. Jemand legte Dope und ein paar Pillen Ecstasy auf einen niedrigen Tisch.

Erst versuchte ich, den Joint abzulehnen, aber wenn man aus Amsterdam kommt und kein Hasch raucht, muss man eine ganze Menge erklären. Jedes Mal wieder. Deswegen hatte ich schon jetzt mehr gekifft als in den ganzen letzten sieben Jahren zusammen, die ich in Amsterdam gewohnt hatte.

Wieder konnte ich mich an den türkischen Gesprächen nicht beteiligen. Ich wartete brav darauf, dass der Abend vorbeiging. Glücklicherweise bekam ich Gesellschaft von einem Wellensittich, der auch mehr oder weniger gegen seinen Willen stoned war. Er hüpfte mir auf den Kopf, probierte wegzufliegen und stürzte wieder ab. Wir verstanden einander.

Zurück in Brunos Haus, merkte ich, dass das Hasch auch bei mir einen Verfolgungswahn ausgelöst hatte. Der neue Couchsurfer war ein Geheimagent, das wusste ich ganz sicher. Daran bestand gar kein Zweifel. Zur Sicherheit schloss ich meine Tür ab.

Das Dorf, das um Maziköy herum gebaut war, lag so abgelegen in der dürren Landschaft, dass ich keine Ahnung hatte, wie die Einwohner hier überleben konnten. Vielleicht mit dem Geld des einzigen Touristen, der beharrlich genug war, in der Hitze stundenlang an Ziegenskeletten vorbeizuradeln. Bruno hatte mir erzählt, dass es noch ein unterirdisches Dorf gab, aber das war für Touristen. Maziköy war für echte Reisende. Ich begriff, was er damit sagen wollte.

Am Dorfeingang saßen vier Männer vor einem kleinen Café, tranken Tee und spielten Backgammon. Ein Mann in einem hellen Oberhemd und mit Kurzhaarschnitt fragte in gebrochenem Englisch, was er für mich tun könne.

»Ich suche einen Schamanen«, sagte ich. »Er soll mich durch die unterirdische Stadt begleiten.«

»*Yes. Underground city. Come.*«

Verzweifelt sah ich mich um. Dieser Mann glich überhaupt nicht der Person, die mir Jenner beschrieben hatte.

»Der Schamane ist leider verstorben«, erklärte mir ein Mann mit langem schwarzem Haar von einem anderen Tisch aus in fließendem Englisch.

»Ach, wirklich?«, erwiderte ich lächelnd. Ich setzte mich neben ihn auf einen roten Plastikstuhl.

»Vor neun Monaten ist er an Krebs gestorben, sein Grab ist da drüben.« Er deutete irgendwo in die Ferne, als wäre das ein Beweis.

»Komisch, mein Freund ist letzten Monat noch hier gewesen.«

»Tut mir leid, der Schamane ist wirklich tot und macht keine Führungen mehr, und die neue Regierung kontrolliert den Drogengebrauch sehr streng, schade also.« Der Schamane lachte mir freundlich zu, aber dabei blieb es.

Der Mann, der kaum Englisch sprach, übernahm die Führung. Ich war froh darüber, nicht zuerst noch Hasch geraucht zu haben. Ich wurde durch enge Gänge geschleust. Vom schwachen Schein der Taschenlampe abgesehen war es dunkel, und ein unterirdisches Dorf hat keine Fenster. Wir krochen durch Gänge, durch die ich gerade so passte. Der Führer zeigte mir Verschiedenes, machte Gesten und sagte Dinge, die wohl »Altar«, »Schlafzimmer«, »Küche« und »Röhren eines Kommunikationssystems, um Nachrichten und Waren durch das ganze Dorf zu schicken« bedeuten mussten. Als wir endlich das Licht am anderen Ende des Tunnels sahen, war ich erleichtert.

Und noch etwas Wissenswertes: Wo begraben Menschen in einem unterirdischen Dorf wohl ihre Toten? Über der Erde natürlich. Logisch. Auf dem Hügel, dem Dach der Stadt, gab es einen großen alten Friedhof, auf dem sich wohl früher die Krähen an den Leichnamen gütlich getan hatten.

Nach drei Tagen in dieser Mondlandschaft wollte ich nur noch weiter, doch gleichzeitig gelang es mir nicht, diese dürre Region zu verlassen. Bruno und Jenner konnte ich das Herz ausschütten. Wärme und Freundschaft hatte ich immer für selbstverständlich gehalten. Jetzt, wo ich Zeiten der Einsamkeit und des Glücks allein verbrachte, waren die beiden ein sicherer Hafen.

Ich musste meinen langen Urlaub mit nützlichen Dingen füllen. Meine Freunde, die zu Hause an ihren Karrieren und Familien bastelten, durften nicht den Eindruck bekommen, dass ich hier nur saß und kiffte, dafür war ich zu alt. Sie fanden ja sowieso, dass ich vor dem »echten Leben« wegrannte, mich einfach ein bisschen auf die andere Seite der Welt hockte und damit ein großes Loch in meinen Lebenslauf grub. Nein – ein nutzloses Dasein durfte ich auf keinen Fall führen. Ich wollte allen zeigen, dass ich Verantwortung übernahm.

Ich hatte ausgerechnet, dass ich mindestens fünfundzwanzig Stunden am Tag mit nützlichen Dingen verbringen konnte. Ich besaß E-Books, die mir beibringen sollten, wie ich Fotograf oder Schriftsteller wurde, und andere Ratgeber, die mir die sieben Eigenschaften sehr erfolgreicher Menschen erklärten oder mir die Geschichte von allem erzählten, und Dostojewskis Gesammelte Werke. Ich meldete mich bei einem Programmierseminar an und lud einen Spanischkurs herunter, weil ich vorhatte, vielleicht nach Südamerika weiterzufliegen. All diese Bücher und Programme lagen während meiner gesamten Reise in einem Ordner namens »Persönliche Entwicklung«.

Wie sich herausstellte, war es unmöglich, jetzt an einem Leben zu arbeiten, das sich zu Hause abspielen würde. Ich musste etwas finden, das meinem Leben Bedeutung gab. Das war die »University of Life«, von der andere Reisende immer sprachen. Ich musste jeden Tag etwas erleben, um am Abend lässig auf einem Barhocker hängen und eine Geschichte mit einer wildfremden Person teilen zu können, die sie dazu inspirieren würde, sich auch aufzumachen.

An meinem letzten Tag in den Tälern machte ich einen Spaziergang durch das Tauben- und das Liebestal. Das Taubental hieß so, weil dort überall Posttauben im Ruhestand leben, und das Liebestal verdankte seinen Namen der Tatsache, dass man dort Hunderte von Phallussymbolen aus den Felsen gehauen hatte.

Auf dem Rückweg kam ich an dem kleinen Dorf Uchisar vorbei. Am Dorfrand saß ein hübsches Mädchen mit schwarzem Haar vor einem Souvenirgeschäft: einem Holztisch mit ein paar Steinen, Kühlschrankmagneten und Halstüchern darauf.

Sie begrüßte mich und bot mir sofort an, ich solle mich auf einen Stein gegenüber setzen. Sie hockte sich zu mir.

»Bist du verheiratet?«, fragte sie fröhlich.

Lachend antwortete ich mit Nein.

»Gut so«, sagte sie.

»Und du?«

Sie kicherte. »Natürlich nicht. Ich bin doch erst achtzehn. »Wie heißt du?«

»Willem. Und du?«

»Füsün«, sagte sie, als wäre das ganz egal. »Willst du vielleicht mein Haus sehen?« Ohne meine Antwort abzuwarten, zog sie mich vom Stein hoch und nahm mich mit zu einer vergammelten Holztür. Das Haus war ein beachtliches Bildhauerwerk, das man aus der Ecke eines Felsens geschaffen hatte. Eine hohe Grotte mit zwei Stockwerken. Das Ganze strahlte förmlich vor authentischer Armseligkeit: ein kaputtes Fenster und eine Tür mit abgeblätterter blauer Farbe. Schließen konnte man die Tür nicht. Füsün führte mich herum, als bekäme ich gerade eine Tour durch den Buckingham Palace. Und das zu Recht.

»Hier wachsen Tomaten und Kartoffeln, und das da ist unsere Katze. Eigentlich mag ich Hunde lieber. Und hier schläft Oma. Sie ist ein bisschen verrückt, aber sehr lieb.« Ich folgte ihr von einem Zimmer ins nächste. In jedem Türrahmen musste ich mich bücken. Ich fühlte mich wie Gandalf im Haus von Bilbo Beutlin.

»Und das hier ist mein Zimmer!«, sagte Füsün und wartete voller Hoffnung auf eine begeisterte Reaktion.

»Wie wunderschön!«, rief ich. Ein richtiges Mädchenzimmer, nur waren die Wände nicht glatt und mit rosa Tapete versehen, sondern grauer Fels mit Postern von Hunden und von Atatürk. Ich deutete auf die Poster, um mein Interesse zu zeigen.

»Atatürk ist der Held der Türkei. Und dass ich Hunde mag, habe ich doch schon gesagt?«

Ich nahm mir die Freiheit, durch ihr Zimmer zu gehen. Am Fenster stand ein kleiner Schreibtisch, an dem Füsün ihre Hausaufgaben machte, was man an den Papier- und Bücherstapeln erkennen konnte. Ich blätterte durch ein Englischheft. Sie wurde rot.

»Mein Englisch ist sehr schlecht, sorry«, sagte sie entschuldigend.

»Es ist fantastisch!«

»Nein, es ist ganz schlecht.« Schnell sprach sie in einem anderen Tonfall über ein neues Thema. »Das da sind meine Eltern«, erklärte sie munter, während sie mir ein altes Foto von einem jungen Paar vor die Nase schob.

»Prima«, sagte ich und wollte fragen, wie die beiden einander begegnet waren, aber Füsün redete schon wieder weiter, über ihre Stifte und einen niedlichen Kuschelbären, bis sie alles kommentiert hatte, was es in ihrem Zimmer gab.

Wir hatten uns nichts mehr zu sagen, waren aber noch nicht

miteinander fertig. Dieses Gefühl kannte ich nur zu gut. Der richtige Moment ist so subtil, dass man eigentlich fragen will: Sollen wir jetzt einfach küssen? Das tut man aber nicht, um die Spannung nicht zu durchbrechen. Ich konnte nur auf den richtigen Moment warten oder darauf, dass Füsün die Initiative ergriff. Es ist wie ein umgekehrter Starrwettbewerb: Man schaut so lange wie möglich verlegen voneinander weg, bis man aus Versehen Augenkontakt zueinander aufnimmt. Das ganze Zimmer war von Spannung erfüllt. Jedes Wort hätte diese Spannung zerstört. So standen wir eine Zeit lang und schauten aneinander vorbei, und dann guckten wir einander aus Versehen an.

»Du hast grüne Augen«, sagte sie plötzlich.

»Und du ganz blaue. Wusstest du, dass das eine der sieben Schönheiten ist, wenn man blaue Augen und dunkles Haar hat?«

Sie wurde rot und kicherte.

»Çok güzel!«, sagte ich. »Sehr schön« war das bisschen Türkisch, das ich letzten Monat gelernt hatte und das sich manchmal ganz plötzlich als nützlich erwies.

Sie klatschte in die Hände. »Du sprichst ja Türkisch!«

Die Spannung war verschwunden. Ich hätte Füsün gern geküsst, sie war wirklich sehr hübsch. Kluge Augen hatte sie, mit der Farbe von Ozeanen, die ich erst wieder in Südostasien zu sehen bekommen würde. Jung und zierlich war sie, aber mit einer unbefangenen Weisheit. Doch ich konnte es nicht. Ich war zu nervös. Was würde passieren, wenn plötzlich ihr Vater oder Bruder ins Zimmer kam und sah, wie ich ihre achtzehnjährige Tochter oder Schwester gegen den großen Kopf von Atatürk drückte? Ich würde mit Heugabeln und Fackeln hinaus ins Taubental gejagt werden oder Füsün heiraten müssen. Für beide Optionen hatte ich keine Zeit.

»Darf ich den Rest des Hauses sehen?« Die Spannung hatte das Zimmer schneller verlassen als wir. Es fühlte sich an, als würde ich nach einem langen Film aus dem Kino kommen.

Ein bisschen enttäuscht zeigte Füsün mir noch einen Hühnerstall, und dann standen wir wieder an dem kleinen Tisch mit den Halstüchern und Ansichtskarten, der die ganze Zeit von ihrer Oma bewacht worden war.

»Hier, ein Halstuch. Das habe ich selbst gemacht. Behalte das als Andenken.« Sie hielt mir ein grünes gewebtes Halstuch hin.

»Das kann ich doch sowieso nicht tragen«, sagte ich lachend.

»Das ist für Frauen.« Ich legte mir das Tuch um und tat so, als wäre ich ein niedliches Mädchen. Sie lachte.

»Nimm's nur!« Sie hatte immer noch etwas Drängendes an sich.

»Gut, dann schenke ich es einem Mädchen in den Niederlanden.«

»Du hast doch gesagt, du bist nicht verheiratet?«, fragte sie streng. »Von welchem Mädchen sprichst du da?«

Ich wollte ihre jungfräuliche Naivität nicht mit meiner dramatischen Beziehung zu Sem besudeln.

Ich drängte sie, Geld für das Halstuch zu nehmen. »Und natürlich für die Tour!«

Sie steckte die zehn Lira munter in eine kleine Dose, die bei ihrer Oma stand.

»Das Tuch kannst du deiner Schwester geben. Das ist in Ordnung.«

Wieder bei Bruno, packte ich meinen Rucksack. Er war bei dem Hotelbesitzer zu Besuch, dessen Gäste stundenweise die Zimmer belegten. Ich schloss mich ein und legte mich aufs Bett. Dann stellte ich mir vor, ich wäre wieder bei Füsün. Wir küssten uns. Und niemand kam herein. Auf diese Weise wurde die Geschichte doch mehr oder weniger vollständig.

Ich musste an die große Wandbemalung am Anfang der Albert Cuypstraat in Amsterdam denken, auf der ein Zitat von Benjamin Disraeli steht: »Wie alle großen Reisenden habe ich mehr gesehen, als das, woran ich mich erinnern kann, und erinnere mich an mehr, als ich gesehen habe.« Das erklärte ich zu meinem neuen Lebensmotto. Ich wollte so viel erleben, dass es unmöglich wurde, die Erinnerung von der Wirklichkeit zu unterscheiden. Das sollte mein Ziel sein.

Vertrauen in einen Auftragsmörder

Meine Route durch die Türkei hatte ich im Zickzack mit Nachtbussen zurückgelegt. Beim ersten Mal verließ ich am Abend eine betriebsame Stadt und wurde am Mittelmeer abgesetzt. Dann reiste ich von der Küste durch eine karge Wüstenlandschaft, und nun fuhr der Bus auf dem Weg nach Trabzon am Schwarzen Meer vorbei. Ich sah kilometerlangen Strand mit Betonplatten und Fetzen im Wind wehender Volleyballnetze: die Reste eines ehemals brausend belebten Badeorts. Jenner hatte mich darauf hingewiesen, dass es hier eines der Highlights der Türkei zu sehen gab: das Sumela-Kloster. Niemand von denen, die mich dorthin schickten, war jemals selbst dort gewesen, aber es stand auf den Postkarten in den Touristenläden und in den Top Ten von *Lonely Planet*; also musste es wirklich gut sein.

In der Touristeninformation von Trabzon sagte man mir, ich hätte den letzten Bus zum Kloster verpasst. Die einzige Alternative bestand aus einem Café in einem Einkaufszentrum, in dem ein Album mit dramatischen Liebesballaden in Dauerschleife lief. Nach dem dritten *Hello* von Lionel Richie beschloss ich melancholisch, mir kein Hostel zu suchen, sondern direkt den Bus nach Georgien zu nehmen.

Ich passierte den Zoll, und da war ich. Einfach so, plötzlich in Georgien. Gehört hatte ich schon davon, aber nur als unwichtigem Fleck auf der Karte; es lag einfach zufällig auf meinem Weg. Nach einem kleinen Grenzübergang hatten sich die mit stattlichen Schnurrbärten ausgestatteten Türken in blonde, kurz geschorene

Männer verwandelt. In der Abenddämmerung wirkten die Menschen schattenhaft. Das hier musste Batumi sein oder jedenfalls ein Randgebiet von Batumi.

Niemand hier sprach Englisch, und ich war müde. Ich versuchte irgendetwas wiederzuerkennen, aber das Alphabet der Georgier erinnerte mich noch am ehesten an eine Gebrauchsanweisung zum Knotenknüpfen. Vorsichtig begann ich zu singen: *»Hello ... is it me you're looking for, I can see it in your eyes, I can see it in your smile, you're all I ever wanted ...«* Die letzten Worte murmelte ich, weil ich nicht wusste, wie es weiterging, deswegen fing ich wieder von vorne an. Damit hatte ich mich selbst so schwermütig gemacht, dass ich einem Schild folgte, von dem ich nichts als den Pfosten und den nach rechts zeigenden Pfeil begriff. Ich verfluchte mich selbst dafür, Brunos gemütliches Heim gegen den kalten Kaukasus eingetauscht zu haben.

Unterwegs kam ich an einer Frau vorbei, die ich als Mitreisende aus dem Bus erkannte. Sie schaute unsicher um sich. *Wenn man aus der Türkei nach Georgien reist, muss man über Englischgrundkenntnisse verfügen*, sagte ich mir.

»Excuse me.«

Sie schaute erschrocken drein, als hoffte sie inständig, ich würde sie nicht ansprechen. Doch Gott hatte ihr die Bestimmung auferlegt, mein Licht im Dunkel zu sein. Dieses Licht brachte mich zum Zug in Richtung Tibilisieisi oder wie auch immer die Stadt hieß.

Bei jeder religiösen Statue, an der wir vorbeikamen, schlug sie ein Kreuz. Eine Lebensaufgabe, weil es so viele Kirchen, Pfarreien, Kapellen, Kreuze und Marienbilder gab. Die Frau, die sich inzwischen als Tamara vorgestellt hatte, war freundlich, aber sehr nervös. Sie brachte mich zu einer Wechselstube und zu einem Café, wo ich eine lokale Spezialität probieren sollte. Das alles geschah jedoch in großer Eile, denn mein letzter Zug würde bald abfahren, und Gott hatte mich auf ihren Weg geschickt, und jetzt war sie vor ihm dafür verantwortlich, dass ich gut auf meinen Weg gebracht wurde.

Ein Hummer-Geländewagen auf der anderen Straßenseite machte dieser Eile ein Ende. Aus dem Auto stieg ein kräftiger Mann, der in ein schwarzes Gewand gehüllt war. Um den Hals trug er eine Kette mit einem großen goldenen Kreuz. Tamara schrie auf. Innerhalb einer Sekunde hatte sich die nervöse Frau in ein pubertierendes Mädchen auf einem Popkonzert verwandelt. Ohne einen Blick nach rechts oder links rannte sie über die Straße. Ich trabte ihr hinterher und entschuldigte mich bei den wütenden Autofahrern. Tamara war nicht die Einzige, die bei diesem Mann Erlösung suchte. Binnen weniger Minuten hatte der Priester eine Menschenmenge um sich geschart. Tamara schubste eine ältere Frau zur Seite, um den Botschafter Gottes kurz berühren zu können.

Den letzten Zug nach Tiflis sahen wir gerade noch wegfahren. Tamara zerrte mich mit sich mit. Neben dem Bahnhof gab es mehrere Minibusse. Jedes Land gibt seinen Minibussen einen eigenen Namen. Was in der Türkei »Dolmus« heißt, ist in Georgien eine »Maschrutka«. Tamara schubste mich so schnell wie möglich in eine halb volle Maschrutka und verschwand, ohne mir die Gelegenheit zu geben, mich bei ihr zu bedanken. Das wurde meine dritte Nachtfahrt in Folge.

Im hinteren Teil der Maschrutka saß ein brasilianischer Geschäftsmann, der den Chauffeur alle paar Minuten fragte, ob wir nicht losfahren könnten. Er befürchtete, seinen Flug zu verpassen, und wollte keine Minute länger in »diesem Scheißland« verbringen. Weil er kein Englisch sprach, schaute ihn der Chauffeur nur mit glasigem Blick an. Neben mir war anscheinend noch Platz für zwei breit gebaute Georgier, denn etwas später saß ich gegen die Fensterscheibe gedrückt da. Der Mann in der Mitte hatte kurz geschorenes blondes Haar und trug eine Bomberjacke. Der

Mann links hatte kurz geschorenes dunkles Haar und trug eine Soldatenuniform. Die fast kahlen Köpfe hatten etwas Unheilverkündendes, deswegen vermied ich jeden Blickkontakt, wie man es mir schon als Kind beigebracht hatte.

Bis nach Tiflis waren es ungefähr fünf Stunden, sagte der brasilianische Geschäftsmann. Er erzählte mir ausführlich, wie schlecht hier alles geregelt war, und sagte, er wäre froh, bald wieder in seinem eigenen Land zu sein, wo die Züge ganz einfach pünktlich fuhren. Das Gespräch war völlig unbedeutend. Als ich den Kopf wieder drehte, um nach draußen zu starren, kam es aus Versehen zum Blickkontakt mit meinem undurchsichtigen Sitznachbarn. Er grinste fies. Ich runzelte die Stirn und tat schnell, als gäbe es da draußen im Dunkeln irgendetwas Interessantes zu sehen.

Alle paar Kilometer erschienen erleuchtete Holzhütten am Straßenrand, wo allerlei Holzschnitzereien angeboten wurden. Ich fragte mich, wer da wohl etwas kaufte, so mitten in der Nacht. Wir jedenfalls nicht. Wir hielten nur an, als getankt werden musste. Unmotiviert schlenderte ich durch den kleinen Laden der Tankstelle. Etwas zu kaufen, was man nicht brauchte, half immer gegen die Langeweile. Ich hatte nur nicht genug Geld dafür gewechselt. Der Mann, der im Bus neben mir gesessen hatte, ließ mich hochschrecken, indem er geräuschlos neben mir auftauchte. Er nahm eine Zweiliterflasche Bier aus dem Kühlfach und grinste dabei. Ich versuchte ein freundliches Lächeln und lief schnell zum Bus, wo ich mich schon mal gegen die rechte Wand presste.

Wir fuhren wieder über eine holprige, kurvige Straße. Mein Sitznachbar holte die Flasche Bier und drei Plastikbecher zum Vorschein. Obwohl ihm nur wenig Platz zur Verfügung stand, gelang es ihm, mir ohne Kleckern einen der Becher zu überreichen. »*Drink. Good*«, befahl er knapp.

Ich nahm den Becher an und dankte ihm.

»*Are you also going to Tbilisi?*«, fragte ich, nur um auch etwas zur Unterhaltung beizutragen. Ich konnte schließlich nicht sein Bier annehmen und es dann schweigend austrinken.

»*Yes. I speak very good English.*«

»*You*«, sagte ich und zeigte auf ihn. »*Tbilisi?*«

»*Yes. Tbilisi. Business.*« Er grinste wieder fies, als wollte er sagen: Du weißt schon, was ich meine.

»*What business?*«

»*Just business. People. Money.*« Er sprach immer weiter, wobei das meiste auf Georgisch (oder jedenfalls unverständlich) und der Rest in einem Englisch war, wie es die Bösewichte in James-Bond-Filmen sprechen. Je mehr er sagte, desto bedrohlicher wirkte er. Währenddessen schenkte er mir immer wieder Bier nach. Na super, mein einziger Freund in diesem Land war ein Drogendealer, ein Auftragsmörder oder ein illegaler Organhändler. Ich trank langsamer, weil ich Angst bekam, später mit einer Niere weniger aufzuwachen. Er hingegen ermutigte mich immer wieder zum Weitertrinken. »*Drink, drink. Yes. Good!*«

Etwa um fünf Uhr morgens kamen wir am Rand der Zivilisation an. Auf einem verlassenen, sporadisch asphaltierten, schlecht beleuchteten Parkplatz. Der wurde von Huren bevölkert, die es nicht durch die Auswahl fürs Bordell geschafft hatten, und von Taxifahrern, die so taten, als wüssten sie das nicht. Ich versuchte dem Maschrutkafahrer begreiflich zu machen, dass ich mich hier am falschen Ort befand. »*Not good. Central.*«

Er deutete auf die Taxifahrer, die sich angeregt mit den Frauen unterhielten.

Ich dachte über meine Alternativen nach. Alle waren weg, außer meinem neuen Freund, dem Auftragsmörder. Auf diese Situation hatte er natürlich gewartet. Er fuhr regelmäßig mit dem Nachtbus, und dann freundete er sich mit verlorenen Touristen an, die den letzten Zug verpasst hatten. Die lockte er mit sich mit, hielt ihnen ein Tuch mit Chloroform vor Mund und Nase und zerrte sie in eine dunkle Gasse. Dort schnitt er sie mit einer Heckenschere auf. Diese Geschichten kannte ich. Oder hatte ich mir das gerade selbst ausgedacht? Wenn man Angst hat, ist die eigene Fantasie unerschöpflich. Ich konnte mir ohne Weiteres noch zehn Szenarien ausmalen, an deren Ende ich übel zugerichtet und entstellt in den niederländischen Achtuhrnachrichten landen würde.

Sollte ich dieses Abenteuer überleben, blieben mir jedenfalls eine Narbe und eine spannende Geschichte.

»*You go Tbilisi?*«, fragte ich, nachdem ich alles sorgfältig erwogen hatte. Er kannte den Geruch der Angst.

»*Yes, come*«, sagte er, blieb aber stehen. Er holte sein Handy heraus und rief jemanden an. Dann sagte er etwas, was ich nicht verstand, musterte mich, sagte etwas Bestätigendes und beendete das Gespräch. Ich wollte nur noch weg, aber wohin?

Sein Telefon klingelte. Er nahm das Gespräch entgegen, schaute mich an, gab ein Brummen von sich und legte wieder auf. »*Okay. Come*«, wiederholte er und stapfte los.

Wir blieben vor einer Holzhütte stehen, die den Preis für das »trostloseste Café von Eurasien« verdient gehabt hätte. Drinnen war alles grau und gerade hell genug, dass man einander sehen konnte. Von Ambiente konnte nicht die Rede sein. Man hörte nur das Summen und Klopfen einer gequälten Glühbirne. Neben drei niedrigen Tischen mit Plastikhockern gab es noch einen dunklen Tresen mit einer großen Holzkasse darauf. Hinter der Theke stand eine bucklige alte Frau mit Augen, die nach ihrer Jugend zu lachen aufgehört hatten. Mit ihren Tränen machte sie den Kaffee.

Ich würgte das Zeug mit Mühe herunter. Irakli (so hieß mein neuer Freund) bestellte schon die zweite Runde. Die Überbleibsel der Plörre benutzte ich, um im Kaffeesatz zu lesen. Sah ich das richtig? Sechsundachtzig Jahre alt würde ich werden, und das ausgesprochen wohlhabend. Sehr viele Kinder würde ich bekommen. Erst musste ich aber noch ein paar schwierige Hindernisse überwinden, wie zum Beispiel in einer Gasse am Rand von Tiflis beraubt zu werden.

Warum schaffte ich es einfach nicht wegzurennen? Wie ein Lamm zur Schlachtbank ließ ich mich von dem Mann führen, von dem ich beinahe sicher wusste, dass er mir etwas Fürchterliches antun würde.

Irakli schaute auf seine Uhr. Dann rief er wieder jemanden an, schaute zu mir rüber, legte auf.

»Shouldn't we go to the centre anytime soon?«, fragte ich betont energisch, aber mit zitternder Stimme.

»Yes, I speak very good English.«

»We go now?«, wiederholte ich drängend.

Irakli schaute zu Tür und dann auf seine Armbanduhr. *»Five minutes.«*

Wieso fünf Minuten? Was zur Hölle wäre denn in fünf Minuten anders? Ich versuchte mir die Angst aus den Augen zu reiben und atmete tief ein. Das half, jedenfalls ein bisschen.

Irakli schaute zum Fenster hin, das wie Mattglas wirkte, weil es so schmutzig war. Draußen standen zwei Männer. Hatten die da schon die ganze Zeit gestanden? Sie hatten kurzes schwarzes Haar und Stoppelbärte und trugen Bomberjacken. Das schmutzige Fenster ließ die Kerle wie schemenhafte Halbwesen erscheinen. Einer von ihnen trug einen großen Seesack bei sich. Der andere griff nach seinem Telefon und hielt es sich ans Ohr. Iraklis Handy klingelte. Scheiße. Mein Blick bewegte sich vom Fenster zu Irakli. Er nahm das Gespräch an, schaute zu mir hin und drückte wortlos die Aus-Taste. Unmittelbar darauf betraten die beiden Männer das Café. Sie wirkten größer und aggressiver, weil sie jetzt nicht mehr halb aus Schatten bestanden. Lässig begrüßten sie Irakli und ließen sich am Tisch neben uns nieder. Kaffee bestellten sie keinen. Sie musterten mich gründlich, sahen sich meinen Rucksack und meine kleinere Tasche genau an. Rechneten sie gerade aus, wie viel sie insgesamt an mir verdienen würden? *Nicht viel,* dachte ich. Ich schluckte.

Warum war ich überhaupt losgezogen? Ich hätte einfach brav zu Hause bleiben, Serien schauen, jeden Tag laufen gehen und in meiner Stammkneipe Bier trinken sollen, statt mit Kriminellen im trostlosesten Café Eurasiens widerlichen Kaffee runterzuwürgen.

Solange die Kerle nicht zuschlugen, konnte ich noch weg. Blitzschnell überdachte ich die Situation. Ich hatte eine Reiseversicherung, Laptop und Kamera würde man mir also ersetzen, wenn die Versicherung »Verlust durch Angst« deckte. Entscheidend war nur, dass ich meinen Pass, meine Kreditkarte und mein Handy bei mir hatte. Ich tastete meine Taschen ab – alles trug ich am Körper. Dann schaute ich zur Tür. Fünf Schritte. Und dann? Dann wäre ich draußen auf dem offenen Parkplatz. Ich könnte zu einem Taxifahrer rennen und ihm in einer für ihn unverständlichen Sprache zubrüllen, er solle Gas geben. Das Blut raste durch meine Adern, der Schweiß lief mir aus allen Poren, und in meinem Hirn tobten Horrorfantasien. Aber mein Körper bewegte sich nicht.

»*We go now?*«, erkundigte ich mich nochmals. Dabei überschlug sich meine Stimme.

Irakli schaute wieder auf seine Armbanduhr. »*Yes, we go now.*«

»*Really?*«

Irakli ging zum Tresen und bezahlte die drei Kaffee. Ich schaute mich um, um sicherzustellen, dass uns die beiden Auftragsmörder nicht folgten. Sie unterhielten sich angeregt.

Draußen hatte das Morgengrauen die Huren und die Taxis durch einen gut besuchten Gemüsemarkt ersetzt. Ohne Widerspruch folgte ich Irakli an den Ständen entlang. Im Sonnenlicht wirkte er um einiges freundlicher. Wie sich herausstellte, gab es um die Ecke eine große Metrostation, an der sich brave Bürger einfanden, um sich auf den Weg zur Arbeit zu machen. Meine

Fantasie war der Realität gewichen. Irakli kaufte zwei Metrokarten. Eine für sich, eine für sein Opfer. Ich konnte immer noch wegrennen, aber dafür gab es nun keinen Grund mehr. Wenn er mich berauben wollte, würde er das wahrscheinlich nicht während der Rushhour tun. Oder?

»*Come. Supermarket*«, befahl er wieder. Ich folgte ihm aus der Metro. »*Free Internet.*« Er deutete auf ein WLAN-Symbol in einer ungemütlich beleuchteten Bäckerei im Supermarkt. Irakli orderte zwei Törtchen, und ich stellte eine Internetverbindung her. Endlich konnten wir über Google Translate ein normales Gespräch führen. Die ganze Nacht über hatte ich mir die Geschichte dieses Mannes ausgemalt, darüber gegrübelt, was seine Motive waren, was er auf dem Kerbholz hatte und was er mitten in der Nacht so alles trieb.

Mein Handy übersetzte mir, dass Irakli aus einem Dorf in Nordgeorgien stammte. Im Jahr 2008 wurde seine Provinz, Abchasien, von den Russen eingenommen. Man nennt das auch den Kaukasuskrieg. Ich konnte mich daran erinnern, dass es dort einen Konflikt gegeben hatte. Die Russen bekommen immer Aufmerksamkeit, wenn sie sich wieder ein Stück Land unter den Nagel reißen.

Irakli war den Russen gegenüber nicht negativ eingestellt. »Das ist doch alles Politik. Die Menschen sind gut. Ich habe viele russische Freunde. Wir müssen einander unterstützen, wenn sich unsere Regierungen schlecht benehmen.«

Ich fragte ihn, was ihn nach Tiflis geführt hatte. Er erklärte, an seinem Wohnort herrsche immer noch ein wenig Unruhe. Es sei schwierig, Arbeit zu finden, und er bewerbe sich jetzt um eine Stelle bei der Regierung.

Fast enttäuschte es mich, wie bieder dieser Mann war. Es machte mein Abenteuer kaputt und ließ außerdem ein enormes Schuldgefühl in mir aufsteigen.

Wie hätte es ausgesehen, wenn ich weggerannt wäre? Wenn

ich meine Tasche und meinen kalt gewordenen Kaffee bei Irakli zurückgelassen hätte, während er sich völlig verblüfft fragte, was in Gottes Namen vor sich ging? Ich hatte mir immer eingebildet, so wunderbar frei von Vorurteilen zu sein.

Während meines Aufenthalts in Georgien sollte ich noch oft mit kurzhaarigen, stoppelbärtigen Männern in Bomberjacken in Kontakt kommen, die nicht schnell lachten. Und wenn sie doch lachten, grinsten sie. Aber es waren diese Männer, die mir den Weg zeigten, mir einen Schlafplatz anboten und mich unter ihre Fittiche nahmen.

Husseyin hatte recht. Bruno hatte recht. Was für ein Reisender war ich bloß? Ein ängstliches Reh war ich. Ich musste mich selbst gut unter die Lupe nehmen. Inzwischen war ich etwas länger als einen Monat unterwegs. Jeden Tag half man mir einen Schritt weiter. Ohne diese Leute wäre ich womöglich immer noch in Kabak.

Der Punker im Hippiecamp

Der gutmütige Serbe Marco hatte in Tiflis ein unmöbliertes Appartement gemietet, in dem sich jeder niederlassen durfte, ein sogenanntes Couchsurfing-Haus. Vor der Tür standen zwanzig Paar abgelaufene Bergschuhe und Sandalen. Und so roch es auch.

Das Haus war eine organisierte Drogenhöhle. Im ansonsten leeren Wohnzimmer lagen ordentlich nebeneinander aufgereihte Schlafmatten. Einige Gäste schliefen darauf, andere unterhielten sich leise. Auf dem Balkon wurde geraucht. Überall an den Wänden hingen DIN-A4-Blätter mit den Hausregeln: *TURN OFF THE GAS!!! THANKS, SHOWER MAX. 1 MINUTE!!!! THANKS, NO TALKING AFTER 8 PM!!! THANKS.*

Marco schien seine Gastgeberrolle nur sehr bedingt zu genießen. Während ich meine Matte auf dem letzten freien Stückchen Parkett ausrollte, hörte ich, wie er einen russischen Backpacker zur Ordnung rief, der sich drinnen einen Joint anzünden wollte. Kurz darauf dämpfte er ein enthusiastisches Gruppengespräch über den Feminismus, damit die Nachbarn nicht gestört wurden.

Was Marco dazu bewegte, sein Couchsurfing-Haus zu betreiben, war offensichtlich. »Wenn jeder der Welt ein wenig zurückgibt, wird die Welt ein Stück besser«, erklärte er mir in feierlichem Ton. Der Dalai Lama, Jesus, Gandhi – alle, die etwas Sinnvolles über die Welt zu sagen hatten, betonten, wie wichtig das Geben war.

Im Couchsurfing-Haus bewiesen ungewaschene Gestalten ihre unerschöpfliche Geduld, bis etwas Phänomenales geschehen würde, oder sie lagen herum wie gelangweilte Hauskatzen, die darauf warteten, dass der Tag wieder vorbei war. Das machte mich unruhig. Ich verband einen Besuch der Swetizchoweli-Kathedrale mit einem Ausflug zum Supermarkt. Dort kaufte ich eine Pfanne, Mehl, Milch, Butter und Eier. Ich hatte vor, diese ausgemergelten Reisenden mit einem großen Stapel Pfannkuchen zu verwöhnen.

Sobald die Butter in der Pfanne zu schmelzen begann, lebte die Drogenhöhle auf. Einige der Gäste folgten dem Duft, andere schauten erst abwartend zu, schnappten sich dann einen Pfannkuchen und setzten sich schnell wieder auf ihre Matte. Ich bekam Unterstützung von zwei russischen Mädchen, die ich nicht verstand, von dem Serben Vladan und von Maja, auch aus Serbien, die mit ihrer vierzehnjährigen Tochter herumreiste. Mark, ein Engländer, holte sich auch einen Pfannkuchen. Er war in dem Jahr geboren worden, in dem man Punk für tot erklärt hatte. Auf seinem Rucksack prangte ein Aufnäher, der dem entschieden widersprach. Außerdem stand auf seinem Gepäck: *TOTAL FUCKING ANARCHY, NO WAR BUT THE CLASS WAR, FUCK THE POLICE.* Das war der Beginn einer wunderbaren Freundschaft, die vor allem der Nostalgie entsprang. Wenn ich mit Mark sprach, war es, als würde ich ein verbotenes Lied aus meiner Jugend hören und den Text noch mitsingen können.

Das Pfannkuchenfest kostete mich ein doppeltes Tagesbudget. Ich hatte meine Ausgaben nach meinem Aufenthalt bei Bruno drastisch gesenkt, um ein echter Reisender sein zu können. Aber das war mir die Sache mehr als wert. Die gemütliche Atmosphäre erinnerte mich daran, wie ich früher mit meinem Bruder Pfannkuchen gebacken hatte.

Wir rochen nach angebrannter Butter und tischten unserer Familie in einem völlig verrauchten Zimmer unser Festmahl auf. Wir versuchten jedes Mal, die Pfannkuchen so hoch zu werfen, dass sie an der Decke kleben blieben. Dazu hatte uns unsere

Großmutter, von der wir das Geheimrezept bekommen hatten, immer ermutigt. Eine herrliche Erinnerung an Feste, auf denen wir einen Pfannkuchen von dem großen Stapel nahmen und ihn mit Sirup oder anderem süßen Kram bunt verzierten.

Pfannkuchen nahmen in meinem kulinarischen Repertoire einen zentralen Platz ein. Wenn ich etwas Eigenes auf Partys mitbringen musste, war das immer ein Stapel Pfannkuchen. Wenn ich ein Mädchen zu Besuch hatte, gab es Pfannkuchen zum Frühstück. Für meine Freunde aus dem Ausland machte ich sie mit Käse und Sirup, um mit der raffinierten niederländischen Küche anzugeben. Pfannkuchen waren einfach meine Spezialität. Bei einem simplen Ofengericht passierte es mir immer wieder, dass ich es anbrennen ließ, und selbst Nudeln mit Pesto missglückten mir oft, aber mein erster Pfannkuchen war mir noch nie misslungen.

Zu dem Zeitpunkt hatte ich allerdings noch keinen blassen Schimmer davon, wohin mich der Pfannkuchen einmal führen sollte. Statt mir die Pfanne an den Rucksack zu binden, schenkte ich sie dem Haus. Die Gäste belohnten mich dafür mit einer guten Bewertung auf meinem Couchsurfer-Profil. Das ist eine Art sozialer Währung. Wenn genug Leute glauben, dass man nett und aufgeschlossen ist, kann man damit handeln. Tauschhandel wird in der Ökonomie des Teilens immer wichtiger.

Wenn man Leute bei sich schlafen lässt, muss man ihnen vertrauen können, und andersherum ist es wichtig, dass man davon ausgehen kann, dass der Gastgeber nicht ohne Zustimmung zu einem in den Schlafsack kriecht. Um solche Dinge zu verhindern, muss man sein Profil mit kompletten Angaben und positiven Inhalten ausfüllen. Man schreibt zum Beispiel rein, dass man »eine aufgeschlossene Person« ist, die »gern reist und schöne Dinge tut«. Wenn man jemanden kennengelernt hat, kann man eine Empfehlung schreiben. Je mehr positive Einträge man hat, desto vertrauenerweckender wirkt man. Nach dem Pfannkuchenabend in Tiflis hatten Marco, Mark und Maja eine solche Empfehlung über meine Kochkünste im Couchsurfing-Haus in mein Profil geschrieben.

Überall auf der Welt gibt es Menschen mit bösen Absichten, auch unter Couchsurfern. Aber wenn man von vierzig verschiedenen Leuten liest, dass jemand Pfannkuchen backt und ein Lächeln wie ein Sonnenstrahl hat, bekommt man es zumindest mit einem sehr sympathischen Serienmörder zu tun.

Am Tag nach dem Pfannkuchenfest wurde das Couchsurfing-Haus geräumt. Die Nachbarn hatten sich beschwert, so ausgelassen war das Fest anscheinend gewesen. Mark und ich zogen in eine Hippiesiedlung im Vakepark, am Rand von Tiflis. Wir saßen mit den Bewohnern des Camps im Kreis auf Baumstümpfen. Das Ganze wurde von einem jungen Franzosen mit blondem Haar geleitet, das sich wie von selbst zu Dreadlocks formte. Überallhin ging er barfuß. So war er der Natur näher, erklärte er, ohne dass ich ihn danach gefragt hätte.

»Läufst du auch barfuß durch die Straßen von Tiflis?«

»Ja, immer, wieso?«, fragte er misstrauisch zurück.

»Asphalt hat doch nicht viel mit der Natur zu tun. Wenn du mit bloßen Füßen über Asphalt läufst, bist du eigentlich der alles zerstörenden Industrie näher. Oder?« Ich musste noch lernen, dass man die Leute nicht ihres Wahns berauben durfte. Als Gegenargument führte er etwas nach dem Motto »gegen das System und den Kapitalismus« an. Ich war mit vielen der Ideologien im Camp einverstanden, verspürte jedoch nicht den Drang, dem System abzuschwören oder im Zelt in einem Land zu hausen, dessen Sprache ich nicht beherrschte.

Ich wollte das Thema wechseln, indem ich Interesse an seiner Person zeigte. Der Junge hatte keinen Namen, und ich durfte ihn auch nicht fragen, wie alt er war. »Wer wir sind und woher wir kommen, geht nur das Universum etwas an. Ein registrierter

Name mit Alter und Staatsangehörigkeit, das ist alles zusätzliches Material, über das uns die Behörden kontrollieren wollen.«

»Alle Grenzen müssen überwunden werden«, sagte ein Mädchen neben ihm, das den Kopf verträumt an seine Schulter lehnte.

Das Wesen mit dem französischen Akzent – ich ordnete ihm keine willkürliche Nationalität und kein Geschlecht mehr zu – hielt jeden Morgen um fünf eine Yogastunde ab. Im Lager glaubte man an den freien Willen und an die Anarchie, aber man wurde nachdrücklich zur Teilnahme aufgefordert. Ich musste meinen guten Willen zeigen, deswegen beschloss ich, meine Ansichten zum Thema Yoga über Bord zu werfen, und stand am nächsten Morgen noch halb schlafend mit zehn anderen Wesen auf einer Wiese. Es fühlte sich ziemlich gut an, aber ich verspürte eine tiefe Seelenverwandtschaft mit Mark, der auch lieber in einem Mosh Pit stand als sich in die Haltung des nach unten schauenden Hundes zu begeben.

Nach der Yogastunde erhielten wir die Anweisung, uns im Gras auf den Rücken zu legen. Ich schloss die Augen und lauschte dem ersten Vogelgezwitscher. Der französische Akzent begleitete uns durch die Meditation: »*Relax your toes, reee-lax.*« Der Guru dehnte das »e« sehr lange aus. Ich konnte ein Kichern nicht unterdrücken. »*Relax your feet, reee-lax. Relax your shins, reee-lax.*« So ging es weiter, bis jeder Körperteil und jedes Stück der Eingeweide an die Reihe gekommen war. Langsam fühlte es sich so an, als würde ich schweben. Es war sowohl physisch als auch mental eine Erleuchtung. *Fuck*, ich hatte mich eigentlich von der Meditation und dem Yoga abgewandt, aber das hier entspannte mich wirklich sehr. Vegetarier war ich schon, und jetzt machte ich auch noch Yoga. Noch drei Monate, dann würde ich barfuß durch Indien laufen, mit einer Perlenkette um den Hals.

Nach der Yogastunde gab der blonde Guru Jonglierunterricht, und dann war es Zeit für die tägliche Tischtennisrunde mit einer Gruppe älterer georgischer Männer. Danach sammelten wir Essen aus Supermarktcontainern, sprachen über das Böse, und nach dem Abendbrot gingen wir ins Bett. Von dem esoterisch angehauchten Teil abgesehen, passte ich eigentlich sehr gut in die Gruppe.

Trotzdem wollte ich so schnell wie möglich wieder weg von diesen anarchistischen Dogmen. Ich musste eine Gemeinschaft finden, in der ich mich gänzlich zu Hause fühlte. Bei den haschrauchenden Türken oder den modernen Nomaden war das nicht der Fall. Vielleicht gehörte ich doch einfach nach Amsterdam, zu meinen Freunden, die zur Arbeit gingen, um sich danach in Boot Camps auszupowern und zur Belohnung auf Festivals zu entspannen.

Mark ließ sich leicht überreden, mit mir auf Abenteuersuche zu gehen. Er war nur noch im Hippiecamp, weil man dort umsonst wohnen konnte. Allerdings warnte er mich auch sofort, dass wir alles so billig organisieren mussten wie möglich, weil er »eigentlich kein Geld« hatte.

Wir beschlossen, per Anhalter nach Stepanzminda zu fahren, dem kleinen Dorf am Fuß des Kasbek. Von dort aus wollten wir am nächsten Tag den Berg besteigen. Mark hatte in England seine ganzen Besitztümer weggegeben, weil Dinge vor allem die Person besaßen statt andersherum, sagte er. Mit Schulden in Höhe von zweihundert Pfund reiste er nun schon zwei Jahre lang durch die Gegend. Das schien mir unmöglich, denn selbst wenn man immer etwas tauschte, musste man doch hin und wieder etwas bezahlen? In einem Supermarkt kauften wir zwei Brote und drei Tomaten. Mark verließ den Laden mit einer Gurke, zwei Schokoladentafeln und einem halben Kilo Käse.

»Von einem multinationalen Konzern zu stehlen ist immer noch besser, als dort etwas zu kaufen. Wir dürfen das Konsumsystem nur so wenig wie möglich unterstützen.« Am Klang seiner

Stimme konnte ich erkennen, dass er mit sich selbst rührend einig war.

Das Fahren per Anhalter war auch umsonst. Dafür brauchten wir nicht zu stehlen, sondern nur auf das Gute in unseren Mitmenschen zu vertrauen. Mark war schon durch ganz Europa getrampt, und dabei hatte er herausgefunden, dass das die perfekte Methode war, um ohne Geld zu reisen. »Der Besitz macht Wölfe aus den besten Menschen.« Es gefiel ihm, dass ich diese Weisheit in meinem Notizbuch festhielt. »Erst wenn man sich ganz vom Geld befreit hat, kann man glücklich sein.«

»Wenn aber niemand Geld hat, wer soll uns dann nach Stepanzminda bringen?«, fragte ich skeptisch.

»Dir entgeht das Wesentliche«, sagte Mark. Er wollte sich eigentlich weiter erklären, sagte dann aber nichts mehr.

Das Fahren per Anhalter gestaltete sich ziemlich unkompliziert. Wir wurden von einem gut gelaunten Russen Anfang dreißig mitgenommen. Er erzählte uns, dass er diese Route oft fuhr. Er war bei seiner georgischen Freundin in Tiflis eingezogen, arbeitete aber immer noch in Russland. Das Problem zwischen Georgien und Russland beschrieb er als »rein politisch« und fügte an, dass die einfachen Leute es besser wüssten.

»Gleich kommen wir zu einem der besten Restaurants von Georgien. Eine alte Frau führt es, und es ist gar nicht teuer. Was haltet ihr davon?«

Eine warme Mahlzeit klang in meinen Ohren gut. Ich schaute mich froh um und hoffte auf Zustimmung. Mark war mein Lehrmeister, was das No-Budget-Reisen betraf.

»Schwierig, schwierig«, sagte er, und dabei sah er so aus, als würde er sich dagegen entscheiden. »Ein bisschen Geld habe ich, also gut, ich gehe mit, aber dann schaue ich euch beim Essen zu.« Er schwieg kurz und sagte dann: »Ich habe noch ein Stück Brot dabei.«

Der Russe entschuldigte sich sofort: »Sorry, ich wusste natürlich nicht … Kein Problem, ich kann euch gern einen Teil bezahlen. Das ist wirklich kein Problem. Du kannst doch nicht einfach nur traurig dabeisitzen. Das akzeptiere ich nicht!«

Wie ein bettelarmer Pilger beteuerte Mark, wie sehr er das zu schätzen wusste und dass es wirklich noch gute Menschen gab auf dieser Welt.

Es handelte sich um ein armseliges Holzrestaurant, wo unsere Mahlzeit von einer alten Frau mit einer dreckigen Blümchenschürze vor uns auf den Tisch geknallt wurde. Das Essen schmeckte fantastisch. Ein schöner Einblick in die georgische Küche, und dann tat Mark so, als würde er lieber im Regen trockenes Brot essen.

Bei unserer Ankunft in Stepanzminda dankten wir unserem fröhlichen Chauffeur und erkundeten das Dorf.»Man lernt eine ganze Menge, wenn man zwei Jahre lang ohne Geld herumreist«, erklärte Mark.»Irgendwann weiß man ganz genau, welche Autos man auswählen muss und wie man dafür sorgt, dass einem der Fahrer etwas zu essen gibt.«

»Nein, deswegen fühle ich mich nicht schuldig«, beantwortete er mein Stirnrunzeln.»Das Geld, das sie verdient haben, stammt aus bösen Betrieben. Es müsste allen gehören.«

Wir gingen zum Dorfrand, kletterten über einen Zaun in einen großen rückwärtigen Garten und stellten unser Zelt im hohen Gras auf. Per Anhalter zu fahren, zu stehlen und heimlich bei Leuten im Garten zu kampieren, fand ich richtig spannend.»Wie kommst du ohne Geld eigentlich an die ganzen Sachen?« Mark besaß ein Leichtzelt der Marke Hilleberg, das tausend Euro wert war, eine Hyperlite-Matte, einen superklein zusammenrollbaren Schlafsack, ein dickes Schweizer Taschenmesser, zwei Hightech-Victorinox-Feldflaschen und einen Jetboil-Kocher.

»Je reicher das Land, desto schlechter die Diebstahlsicherung.« Es hätte ihm gefallen, wenn ich auch diese Weisheit in mein Notizbuch geschrieben hätte. »Ich war in einem Outdoor-Laden in der Schweiz. Erst habe ich mir einen guten Rucksack ausgesucht. Als ich den problemlos ohne zu bezahlen aus dem Laden bekommen habe, bin ich zwei Tage später noch einmal hingegangen und habe ihn mit allem gefüllt, was ich brauchte.«

Ich verurteilte ihn nicht. Das durfte man nicht, hatten sie im Hippiecamp gesagt.

»Ich bin Minimalist. Alles, was ich nicht brauche, werfe ich weg. Ich will an einen Punkt kommen, wo ich nur noch mit der Zahnbürste reise.«

Ich lachte. »So eine Feldflasche nehme ich dir gern ab.«

»Die brauche ich selbst, falls die andere kaputtgeht.«

Wir unterhielten uns noch eine Weile über das Böse in der heutigen Gesellschaft und über Frauen. Zumindest diesbezüglich waren wir einer Meinung.

Positiv denken

Nicht alle von Marks gut gemeinten Ratschlägen blieben hängen. »Außerhalb Europas kommt man per Anhalter oft schneller voran als mit öffentlichen Verkehrsmitteln« schon. Das hatte er bewiesen, indem er eine Stunde früher zurück in Tiflis war als meine Maschrutka. Nach unserem Hike kehrte Mark ins Hippiecamp zurück, und für mich war die Zeit gekommen, per Anhalter durch Armenien in den Iran zu fahren. In einigen Tagen würden meine Freunde Tim und Khas dort eintreffen.

Es gab noch einen weiteren Grund, aus dem ich mich für eine Reise per Anhalter entschied. Wenn man einmal alle Hoffnung in die Menschheit verloren hat, ist nichts besser, als so zu reisen. Im einen Moment steht man eine Stunde lang auf schmelzendem Asphalt und starrt zum Horizont, im nächsten hält ein altes Ehepaar in einem armseligen, mit Wassermelonen gefüllten Auto. Das passierte mir zumindest auf der staubigen Straße nach Armenien.

Ein alter Mann stieg freundlich lächelnd aus dem Wagen. Er öffnete die hintere Tür, und zusammen luden wir einige Wassermelonen aus, sodass ein Sitzplatz für mich frei wurde. Noch immer lächelnd, bedeutete er mir, ich solle hineinkriechen. Sobald ich saß, bugsierte er die soeben ausgeladenen Melonen wieder in den Wagen, sodass ich bis zum Hals davon umgeben war. Das war gar nicht mal so unbequem. Hin und wieder rollte eine der Melonen in meine Richtung, und ich versuchte sie mit dem letzten bisschen Bewegungsfreiheit wegzuköpfen. Der Mann und die Frau nickten mir zahnlos lachend im Rückspiegel zu.

Die Route von Tiflis nach Eriwan erwies sich als ziemlich einfach: Es gab nur eine Straße. Ich bewegte mich also entweder in die absolut richtige oder in die absolut falsche Richtung. Es war eine zweispurige Straße, aber die Leute hier benutzten oft eine dritte, nur in ihrer Einbildung existierende Spur in der Mitte, wenn ihnen das besser passte.

Mit gemächlichen fünfzig Stundenkilometern fuhr der alte Mann, und mir gefiel das. Zwischen den Wassermelonen sah ich ab und zu Leute, die uns entgegenkamen und die bewusste dritte Spur gebrauchten. Beim Passieren der Wagen fühlte es sich an, als würden sie gerade so aneinander vorbeischrammen.

Um meine Angst ein wenig in Zaum zu halten, stellte ich mir vor, dass der uns Entgegenkommende das Auto voller Gänse hatte. Und dass die beiden Autos einander mit fünfzig Stundenkilometern touchieren würden. Wenn man dafür tausend Frames pro Sekunde ansetzt, bekommt man eine sehr spannende Zeitlupe. Vier Körper, die durch die Luft schweben, daneben das Rot und Grün der kaputten Wassermelonen, die Federn und Gänse, die in die Freiheit fliegen. Bisher verlief alles reibungslos.

Wir hielten an einer Tankstelle, einem sandigen Ort mit einer einzigen Zapfsäule und einem verfallenen Laden. Ich sprach kein Russisch und das Ehepaar kein Englisch, darum lachten sie mir einfach zu, und der Mann füllte den Tank auf, während die Frau zum Bezahlen in den Laden ging. Ich sollte kurz zwischen den Wassermelonen auf die beiden warten.

Ein paar Minuten später kam die alte Frau in ihrem blauen Blümchenkleid wieder angewackelt, in der Hand hatte sie drei Schokoladeneis. So machten die beiden wirklich eine Art Fest aus der Sache. Jetzt saß ich bis zum Hals in den Wassermelonen und hatte ein schnell schmelzendes Eis in der linken Hand. Mit Mühe brachte ich den Kopf nach vorn, um daran zu lecken. Über den Rückspiegel lachten die freundlichen Leute mir noch immer herzlich zu. Mein Herz schmolz schneller als das Eis.

Nach den Wassermelonenverkäufern nahmen mich zwei junge Männer mit, die nur ein Selfie mit mir machen wollten und mich hundert Meter weiter wieder aus dem Auto warfen. Danach kam ich ohne weitere Scherereien in einem Lastwagen über die armenische Grenze.

Hinter dem Grenzübergang gab es ein Steinbergwerk. Ständig fuhren mit Brocken beladene Lastwagen vorbei. Innerhalb einiger Minuten hielten zwei neugierige Armenier. Ich deutete auf mich selbst, dann zum Horizont und sagte: »Eriwan.«

Der Jüngere rückte in die Mitte der Lastwagenkabine und hob meinen Rucksack ins Fahrzeug. Sie musterten mich gründlich, und wir fuhren los.

Bei einem Stand am Weg, an dem Obst verkauft wurde, hielten sie an. »*You want?*«

Fröhlich zuckte ich die Schultern. Der Mann hinter dem Steuer sprang aus der Fahrerkabine und kam fünf Minuten später mit einer Tüte Birnen zurück. Er sprach kaum Englisch, machte mir jedoch begreiflich, dass armenische Birnen die besten auf der ganzen Welt seien. Weil sie bemerkten, wie gierig ich auf ihr Angebot einer zweiten Birne einging, schenkten sie mir die ganze Tüte, als sie mich zehn Kilometer weiter am Straßenrand absetzten.

Kurz darauf nahmen mich ein Vater und sein Sohn mit. Wir fuhren an schönen grünen Hügeln entlang, zwischen denen alte Industriegebäude und verlassene Fabriken standen. Vergangene Glorie. – Wenn davon jemals die Rede hatte sein können.

Wir mussten einen Hügel überqueren, und das Auto wurde langsamer. Der arme kleine Wagen kam fast zum Stillstand und schaffte es dann gerade so über den Hügel. Der Sohn drehte sich zu mir um und sagte lachend: »Russische Qualität.« Der Vater fuhr so schnell wie möglich nach unten, um genug Schwung für den nächsten Hügel zu bekommen. Ein paar Meter vor dem höchsten Punkt blieben wir dann stehen. Wir sprangen heraus, um den Wagen das letzte Stück nach oben zu schieben, stiegen wieder ein und rollten ruhig durch die hügelige Industrielandschaft, bis wir vor einer Tankstelle anhielten.

Mein Zeitgefühl hatte ich völlig verloren. Ich fragte mich, wo ich in der vergangenen Nacht geschlafen hatte, und mir wurde bewusst, dass »die vergangene Nacht« noch gar nicht stattgefunden hatte. Am Morgen war ich noch in Tiflis gewesen, und jetzt, zehn kurze Begegnungen weiter, stand ich »irgendwo im Nirgendwo«. Ich hatte keine Ahnung, wo ich später schlafen oder wohin ich gehen sollte. Ich musste mich beeilen, wenn ich noch am gleichen Tag in Eriwan ankommen wollte.

Beim Autostopp hat man keinen Einfluss auf die Zeit. Es ist wie ein Wettbewerb mit dem Schicksal. Ein Spiel mit der Kausalität: Wenn A passiert, passiert anschließend B. Wenn ich nicht gerade diese Mitfahrgelegenheit wahrgenommen hätte, hätte mich vielleicht eine hübsche Frau in einem roten Cabrio mitgenommen, dann eine nette Familie in einem Landrover, und die hätte mich in einem Rutsch an mein Ziel gebracht. Aber es hätten mich auch Banditen aufsammeln können.

Ein dunkellilafarbenes Auto hielt an. Das Fahrerfenster wurde heruntergefahren, und ich beugte mich nach vorn. Vier breite Kerle starrten mich an. Ihre muskulösen Arme waren von Schlangen, Mariendarstellungen und Schwertern bedeckt. Um den Hals trugen sie Ketten, die halb so viel wogen wie ich.

Der stämmige kleine Mann auf dem Fahrersitz sprang aus dem Wagen und klappte den Sitz nach vorn. Ich nahm den Rucksack ab, kletterte damit zwischen die beiden Kerle auf der Rückbank und nahm mein Gepäckstück auf den Schoß. Zu dritt waren wir zweimal so breit wie das kleine lila Auto. Sehr gemütlich. Acht Augen waren auf mich gerichtet. Die Begegnung mit Irakli hatte mich gelehrt, nicht zu schnell zu urteilen, deswegen lächelte ich so unbefangen wie möglich.

»*Name?*«, verlangte der Fahrer wenig später zu wissen.

»Willem«, sagte ich. »*You?*«

Sie lachten. Schallend, wie es die Handlanger von Bösewichten in Actionfilmen tun.

»*From?*«

»*Holland. You?*« Schweigen. Sie starrten mich durchdringend an. Hatte ich etwas Falsches gesagt oder hatten sie sonst keine Informationen nötig? Ich saß gerade erst im Auto und hatte noch keine Gelegenheit zum Panikaufbau gehabt. Dann wurde der Wagen an den Straßenrand gelenkt, um mich rauszuschmeißen. Sie konnten mich allerdings nicht wie in einem Actionfilm auf den Asphalt werfen und mit quietschenden Reifen davonfahren. Erst musste der Beifahrer aussteigen, um den Sitz nach vorne zu klappen und meinen Rucksack entgegenzunehmen.

Noch hundert Kilometer bis Eriwan. Die Dämmerung setzte ein, und immer weniger Autos fuhren an mir vorbei. Sollte das hier meine erste Nacht unter freiem Himmel werden? War ich dazu bereit? Ich gab mich mutig, aber wenn ich gleich im Graben lag, was dann? Vielleicht kehrten ja die Gangster mit Gewehren und Macheten zurück. Oder gab es hier Wölfe? Bären?

Die Sonne ging unter. In einer Stunde würde es schon richtig dunkel sein. Am Straßenrand erstreckte sich eine hügelige Landschaft mit Grasflächen, die sich sehr gut dafür zu eignen schienen, meinen Schlafsack darauf auszubreiten. Irgendwie wurde schließlich immer alles gut, oder? Wie groß war die Wahrscheinlichkeit, dass ich nach einem Tag voller lieber Menschen plötzlich einem mordlustigen begegnen würde? Ich ging besser davon aus, dass der Mensch gut war.

Das lohnte sich. Gerade als ich meine Tasche in den Straßengraben werfen wollte, hielt ein Auto neben mir. Darin saß ein Pärchen in den Dreißigern. Die Frau sprach ziemlich gut Englisch. Sie erklärte, sie könnten mich nicht weit mitnehmen, weil sie in der Nähe wohnten. Ich beschwerte mich nicht, denn ich war froh um jeden Kilometer.

Die beiden diskutierten auf Armenisch miteinander. Dann drehte sich die Frau um und sagte zu mir: »Entschuldige, aber wir können dich nicht einfach so an der Straße absetzen. Draußen ist es einfach zu gefährlich. Du schläfst heute Nacht bei uns, und dann kannst du morgen weiter, wenn es wieder hell ist.«

So war das nicht vereinbart gewesen. Ich müsste eigentlich am Wegrand schlafen, eng an meinen Rucksack geschmiegt. Zuhören, wie das Wolfsgeheul mein eigenes Jammern übertönte. Aber sie ließen mir keine andere Wahl.

Das Haus der Familie befand sich neben einem kleinen Bahnhof. Drei Kinder kamen uns durch den Vorgarten entgegengerannt, und ein Paar mittleren Alters sowie ein hochbetagter Mann blieben im Türrahmen stehen. Vier Generationen lebten hier.

Aram führte mich herum. Das Haus war von einem großen Garten umgeben. Mit schüchternem Stolz zeigte er mir den Spielplatz, den er aus Industriemüll gebaut hatte. Er bedeutete mir, ich solle mich auf den Autoreifen setzen, der mit einem Tau an einem Metallpfahl festgebunden war, dann stieß er mich an. Unsere *Bromance* fand im Gemüsegarten ihren Fortgang. Er ließ mich allerhand probieren: Kirschen, Brombeeren und Birnen, die besten Birnen der ganzen Welt. Dann zeigte er mir seine vier Bienenstöcke, seine Kühe, und er holte seine weiße Mähre von der Weide. Wir konnten nicht miteinander reden, aber wir brauchten auch nicht miteinander zu reden.

Dann führte er mich zu dem kleinen Bahnhof neben dem Haus. Das war sein Büro. Dort hing eine große Karte von Armenien, außerdem gab es einen riesigen Schreibtisch mit zwei

Drehscheibentelefonen und einer Schaltfläche mit großen roten Knöpfen und Blinklichtern, die ohne Weiteres aus einem Actionfilm aus den Sechzigern hätte stammen können. Tereza, Arams Frau, übersetzte mir später, dass er und sein Vater für das Umstellen der Weichen verantwortlich waren und er das Telefon zu beantworten hatte. Der Zugverkehr in Armenien war nicht besonders ausgeprägt, deswegen hatte Aram genug Zeit, um seinen Kindern einen Spielplatz zu bauen und einen Obstgarten zu pflegen.

Als wir von der Führung zurückkamen, war das Essen fertig. Arams Opa meckerte vor sich hin. Die Familie lachte. Dann rief er mir etwas zu, was ich nicht verstand. Arams Mutter wies ihn zurecht, und als das nicht half, brachte sie ihn in ein anderes Zimmer. »Es tut mir leid, er ist es nicht gewohnt«, sagte Tereza. Der alte Patriarch wusste, welcher Platz ihm zustand.

Manchmal kannte Tereza das richtige englische Wort nicht. Darum holte Arams Vater ein altes Reisewörterbuch aus dem Regal. Jetzt wusste ich zum Beispiel, wie man ein Telegramm *(heragir)* schicken musste und wo ich die sowjetische Botschaft finden konnte, *vortekch e sovetakan despanatun.* Man wusste ja nie, wann das einmal nützlich würde. Dann musste ich mit einer Tante skypen, die in Deutschland wohnte. Das Internet war langsam und ihr Deutsch schnell. Ich stellte vor allem fest, dass sie sehr böse dreinschaute. Lachend zuckte ich die Schultern, und dabei blieb es.

Die Nacht verbrachte ich auf dem Sofa im Wohnzimmer. Mir wurde ganz sentimental zumute. Ich schaute zurück auf all die bedingungslose Liebe, die ich auf meiner Reise erlebt hatte. Ich spürte, dass ich mich für dieses wehmütige Gefühl verantworten musste. Schon seit ich ein kleiner Junge war, hatte ich gelernt, skeptisch zu sein. Oder »realistisch«, wie das die Skeptiker selbst nennen. Skeptizismus wird vor allem eingesetzt, um etwas

Positives »realistisch« zu machen, indem man es so schnell wie möglich widerlegt. Man hört selten, dass ein Skeptiker eine negative Wirklichkeit in ein positives Licht rückt. Das kommt von einem westlich orientierten Menschenbild. Der Mensch ist von Natur aus ein Sünder und handelt immer aus Eigeninteresse. Aber von diesem Tag an, nachdem ich länger als einen Monat von der Hilfe anderer Menschen abhängig gewesen war, wurde ich zu einem positiven Skeptiker. Es war unmöglich, länger an die reine Selbstsucht des Menschen zu glauben. Der Mensch war vielleicht egoistisch und immer mit dem Überleben befasst; die, die sich umeinander kümmerten und die Gruppe zusammenzuhalten wussten, uberlebten. Wir sind von der Evolution darauf programmiert, uns umeinander zu kümmern, deswegen fühlt es sich gut an, wenn wir einander helfen oder etwas hergeben. Ob man jetzt an Karma oder an den Kapitalismus glaubt: Mitgefühl hat positive Auswirkungen auf Körper und Geist. All das ist sogar wissenschaftlich bewiesen.

Dieses Gefühl der Nächstenliebe konnte ich nur erfahren, indem ich mich öffnete und zugänglich machte und indem ich den Menschen vertraute, die mir helfen wollten. Zu Hause war ich nicht verletzlich. Auch die Leute um mich herum waren nicht verletzlich, und diejenigen, auf die das doch zutraf, wurden von Institutionen aufgefangen, die dafür ausgebildet waren, ihnen zu helfen. In Arams Haus lebten vier Generationen unter einem Dach. Die Familie war darauf eingestellt, sich umeinander zu kümmern. Als Aram und Tereza also einen verirrten jungen Mann am Straßenrand sahen, war es für sie das Normalste von der Welt, ein Bett und ein Frühstück mit selbst gemachter Beerenmarmelade anzubieten.

Am nächsten Tag fuhren mich Aram und sein Vater zu einem Bahnhof im Nachbardorf.

Dort fand ich sofort jemanden, der mich bis nach Eriwan mitnahm, wo ich die erste Nacht in einem Hostel schlief. Jetzt würde ich genau das bekommen, was ich mir gewünscht hatte: eine Kneipentour mit ein paar fröhlichen Backpackern. Leider wollte aber niemand mit, deswegen zog ich allein los.

Ich betrat eine lebendige, etwas alternativ anmutende Kneipe und setzte mich lässig an die Bar, so als würde ich auf jemanden warten. Eine Viertelstunde später trank ich gelangweilt mein zweites Glas leer. Von der Bar aus lachte ich mit einer Gruppe junger Männer mit, die drei Tische weiter saß, und bestellte mir noch ein Bier, einfach um etwas zu tun zu haben. Ich übte schon einmal ein, wie es wäre, wenn meine Frau mich verlassen hätte und die Kinder keinen Kontakt mehr zu mir haben wollten.

Ich wollte mir selbst beweisen, dass ich mich allein wunderbar amüsieren konnte. Zwei Bier und einen Whisky später tanzte ich fröhlich neben ein paar Mädchen. Dabei wartete ich darauf, dass eines von ihnen bemerken würde, wie gern ich dazugehören wollte. Nach dem dritten Whisky und einem Gespräch mit einem Franzosen wankte ich zurück ins Hostel. Allen Umständen zum Trotz ein bewegter Abend.

Es schien mir vernünftiger, mit dem Zug weiterzufahren. Khas und Tim würden schon in zwei Tagen in Teheran ankommen. Wegen der schlechten Straßen und den auseinanderfallenden Autos konnte ich nicht mit Sicherheit sagen, wie lange es dauern würde, wenn ich weiter per Anhalter fuhr. Außerdem war ich erschöpft und hatte keine Lust auf Small Talk. Ich wollte aus dem Bett aufs Sofa rollen, einen Film schauen, Käsetoast machen und ganz lange duschen. In den vergangenen Tagen hatte ich genug Menschenliebe bekommen. Der Zug stellte einen Kompromiss dar.

Die Dame am Schalter in Eriwan bestätigte mir, was Tereza schon gesagt hatte: Der Bahnverkehr in Armenien war sehr dürftig. Die einzigen verbliebenen Züge gingen in nördliche Richtung. Freundlich riet mir die Dame, zurück nach Georgien zu fahren und dort einen Nachtbus in den Süden von Armenien zu nehmen.

Kurz dachte ich nach. Mein Kopf hämmerte. Voller Widerwillen entschied ich mich, wieder per Anhalter zu fahren. Die Route schaute ich auf Google Maps nach. Der einzige mögliche Grenzübergang in den Iran befand sich in der Stadt Kapan, im südöstlichen Teil von Armenien. Bis dorthin mussten es ungefähr sechseinhalb Stunden im Auto sein.

Nach einer langen Fahrt mit einem missmutigen Mann, der fröhlich buntes Spielzeug verkaufte, landete ich in einem kleinen Dorf. Dort kam viel Verkehr vorbei, aber es dauerte länger als eine Stunde, bis ein Auto anhielt. Zwei junge Männer ließen mich einsteigen. Inzwischen hatte ich ein armenisches Wörterbuch heruntergeladen, konnte also ein bisschen kommunizieren. Sie begriffen nicht, was ich wollte. Ich öffnete Google Maps und ließ den Finger die Straße entlang zum Iran gleiten. Sie nahmen mir mein iPhone ab und schauten wie gebannt auf das Display. Sie scrollten herum und bewegten die Karte. Dann gaben sie mir achselzuckend das iPhone zurück.

Erst später wurde mir klar, dass sie vielleicht noch nie eine Karte gesehen hatten. Das ist eine Fertigkeit, die wir dagegen schon früh lernen. Vielleicht hatten sie auch noch nie ein iPhone 5 in den Händen gehabt. Sie wussten aber, dass es ein teures Telefon war, denn sie wollten von mir für eine Strecke von fünf Kilometern dreitausend Dram. Dreitausend Dram! Das waren fünf Euro. So deutlich wie möglich erklärte ich ihnen, dass ich ein einfacher Rucksacktourist war und kein Geld hatte. Das hatte ich auf *Hitchwiki.org* gelernt, einer Webseite mit allen Autostopp-Tipps. Über Armenien stand dort, es sei eines der besten Länder für das Fahren per Anhalter, aber auch: »Es ist üblich, ein bisschen zu bezahlen, etwa 1,50 Euro pro Kilometer. Wenn man das nicht will, muss man das gleich ansprechen. Dann wird man oft auch umsonst mitgenommen.« Ich ärgerte mich darüber, dass diese beiden offensichtlich noch nie davon gehört hatten, und stieg wieder aus.

Bis vor Kurzem hatte mich die uneingeschränkte Güte der Menschen noch beeindruckt. Aber sie war allmählich zur Norm geworden. In der Anhalterkultur stellten sich Reisende mit ihren erhobenen Idealen weit über die örtliche Bevölkerung. Geld gehörte allen, und alles musste geteilt werden. Wenn also ein armer Bauer aus der Umgebung die Möglichkeit sah, etwas zusätzlich zu verdienen, wurde er als kapitalistischer Faschist abgestempelt. Reisende, die mit ihrem Verhalten durchkamen, wurden auch »*begpackers*« genannt, wie Betteln, *to beg*. Selbst ertappte ich mich hin und wieder auch dabei. Manchmal bekommt man so viel, dass einem nicht klar ist, dass man auch etwas zurückgeben kann. Psychologisch lässt sich das sicher erklären, aber ein schöner Zug ist es nicht.

Eine zweispurige Straße schlängelte sich durch eine grüne Hügellandschaft. Herrlich still war es, ohne Autos. Die Freiheit genoss ich, aber nicht das Warten. Ich zählte die Steine am Wegrand und hoffte auf die schöne Frau in ihrem roten Cabrio. Eine halbe Stunde später saß ich im Hummer-Geländewagen einer amerikanisch-armenischen Familie. Nachdem ich mich tagelang mit Händen und Füßen und halben Worten verständigt hatte, lernte ich ein einfaches, fließendes Gespräch zu schätzen. Ich hoffte, sie würden mich bis ganz zur iranischen Grenze bringen, denn ich hatte mehr als genug Gesprächsstoff. Im nächsten Dorf setzten sie mich ab.

Ein weißer Kleinbus hielt an. Ich öffnete die Tür und stieg ein. Der junge Mann gab etwas auf seinem Handy ein und zeigte es mir: Ես տեսա, որ դուք կանգնած ճանապարհի վրա: Ես մտածեցի, որ դուք պետք է լինի ծարավ. այնպես որ ես զնել ձեզ սառույցը սուրճ. Ich lächelte und zuckte mit den Schultern. Erschrocken schaute er auf sein Telefon. »Sorry, sorry!« Er gab noch etwas ein und reichte mir wieder sein Handy. Erwartungsvoll schaute er dabei zu, wie ich auf sein Display guckte: *I saw you standing on the road. I thought you must be thirsty. I buy you ice coffee.* Lachend überreichte er mir den Becher mit Eiskaffee, der schon im Halter bereitstand.

In Goris setzte mich der Junge ab. Ich wollte vor dem Dunkelwerden Kapan erreichen, das letzte Dorf vor der Grenze. Bis dorthin waren es noch gut zwei Stunden Fahrt. Fast wie abgesprochen hielt genau im richtigen Moment ein nagelneuer roter Renault. Der junge Mann im Auto sprach gut Englisch und erklärte mir, Armenien werde durch das Verhältnis zwischen Russland und Aserbaidschan in einem Würgegriff gehalten. Das lasse sich gut an der Straße illustrieren, über die wir fuhren. »Jetzt fahren wir durch Armenien«, sagte der Junge, »aber wenn ich jetzt gleich diesen Lastwagen da einhole, dann sind wir in Aserbaidschan. Russland hat nach dem Fall der Sowjetunion alles irgendwie verteilt. Aserbaidschan war attraktiver, wegen des Öls.« Er umfasste das Steuer ein wenig fester. »An deiner Stelle wäre ich froh, dass du in einem so sicheren und reichen Land wohnst.«

Ich hatte mich schon öfter glücklich gepriesen und gleichzeitig schuldig gefühlt, weil ich als Westeuropäer so privilegiert leben durfte ... obwohl ich daran nichts ändern konnte.

Der liebe Schafmetzger

Die geräumige Lobby des einzigen Hotels in Kapan war mit Holz-säulen und einem schönen Steinboden ausgestattet. Der Kron-leuchter ließ mich vermuten, dass das Zimmer mein luxuriöses-ter Schlafplatz seit meinem Aufbruch werden würde. Bisher hatte ich fast nie für eine Übernachtung bezahlen müssen, deswegen konnte ich mir eine Nacht im Edelhotel leisten, auch wenn sie mich hundert Euro kosten würde. Ich brauchte nicht zu geizig zu sein. Die Rezeptionistin gab den Preis für das billigste Zimmer in einen Taschenrechner ein: fünftausend armenische Dram.

Dann ist das eben so, seufzte ich. Ich rechnete den Betrag um. – Neun Euro?! Das musste ja wohl ein Witz sein. Ich zahlte, nahm den Schlüssel in Empfang und ging pfeifend die Treppe hoch.

Oben warf ich meinen Rucksack hin, riss die Balkontüren auf und sog die frische Bergluft ein. Mein Zimmer bot einen Ausblick über die verschneiten Gipfel, auf denen sich das letzte Sonnenlicht brach. Ich ließ mich lang ausgestreckt aufs Bett fallen und genoss die Stille. Zum ersten Mal brauchte ich auf niemand anderen Rücksicht zu nehmen. Ich war ein anonymer Reisender.

Mein Blick fiel auf den weißen Bademantel und die dünnen, in Plastik verpackten Pantoffeln. Ich zog mich aus und hüllte mich in den Bademantel. Das kleine Glücksgefühl des Pantoffelaus-packens war schöner als das Tragen an sich. In einer Lade fand ich ein kleines Nähset, das ich mir sofort für den Notfall in die Tasche steckte. Im Badezimmer lagen Seifenstückchen, die nach Oma rochen, und in der Dusche standen ein Fläschchen mit Duschgel und eines mit Shampoo. Auch die wanderten in meinen Rucksack. Komfort ist herrlich, wenn man ihn nicht gewohnt ist.

Nach einer langen Dusche lag ich auf dem Bett, starrte an die Decke und ließ die vergangenen intensiven Tage Revue passieren. Morgen würde ich wieder per Anhalter fahren müssen, und dann würde ich einen Monat mit Khas und Tim verbringen. Die kommenden Stunden würden für lange Zeit die einzigen sein, die ich für mich hatte, und ich wollte sie unbedingt optimal ausnutzen.

Es gab eine schnelle WLAN-Verbindung, was ich ebenfalls als luxuriös empfand. Der ideale Moment, um mit Sem zu skypen.

Die Videofunktion sprang an, aber wir sagten nichts. Wir schauten auf den Bildschirm und lachten. Wenn wir einander sahen, konnte es normalerweise erst ein Gespräch mit Inhalt geben, nachdem wir Sex gehabt hatten. Jetzt lag ich in meinem weißen Bademantel auf meinem großen Hotelbett. Sie würde ganz bequem neben mich passen.

Weil ich sie so anstarrte, fühlte sich Sem unbehaglich, oder verlegen. »Lass uns einfach telefonieren«, meinte sie nach ein paar Minuten, und dann unterbrach sie die Verbindung, ohne auf eine Antwort zu warten.

Weil wir nichts mehr zum Anschauen hatten, nahm der Sexdrang ab, und sie erzählte mir, was zu Hause so passierte, wie es den Leuten so ging, dass ein Bekannter seinen Job verloren hatte, dass sie umziehen und noch alles Mögliche erledigen musste, aber zu nichts kam.

Nachdem wir das Gespräch beendet hatten, schickte sie mir auf mein Drängen ein schönes Foto von sich selbst. Während des Skypens hatte ich heimlich Screenshots gemacht. Die ganzen Bilder speicherte ich in einem speziellen Ordner.

Der sollte in Zeiten der Einsamkeit meine Fantasie beflügeln. Das hier war ein solcher Moment. Ich lag da auf dem großen Bett und scrollte durch die Fotos, die mir Sem geschickt hatte, als sie allein in ihrem Zimmer lag und den Mut fand, eine schöne Sehnsucht zu fotografieren. Sie hatte mir Bilder gesendet, auf dem nur ihr Gesicht oder ihr nackter Oberkörper zu sehen waren. Wie bei einem per Hand zusammengefügten Gif-Video blätterte ich hin und her, um ein Ganzes zu bekommen.

Das warme rote Licht ihres Zimmers verlieh ihrem Busen eine sanfte Färbung. Dort herrschte immer eine Atmosphäre wie in der Dämmerung eines warmen Herbstabends in einem kanadischen Ahornwald. Nicht, dass ich jemals in einem solchen Wald gewesen wäre, aber so musste sich das anfühlen.

Mit dieser Animation brachte ich mich mühelos zurück in den Naturgarten im Westerpark. Ein tausendjähriges Schutzgebiet voller hoher Rietgrashalme. Für diesen Teil des Parks interessierten sich nur sehr wenige Leute. Sem und ich lagen nackt auf unseren Kleidungsstücken, die eine Picknickdecke aus lauter Einzelteilen bildeten. Durch die hohen Pflanzen waren wir ganz und gar vor Blicken geschützt. Selbst in dem betriebsamen Park schien es, als gäbe es den Rest der Welt nicht. Wir eroberten häufiger Parks, kleine Grünflächen, Gassen und Strandstücke überall in Amsterdam. So wurde eine normale Fahrradtour durch die Stadt ein ganzes Stück fröhlicher.

Nun lag ich allein auf dem großen Hotelbett. Wieder schaute ich mir die Fotos an, wie einst ein Soldat in den Schützengräben von Ypern, der nur durchhielt, weil er ein Foto von seiner Frau hatte. Aber etwas entspannter war ich schon.

Nur ein einziger Berg trennte mich noch von der iranischen Grenze. Ich kam an einem Hinweisschild vorbei, auf dessen Rückseite »Willkommen in Kapan« stand. Ein Mann auf der anderen Straßenseite rief nach mir. Er stand vor einem kleinen Hotel.

»*American. Yes. Come.*«

»*No money*«, schrie ich zurück.

»*Yes! No money! Come!*« Der Mann sah nicht gerade unfreundlich aus. Aber ich musste noch heute den Berg überqueren und hatte keine Zeit für diese Art von sozialem Austausch. Andererseits hatte mich das bisherige Zustimmen und Vertrauen zu der Überzeugung gelangen lassen, ich müsste dem Ganzen eine Chance geben.

Der Mann führte mich nach drinnen und zeigte mir eine Terrasse, von der aus man Aussicht auf ein munter dahinplätscherndes Flüsschen und den Berg hatte, den ich überqueren wollte. Wieder sagte ich, dass ich kein Geld hatte, und nahm das russische Wörterbuch auf meinem Handy zu Hilfe. нет денег.

Er nickte und hatte seinen Notizblock schon im Anschlag, um eine Bestellung aufzunehmen. Ich zweifelte an seinem Russisch und an meinem Wörterbuch.

Die Frau des Hotelbesitzers (oder seine Schwester, Cousine oder was auch immer) mischte sich nun ebenfalls ein. Eine tiefe Falte in ihrem Gesicht sprach Bände, die ich aber nicht verstand, und sie reichte mir eine Speisekarte, von der ich nichts begriff. Ich wiederholte, dass ich kein Geld hatte. Sie wich mir nicht von der Seite. Danach versuchte sie mir mit lauter Stimme Silbe für Silbe deutlich zu machen, was es alles gab. Wenn man eine Sprache nicht versteht, klingt so etwas schnell aggressiv.

Ich musste an ein Erlebnis am Amsterdamer Hauptbahnhof denken. Eine asiatische Frau mit einem Stadtplan in der Hand fragte zwei selbstbewusste Frauen aus der Region Zaanstreek nach dem Weg. Die beiden versuchten ihr zu helfen, so gut es ging. Auf Niederländisch. Sie sprachen alles sehr deutlich aus und hoben dabei die Stimme. Die arme Touristin sah sich in die Enge getrieben und von den beiden hochgewachsenen Frauen überragt, die sie wie Rottweiler anbellten. »Sie versteht es einfach nicht«, sagte die eine Niederländerin zu der anderen. »Sie versteht es einfach nicht.«

»Tja, Schätzchen, wie sollen wir dir helfen, wenn du es nicht verstehst?« Die Touristin brach in leises Schluchzen aus. Jetzt wurde mir klar, wie sie sich gefühlt haben musste.

Ich bestellte nichts. Der Mann zeigte mir die Küche, wo ein großer Topf mit braungelber Suppe vor sich hin köchelte. Ich schüttelte den Kopf. Er zeigte mir ein Zimmer und schien mir zu sagen: »Sieh doch, so schön, und nur für dich.« Ich lachte verlegen und wollte zurück in die Lobby.

»Ah!« Plötzlich schien dem alten Kauz etwas einzufallen. »*Come.*« Er klopfte auf die Matratze, dann zog er die Vorhänge zu und verschwand. Kurz hörte ich ihn mit der Frau sprechen, die entweder seine Ehefrau oder seine Schwester war. Immer noch saß ich mit einem unbehaglichen Gefühl auf dem Bettrand und machte mir Sorgen, was jetzt kommen würde. Die Frau betrat mit energischen Schritten das Zimmer und schubste mich mit dem Rücken auf die Matratze. Solche Fantasien hatten mich nicht durch den gestrigen Abend geführt. Ich rollte von der Matratze herunter, schnappte mir mein Gepäck und verließ fluchtartig das Hotel. Die beiden schauten mir stoisch nach. Sogar für einen Ja-sager wie mich war es sehr gut zu wissen, wann man Nein sagen musste.

Google Maps zufolge waren es fünf Stunden Fußweg bis zur Grenze. Gut zu wissen, denn es fuhren nur wenige Autos vorbei. Ungefähr eines pro Viertelstunde. Acht Autos später hatte noch niemand angehalten, um dem armen Backpacker eine schwere Bergtour zu ersparen. Ich dachte an frühere Autostopp-Gelegenheiten. Die Wagen, die vorbeifuhren, glichen ganz eindeutig dem, den ich vor einiger Zeit über einen Hügel hatte schieben müssen. Dieser Berg war viel steiler als die Hügel im Norden. Wenn diese Wagen an der Steigung stoppten, mussten sie erst wieder nach unten, um genug Fahrt aufnehmen zu können. Daran lag es bestimmt, sonst würden sie mich doch mitnehmen. Ich wiederholte laut mein Mantra: »Alles wird gut. Alles wird gut. Alles wird gut.«

So hoffte ich zum zigsten Mal, das Schicksal und das Universum günstig zu stimmen.

Gott, das Schicksal und das Universum schickten mir einen rettenden Engel in einem klassischen schwarzen Mercedes.

Der Fahrer war Armenier und sprach Deutsch, sein Beifahrer war Iraner und sprach Englisch. Der Armenier freute sich, wieder einmal sein Deutsch benutzen zu können, und erzählte mir seine Lebensgeschichte. Der Beifahrer unterbrach unser Gespräch auf Englisch. »Das ist doch unfair, Jungs. So kann ich gar nicht mitreden.« Der Beifahrer war ein Geschäftsmann, der den Fahrer gut bezahlte, damit er den Mund hielt. Hosein hieß er, und er sprach mit leiser Stimme in gut formulierten Sätzen, bis wir eine halbe Stunde später an der iranischen Grenze ankamen.

Die Grenze wurde von ungefähr zehn kahlköpfigen, strengen russischen Soldaten bewacht. Zwei von ihnen durchsuchten ausführlich meine Sachen, während ein anderer meinen Pass durchblätterte, und zwar mit misstrauischer Gründlichkeit. Ein vierter starrte mich aus einiger Entfernung böse an. Ich fragte mich, wonach sie wohl suchten.

Der Soldat, der in meinem Pass blätterte, fragte mich etwas Unverständliches. Ich schaute so unschuldig drein wie möglich. Obwohl ich wusste, dass ich nichts Verkehrtes getan hatte, fühlte ich mich ertappt. Ich hatte schon davon gehört, dass russische Zöllner Touristen Drogen in die Taschen steckten und danach Geld von ihnen forderten.

»Arjen Robben«, sagte er streng. »Arjen Robben! *Very good! Argentina bad!*«

»*Yes, van Persie. Oh, very good*«, pflichtete ihm der andere Soldat in demselben aggressiven Ton bei.

Ich lächelte, die beiden nicht.

»Guus Hiddink?«, probierte ich es vorsichtig. So weit reichte meine Kenntnis der russischen Mannschaft. Für ein Gespräch braucht man weder Grammatik noch einen großen Wortschatz – die Namen einiger Spieler und Fußballklubs, ausgesprochen mit einem frohen oder bösen Gesicht, reichen schon.

»*Ah, yes! Hiddink! Very good!*«

Er gab mir meinen Pass zurück und befahl mir weiterzugehen.

Meine Freunde Khashayar und Tim mussten sich jetzt auf dem Flughafen von Teheran ungefähr bei der iranischen Zollkontrolle befinden. Khashayar ist Iraner und im Alter von fünf Jahren mit seiner Mutter und seiner Schwester in die Niederlande geflüchtet. Sein Vater kam später nach. Nun kehrte er zurück, um seine Angehörigen zu besuchen und als erwachsener Mann durch sein Vaterland zu reisen. Dass wir ihn dabei begleiteten, machte ihn ein wenig nervös. Iraner seien sehr empfindlich, erklärte er, und er befürchtete, wir würden uns mit unserer losen Moral und unserem groben Benehmen falsch verhalten. Darum unterzog er uns einem Blitzkurs in iranischer Kultur.

Lektion eins: Iraner werden immer beteuern, dass sie gute Menschen sind, oder alles tun, um einem das zu beweisen. Das muss man immer bekräftigen.

»Ich nehme dich mit nach Tabriz«, verkündete Hosein nach dem Grenzübergang. »Da setze ich dich in den Bus nach Teheran. Die Iraner sind sehr nette Menschen. Du darfst nichts von dem glauben, was in den Medien gesagt wird.« Ich gab zurück, er hätte mir dies durch sein Verhalten schon bestätigt.

Lektion zwei: Iraner sind sehr stolz. Sie lieben es, mit ihrem Besitz anzugeben. Zeige ihnen, dass du beeindruckt bist.

Hosein handelte mit Schaffleisch. In Armenien kaufte er Schafe, die er in einem seiner großen Schlachthäuser im Iran schlachten ließ. Er wollte mir unbedingt seine neue, gerade fertiggestellte Fabrik zeigen. »Ganz schön groß, was?«, meinte er voller Stolz.

»Na, und ob«, antwortete ich.

Hosein nahm mich mit in ein Restaurant, dessen Fenster man mit Zeitungspapier zugeklebt hatte. Es war Ramadan, aber dafür hatte Hosein keine Zeit. Dass ich kein Fleisch aß, stellte für keinen von uns beiden ein Problem dar.

Ich fragte, ob es nicht illegal sei, dass während des Ramadan ein Restaurant öffnete. Hosein bestätigte das, meinte aber auch, das zähle nicht, wenn man die Fenster mit Zeitungen abdichte. Das erklärte offensichtlich schon alles.

Lektion drei: Iraner sind übertrieben höflich. Sprich also leise und beginne nie eine Konfrontation.

Hosein bestellte vegetarisches Essen für mich und einen großen Kebab für sich. Als die Teller auf den Tisch gestellt wurden, nahm er seinen und setzte sich zwei Tische weiter. Es gibt Religionen, in denen es verboten ist, gemeinsam mit Menschen einer anderen Glaubensrichtung zu essen, doch Hosein schien sich nicht viel um solche Regeln zu kümmern. Nachdem ich etwas verunsichert allein einen Becher Joghurt geleert hatte, ging ich zu ihm hinüber und fragte, warum er sich so weit von mir weggesetzt hatte.

»Entschuldige bitte«, sagte er, nahm seinen Teller und setzte sich wieder zu mir. »Du bist doch Vegetarier und ich dachte, du würdest nicht sehen wollen, wie ich Fleisch esse.«

Weil der Iran sein Atomprogramm nicht aufgeben wollte, hatte man dem Land diverse finanzielle Sanktionen auferlegt. Das bedeutete, dass es keinen internationalen Zahlungsverkehr gab. Mit einer niederländischen Bankkarte konnte man also kein Geld abheben. Khas und Tim würden Geld für mich mitbringen. In meiner Naivität hatte ich geglaubt, an der armenisch-iranischen

Grenze meine Bankkarte benutzen zu können. Aber ich hatte nicht gewusst, dass der Grenzübergang ein kleiner Armeeposten zwischen zwei Bergen sein würde. Hosein hatte schon angekündigt, wegen Geld müsse ich mir absolut keine Sorgen machen.

Jetzt rief er einen Jungen zu sich, gab ihm ein paar Dokumente und schickte ihn wieder weg. Wenig später kam der Junge mit einem Umschlag zurück. Hosein holte ein dickes Geldbündel heraus und legte es vor mir auf dem Tisch. »Hier. Für dich.«

Das bringt uns direkt zu Lektion vier:

Im Iran musst du erst dreimal ein Angebot ablehnen, bevor du es annimmst. Die Leute verleihen ihr Auto, obwohl sie nicht einmal eines besitzen. Das nennt man Taarof. Gehe also nicht sofort auf ein Angebot ein. Das ist unhöflich.

Ich starrte das Geld an. Wie viel ein Rial wert war, wusste ich noch nicht, aber vor mir lag ein dickes Bündel, wie man es in Gangsterfilmen sah. Ich wagte nicht, es anzurühren. Blutgeld. Zwar von Schafen, aber immerhin.

»Das ist aber wirklich nicht nötig.« Natürlich wollte ich sehr gern ein wenig Geld, aber das hier konnte ich doch niemals annehmen. Ich hatte eine Mahlzeit und eine Mitfahrgelegenheit bekommen. Ich war bereits davon überzeugt, dass mich die iranische Freigebigkeit ohne Probleme zu meinen Freunden bringen würde.

»Nimm es an! Ich brauche es nicht.« Er warf einen verächtlichen Blick auf das Geld.

»Nein, wirklich. Das ist zu viel«, sagte ich bescheiden. Hosein hatte sich bereits erhoben und war weggelaufen.

Den Regeln des Taarof zufolge musste ich es noch einmal ablehnen. »Was sitzt du hier rum und trödelst? Nimm das Geld, wir müssen los.« Hosein war schon an der Tür.

»Kein Taarof?«, fragte ich noch, aber Hosein stand bereits

draußen. Ich schnappte mir das Geld vom Tisch und stopfte es mir in zwei Hosentaschen.

Während der Fahrt nach Tabriz wusste ich nicht, wie ich mich verhalten sollte. Wie konnte ich Hosein jemals danken? Er erklärte, unser Gespräch sei ihm Lohn genug, und ich solle einfach allen erzählen, die Iraner seien gute Menschen. *Erledigt.*

Erst im Taxi wagte ich das Geld zu zählen. Zweieinhalb Millionen Rial, etwa sechzig Euro. Zu dritt würden wir bald fast hundert Millionen Rial in bar mit uns herumschleppen müssen.

Freunde

Khashayar und Tim warteten in einem großen Apartment im obersten Stockwerk eines luxuriösen Hochhausgebäudes auf mich. Die Türen hatten Klinken aus Gold, der Boden war aus Marmor, und auf den Liftknöpfen klebten künstliche Diamanten. Drinnen standen unbequeme Möbelstücke, wie man sie manchmal in alten Palästen sah, wo dann eine Tafel hing, auf der stand, dass man nicht darauf sitzen durfte. Auf unseren Stühlen durfte nur hoher Besuch Platz nehmen, und dieser hohe Besuch waren wir. Die goldenen Ornamente stachen mir in den Hinterkopf. In der Ecke standen noch mehr Throne. Die blieben in Plastik verpackt.

Mehmet, der Sohn des besten Freundes von Khas' Vater, war unser Gastgeber. Er sorgte dafür, dass es uns an nichts fehlte. Melonen, Trauben, Datteln, Nüsse und Joghurt wurden uns serviert. Dann kam eine Flasche Smirnow mit vier Gläsern zum Vorschein. Glaubten sie vielleicht, dass wir als dem Alkohol zugewandte Westler das hier das Normalste von der Welt fanden?

»Vielleicht ist es dafür noch ein wenig früh, aber sehr freundlich«, meinte Tim. Ich fand, das hatte er gut formuliert. Wir mussten höflich sein. Vorsichtig nippten wir an dem Wodka, und dann schauten wir einander fragend an. Mehmet lachte. Er hatte die Flasche mit Wasser gefüllt. Das galt hier als gewagt: zu zeigen, dass man irgendwann einmal Alkohol gekauft hatte.

Ali Shaleng war ein Freund von Mehmet. Mehmet hatte ihn eingeladen, weil er Englisch sprach. Ali, ein hyperaktiver langer Kerl, strengte sich sehr an, um auch unser Freund zu werden. Er sorgte dafür, dass wir die schönsten Ecken von Teheran zu sehen bekamen und die besten Schimpfwörter lernten.

Bei meiner Ankunft hatte ich mir Teheran gut angeschaut. Eine Millionenstadt, vollgebaut mit hohen Apartmentkomplexen und breiten, immer verstopften Straßen. Auf großen fensterlosen Mauern prangten Wandmalereien, auf denen Bomben mit der Aufschrift »*Down with Israel, down with the USA*« abgebildet waren. Ich kam an ganzen Reihen von Bildern vorbei, die junge Männer zeigten. Sie waren im Krieg zwischen Irak und Iran umgekommen und zu Märtyrern erhoben worden. Es war gut, für sein Vaterland zu sterben.

Ali hatte mit diesem ganzen grimmigen Getue nichts am Hut. Wir würden nach Darband fahren, am Fuß des Tochal, wo man Restaurants an die Felswände gebaut hatte. Er hielt ein Taxi an. Vorne saß bereits ein Passagier. Am Freitagabend gab es nur wenige Taxis, deswegen war teilen normal. Ali verhandelte mit dem Fahrer. Der Mann, der sich bereits in dem Taxi befand, war ein Imam. Er wehrte sich ein wenig, als wir einstiegen, aber der Taxifahrer duldete keinen Widerspruch: Der Imam musste sich auf die Gangschaltung setzen. Ali nahm grinsend auf dem Beifahrersitz Platz. Dann verwickelte er den Imam in ein Gespräch. Hin und wieder lachte Khas und übersetzte uns, was er gesagt hatte. »Ali hat gerade gefragt, wenn es nichts anderes zu essen gibt als Schweinefleisch, was passiert dann? Und der Imam hat geantwortet, wenn man Schweinefleisch isst, kann man keine Frau mehr besitzen. Schweine fressen ihre eigenen Ausscheidungen und haben Sex mit ihrer Mutter.«

»Und was passiert, wenn ich einen Goldring trage?« – »Dann kommen deine Kinder mit Beeinträchtigungen zur Welt.«

Fröhlich wandte sich Ali zu uns um. »Unser Imam hier hat es gut raus, findet ihr nicht? Wir bezahlen ihm die Fahrt, und er kann gemütlich auf der Gangschaltung sitzen!«

In Darband war viel los. Vom Fuße des Berges hatte man stufenweise Restaurants nach oben gebaut. Ein kleiner Fluss strömte vorbei, und es gab winzige Wasserfälle mit Terrassen darüber. Das ganze Gebiet roch nach süßer Shisha.

Nach einem anstrengenden Aufstieg fanden wir endlich einen Tisch mit einer schönen Aussicht über das Tal. Khas erkundigte sich auf Persisch bei dem Kellner, ob es etwas Vegetarisches für mich gebe. Der Mann schaute ihn verstimmt an, so als hätte er um einen alkoholfreien Gin Tonic oder um eine Pizza mit Artischockenherzen ohne Artischockenherzen gebeten. Lachend übersetzte Khas die Antwort des Obers: »Er sagt, du kannst Huhn bekommen oder Gemüse mit Rindfleisch.«

Einem Familienmythos zufolge hatte ich mit drei Jahren meine Mutter gefragt, was Rindfleisch ist. Meine Mutter erklärte mir, ein Rind sei eine Kuh. Darüber dachte ich kurz nach. »Eine Kuh? Das ist also Kuhfleisch?«

Dann hat mir meine Mutter wahrscheinlich bis ins kleinste Detail erklärt, wo das Fleisch herkommt, denn ich brach in Tränen aus und musste mich anschließend übergeben. Später gab sie mir manchmal noch Aufschnitt, Pastete oder Schinken. Wenn ich misstrauisch fragte, wo das herkam, sagte meine Mutter: »Das ist kein Fleisch, das ist Schinken.« Bis ich das Alter erreicht hatte, in dem ich nicht einmal mehr Schinkenchips herunterbekam und alles energisch ablehnte, was mich an Fleisch erinnerte. Als Jugendlicher wollte ich dann wieder »normal« sein, aber es ist mir nie gelungen, »Heilung« zu finden.

In den Niederlanden war es einfach, Vegetarier zu sein. Man wurde höchstens hin und wieder als »ätzender Gemüsefresser« beschimpft. Wenn sich die Gruppe, mit der ich unterwegs war, einen Whopper bestellte, musste ich mich mit lauwarmen Fritten begnügen. Freunde, die ich schon länger als zehn Jahre kannte, konnten immer noch herrlich darüber lachen, wenn sie auf meine Frage, was wir denn essen würden, »irgendwas mit ganz viel Fleisch« antworteten. Aber ansonsten gab es kein Problem.

In der Türkei, im Iran, in Pakistan und eigentlich überall außer in Indien und den buddhistischen Stadtteilen in China und Südostasien wiederum wurde Vegetarismus als seltsame Störung betrachtet. Und das galt ganz besonders für den Iran, wo es darüber hinaus auch als respektlos empfunden wurde, wenn man kein Fleisch aß.

Auf Reisen wäre ich lieber kein Vegetarier gewesen. Ich war neugierig und wollte alles von einer Kultur kennenlernen. Deswegen hätte ich gern die Augen aus einem Ziegenkopf gesogen, den man in einer Art Grießbrei gekocht hatte. Das war ein traditionelles iranisches Frühstücksgericht. Doch jedes Mal, wenn wir an einem Restaurant vorbeikamen, ließ mich der intensive Geruch würgen.

Nach langem Suchen auf der Speisekarte und vielen Erklärungen bekam ich endlich ein Ei mit Tomatensoße und eine Portion Safranreis. Die anderen aßen gierig ihre berühmten iranischen Kebabs und gaben mir aus Mitleid die halbe Grilltomate, die danebenlag.

Der schnurrbärtige Manager des Restaurants saß hinter einem massiven Schreibtisch, auf dem ein Computer mit Windows 97, vier Apparate zur Kartenzahlung und drei Telefone aus vier verschiedenen Jahrzehnten standen. Hinter ihm hing ein großes Porträt des Ayatollah Khomeini, der streng auf uns herabblickte. Ali und Khas rissen sich beide darum, die Bezahlung zu übernehmen, auch das machte einen Teil der iranischen Höflichkeit aus. Khas zog Ali von der Kasse weg und warf mir seinen Geldbeutel zu.

»Schnell zur Kasse«, rief er, als würden wir gerade ein alles entscheidendes Rugbyspiel austragen. Tim und ich runzelten die

Stirn. Sollte Ali doch die Rechnung übernehmen, wenn er das so sehr wollte.

»Ihr dürft nicht bezahlen!«, schrie Ali. »Ihr seid doch meine Gäste.«

Am Ausgang des Restaurants wies uns Khas auf zwei ältere Männer hin, die wie echte Gentlemen aussahen. Sie wollten gleichzeitig durch eine Tür nach draußen. Beide blieben am Ausgang stehen. »Schaut euch das an, ein klassisches Beispiel für die iranische Höflichkeit«, verkündete Khas voller Stolz. Es handelte sich um eine Form der Höflichkeit, bei der es darum ging, den anderen in Bescheidenheit zu übertrumpfen.

»Gehen Sie bitte vor.«

»Nein, das kann ich nicht zulassen. Ich stehe unter Ihnen.«

»Sagen Sie doch so etwas nicht. Ich bin Ihr ergebener Diener.«

»Davon kann überhaupt keine Rede sein. Ich werde nicht vor Ihnen durch diese Tür gehen.«

»Wie stellen Sie mich denn hin? Ich bin es nicht einmal wert, durch diese Tür zu gehen. Und schon gar nicht, *vor Ihnen* durch diese Tür zu gehen.«

Und so standen sie einige Minuten lang vor einer offenen Tür.

Wir verbrachten noch ein paar Tage in Teheran und reisten dann zusammen mit Ali nach Arak, Khas' Geburtsstadt. Dort besuchten wir Khas' Familie. Sein Onkel fragte, ob wir ein Bier wollten. Wir lachten. Diesen Witz hatten wir schon vorher gehört, nahmen das Angebot jedoch höflich an. Er kam mit drei Gläsern Bier wieder. Vorsichtig tranken wir einen Schluck. Es schmeckte wie helles englisches Bier. Der Mann hatte unter seinem Haus eine geheime Brauerei.

Ein Cousin von Khas hatte uns zur Hochzeitsfeier eines Freundes eingeladen. Nur für diesen Anlass ließen wir uns schimmernde Anzüge anfertigen. An meinem Hemd hing eine

Klippkrawatte mit einem künstlichen Diamanten in der Mitte, ich trug Lackschuhe und hatte mir einen dicken Schnurrbart wachsen lassen. Damit war ich nicht einmal zu aufgestylt.

Über eine lange Auffahrt erreichten wir den Festplatz. Nach dem Parken tranken wir illegal aufgesetzten Alkohol mit Zitronengeschmack, der nach Citronella schmeckte. Ironischerweise nannten die Leute dieses Gift »Single Malt«. Jeder Schluck hätte womöglich tödlich enden können, aber betrunken wurden wir von dem Zeug durchaus.

An diesem Abend trugen die Frauen kurze Kleider statt Kopftücher. Niemand schien sich deswegen Sorgen zu machen, denn die Sittenpolizei hätte man schon aus einiger Entfernung bemerkt.

Nach der offiziellen Zeremonie, die wir verpassten, weil wir auf dem Parkplatz heimlich Single Malt tranken, wurde festliche Musik gespielt und ausgelassen getanzt. Ich tanzte gern, und erst recht nach einem halben Liter Zitronenspiritus. Schnell brachte ich mir selbst ein paar iranische Tanzschritte bei. Junge Männer wirbelten um mich herum, Mädchen umringten mich, und ich stand mitten im Kreis und drehte mich. Wie bei den meisten Hochzeiten gab es auch dort einen widerlich verschwitzten Onkel, der mir von hinten die Hände um die Taille legte und mich behutsam hin und her wiegte. Ich tanzte lange mit der Braut, bis mich Khas wegzog. »Weißt du nicht mehr, was ich dir über dein Benehmen gesagt habe?«, fragte er böse. »Du kannst doch den Bräutigam nicht so lächerlich machen.«

Wie sich herausstellte, hielt sich der Schaden in Grenzen. Später gratulierten wir dem Bräutigam zu seiner frisch Angetrauten. Er dankte uns und erklärte, wir bräuchten uns keine Sorgen zu machen: Das Opium für morgen sei geregelt.

Ich machte mir Sorgen darum, wer zurückfahren würde. Der Iran ist für seine schlechten Chauffeure berüchtigt. Mit mehr als vierzig Verkehrstoten auf hunderttausend Einwohner pro Jahr steht das Land weltweit ganz oben in der Statistik.

Ali hatte das auf dem Weg zur Hochzeit schon ein paar Mal sehr eindrücklich unter Beweis gestellt. Weil wir zu spät zu kommen drohten, raste er mit seinem weißen Peugeot mit siebzig Stundenkilometern durch die schmalen Gassen von Teheran. Er imitierte das Geräusch quietschender Reifen und einen aufheulenden Motor und schrie: »Ali Schumacher!« Er wich Hindernissen knapp aus und betätigte ab und zu die Handbremse, einfach zum Spaß. »*Ali finishes first in the Formula One! Incredible race!!!*«

Warum musste man mit siebzig Stundenkilometern durch ein belebtes Wohngebiet rasen? Ali erklärte es uns: »Wir werden vom Regime unterdrückt, wir dürfen keinen Sex haben und nicht trinken. Eigentlich dürfen wir gar nichts tun, was Spaß macht. Das ist die einzige Möglichkeit, Dampf abzulassen.« Irgendwo begriff ich das. Irgendwo.

Auf der Autobahn lief am Anfang alles, wie es sich gehörte. Die dreispurige Straße wurde auch hier ohne Weiteres auf fünf Spuren ausgedehnt, und der Randstreifen einfach dem Ganzen einverleibt. Ali legte einen eleganten Slalom um langsamer fahrende Autos hin.

Plötzlich trat er auf die Bremse. Mitten auf der Autobahn. »*Fuck!* Wir haben die Ausfahrt verpasst.«

»Dann nehmen wir doch einfach die nächste?«, sagte Tim verärgert. Er hatte sich während der vergangenen Tage sehr zurückgehalten, aber jetzt reichte es ihm mit Ali und vor allem mit Alis Fahrweise.

»Unmöglich!«, erklärte Ali entschieden. Dann fuhr er fünfhundert Meter rückwärts über den Randstreifen. Um Tim zu beruhigen, schaltete er dafür den Warnblinker ein. Tim saß hinter Ali, schaute sich voller Panik um und klammerte sich mit beiden Händen an der Wagentür fest, als würde das etwas helfen, wenn ein Auto mit hundertzwanzig Stundenkilometern auf uns prallen würde. »Ich sitze hier einfach falsch!«, schrie er nervös.

Khas und ich mussten lachen. Sonst half nichts. Außer vielleicht noch beten. »Alles wird gut. Du musst das Ganze als nette Geschichte für später betrachten«, beruhigte ich ihn.

»Vorausgesetzt, wir überleben das hier!«, schrie Tim böse.

»*English please, guys. Very rude to speak Dutch to each other*«, sagte Ali ruhig und nahm sicher die zuvor verpasste Ausfahrt.

Dann mussten wir zur Audienz bei Reza und seiner Frau. Reza war der Neffe eines guten Freundes von Khas' Vater. So lief das immer. Wenn es einen entfernten Bekannten gab, an den sich Khas noch aus der Zeit erinnerte, als er fünf war, mussten wir dort zu Besuch und geduldig warten.

Reza kannte jemanden, der uns nach Ghom fahren konnte, aber erst mussten wir auf einem unbequemen Sofa mit goldfarbenen Holzornamenten sitzen und eine Schale mit Essen anstarren, aus der wir hin und wieder eine einzelne Nuss nehmen durften. Das hatte uns Khas auch beigebracht: »Sie stellen einem eine ganz große Schüssel hin, aber man darf nur ganz wenig davon essen. Am besten gar nichts.«

Wenn Khas mit jemandem sprach und Tim und ich uns auf Niederländisch miteinander unterhielten, sagten die Iraner: »Seid nicht so unhöflich. Wir können doch gar nicht verstehen, ob ihr etwas über uns sagt.« Wenn wir ihrem Gespräch nicht folgen konnten und dann auf unsere Handys schauten, sagten sie: »Ach, sorry, das ist so unhöflich von uns, sicher ist euch sehr langweilig. Wir reden jetzt Englisch.« Dann sprachen sie direkt auf Persisch weiter. Das Einzige, was Tim und ich tun durften, war so tun, als ob wir dem Gespräch folgen würden. Tim nickte zustimmend bei allem, was gesagt wurde. Ein guter Grund, Persisch zu lernen. »*Kheili khoob!*« (»Sehr gut«), sagte ich ab und zu, um mich zwischendurch einzubringen, oder ich deutete auf mein Essen und sagte: »*Kheili khosmasast! Farsi man kheili khoob!*« (»Sehr lecker! Mein Persisch ist sehr gut!«). Ali hatte uns noch eine ganze

Menge weiterer Wörter beigebracht, aber die durften wir bei solchen Besuchen nicht benutzen.

»Khas, was bedeutet eigentlich *mikonam*?«, fragte ich. »Das Wort höre ich ganz oft.«

»Pst, das darfst du nicht sagen«, zischte mir Khas zu.

»Aber ich höre es doch die ganze Zeit, dieses *mikonam*«, insistierte ich. Reza schaute uns neugierig an.

»Sei still!« Khas wurde jetzt nervös. »Es bedeutet ›machen‹. Und manchmal ›vögeln‹.«

»*Mikonam* heißt ›vögeln‹?«, fragte ich fröhlich und etwas zu laut.

»Mensch, das ist kein Spaß. Du bist gerade superunhöflich.«

»Ich versuche doch nur, die Sprache zu lernen. Ich mache auch nie was richtig«, sagte ich mit gespielter Empörung. »Dann musst du mir aber erklären, wie ich *mikonam* benutze, ohne dass es ›vögeln‹ bedeutet.«

Reza hörte dem Gespräch zu, von dem er nichts als das Wort »vögeln« verstand.

Khas erklärte mir leise: »Man kann *mikonam* nur innerhalb eines ganzen Satzes gebrauchen. Sag das jetzt nicht mehr!«

Als sich Reza erkundigte, wovon wir sprachen, begann sich Khas zu entschuldigen.

»Ich höre oft, dass die Leute *mikonam* sagen«, fügte ich hinzu. Khas hat mir erklärt, es bedeutet ›machen‹. Aber auch ›vögeln‹, und ich verstehe eigentlich nicht, wie das möglich ist. Wie lernen denn dann die Kinder die verschiedenen Verbformen von *mikonam* in der Schule? Ich *mikonamme*, du *mikonammst*, wir *mikonammen*?«

Ali lachte stolz, als hätte er mich so erzogen. Khas saß mit den Händen im Haar da und lächelte den Neffen des guten Freundes seines Vaters unbehaglich an. Der lachte beruhigend. »Khas hat recht. Vielleicht ist es keine gute Idee, dieses Gespräch in Ghom zu führen.«

Ghom war der Bibelgürtel des Iran, oder vielleicht besser gesagt: »das Koranviertel«.

Unser Vorhaben, nach Ghom zu fahren, stellte sich als nicht ohne Weiteres durchführbar heraus. Die Gastfreundschaft im Iran reicht so weit, dass sich die Leute verantwortlich dafür fühlen, was mit einem passiert, auch wenn man diese Verantwortung schon einem anderen Gastgeber übertragen hat. In der heiligen Stadt Ghom hatten wir keinen Gastgeber, deswegen konnte Ali nicht für unsere Sicherheit garantieren. Ohne das überprüft zu haben, behauptete er, es gebe keine Taxis.

»Ich weiß etwas Besseres«, sagte er. »Wir organisieren Alkohol, und dann feiern wir morgen ein ganz großes Fest.« Das ist ein Trumpf, den Iraner einsetzen, damit man nicht geht. Nur sehr selten findet so ein Fest auch wirklich statt.

»Nein, Ali, miete uns einfach ein Auto«, sagte Tim verärgert.

»Ich miete euch ein Auto, und das wird euch direkt nach Teheran bringen. Dann braucht ihr nicht bis ganz nach Ghom.«

»Wir *wollen* aber nach Ghom.« Tim verlor langsam die Geduld.

»Aber warum denn?«, fragte Ali verzweifelt.

In Ghom stand der Schrein der Fatima Masuma. Die Moschee hatte eine Fläche von etwa achtunddreißigtausend Quadratmetern, eine goldene Kuppel und fantastisch viele Mosaiken. Alles hob sich fröhlich gegen die überall herumwimmelnden schwarzen Tschadors ab. In der Moschee liefen Männer in schwarzen Anzügen mit bunten Staubwedeln herum. Sie hielten Wache. Wenn jemand etwas Verkehrtes tat, fuhren sie ihm mit diesen Wedeln im Gesicht herum. Ein Junge spielte mit einem krachmachenden Spielzeugauto, während sein Vater mit den Händen vor dem Gesicht auf dem Boden kniete.

Im Hadith steht, dass eine Pilgerfahrt zum Schrein der Fatima

Masuma Zugang in den Himmel gewährt. Kurz waren wir froh, nicht auf Ali gehört zu haben.

In den folgenden Wochen reisten wir kreuz und quer durch den Iran. Von Ghom brachte uns ein Privatchauffeur nach Shomāl, eine Gegend im Norden des Landes. Wir spazierten unvorbereitet zur Bergfestung Alamut. Danach flogen wir nach Shiraz.

»Schlimm, was, da in den Niederlanden«, sagte der Hotelbesitzer, als wir eincheckten. Wir zuckten die Schultern. »Ein Flugzeugabsturz«, fuhr der Besitzer fort. »Habt ihr davon nichts gehört?« Auf dem flimmernden Fernseher im Hotel konnte man die Bilder sehen. Man hatte Flug MA17 abgeschossen, aber im Urlaub hatten wir keine Lust gehabt, den Nachrichten zu folgen. Khas und Tim meinten noch halb im Scherz, sie seien ja vor Kurzem selbst über Kiew geflogen.

Mit einer Internetverbindung, die langsamer war als die, über die ich auf Napster meinen ersten Song heruntergeladen hatte, öffnete ich Facebook, um zu schauen, was auf der Welt so los war. Neben allen News-Seiten, die immerzu Updates lieferten, wurde meine Chronik von Berichten über meinen Studienfreund Laurens dominiert. »Scheiße«, sagte ich. »Ich glaube, in diesem Flugzeug saß jemand, den ich kannte.«

Ich klickte auf sein Profil und scrollte durch den nicht enden wollenden Strom positiver Nachrichten: »der tollste Lehrer, den ich je hatte«, »der beste Coach«. So gewaltsam, wie man ihn aus der Luft geschossen hatte, so hoch wurde er in den Himmel gehoben. Wir hatten zusammen Niederländisch studiert und gleichzeitig unseren Abschluss gemacht. Nach dem Bachelor sprachen wir einander nur noch selten. Er wurde Lehrer und ich Datenbankmanager.

Nachts streunten wir über den verlassenen Basar von Shiraz. Ich begriff das Ganze nicht. Es passte einfach nicht zu Laurens, so jung und auf eine solche Art und Weise zu sterben. Natürlich passt das zu niemandem, aber ich konnte es einfach nicht fassen. Dem Universum musste ein Fehler unterlaufen sein. Mich selbst hatte ich immer für jemanden gehalten, der durch etwas Lächerliches sterben könnte. Zum Beispiel, indem ich mir den Zeh stieß und dann beim Herumhüpfen unter den Rädern eines Busses landete. Das war schon so oft fast passiert. Laurens dagegen war jemand, der ein in jeder Hinsicht perfektes Leben führte. Fröhlich, enthusiastisch, inspirierend, ehrgeizig und ganz einfach ein hochanständiger Kerl. Jemand, der später auf ein erfülltes Leben würde zurückschauen können. So jemand gehörte also überhaupt nicht in diesen MA17-Flug, und schon gar nicht in dem Augenblick, als Rebellen beschlossen, eine Rakete darauf abzufeuern. Das passte einfach nicht. Und es war völlig unnötig. Wollen wir das Ganze nicht einfach noch mal wiederholen? Und es so einrichten, dass die Rakete das Flugzeug verfehlt? Das wäre wirklich das Beste für alle Beteiligten.

Meine Studienfreunde nahmen Kontakt zu mir auf. Hatte ich es schon gehört? Wir schwelgten in Erinnerungen.

»Kommst du nach Hause?«

Musste ich zurückfliegen? Das fühlte sich an wie eine Gewissensentscheidung. Was erreichte ich damit? Ich würde niemandem unmittelbar Trost und Unterstützung bieten können, wollte aber bei der Bestattung anwesend sein. Warum eigentlich? Nach dem Studium hatten wir einander vielleicht noch zweimal gesehen. War das Grund genug, nach Hause zu fliegen? Diese Frage setzte mir zu, denn wenn ich jetzt zurückfuhr, würde ich meine Reise vielleicht nicht wieder aufnehmen. Und meine Aufgabe war noch nicht erfüllt, worin sie auch bestehen mochte.

Im Kopf legte ich eine Liste mit Leuten an, für die ich heimfliegen würde. Sie wurde sehr kurz. Wenn man so weit weg von zu Hause ist, kann man nur schwer eine Haltung zu den Dingen finden, die sich dort ereignen. Genauso, wie man unmöglich begreift, wie schlimm sich ein Erdbeben in Nepal oder ein Luftangriff in Syrien anfühlt, wenn man diese Geschehnisse vom Sofa aus in den Achtuhrnachrichten verfolgt.

Ein Kurs in der Liebe

In Shiraz besuchten wir das Grab des persischen Dichters Hafis. Khas trug einige Gedichte vor, während wir neben dem Grab im Gras lagen. Die Gedichte erklärten die unbezähmbaren Sehnsüchte des iranischen Volkes. Hafis' Weisheiten über das Leben und die Liebe hatten Generationen von Persern geprägt und waren auch mit den Gesetzen der Scharia nicht zu besiegen.

Nach Shiraz besuchten wir Isfahan. Dort würden wir Hafis' Lektionen etwas besser in die Praxis umsetzen können.

»American?«

Das fragte uns ein atemberaubend schönes Mädchen in einem schwarzen Mantel und mit einem schwarzen Tuch um den Kopf. Auf der Innenseite ihres Mantels sah man ein farbenfrohes Muster, wie Papageienfedern. Sie hatte feine Gesichtszüge und wirkte nicht übertrieben aufgestylt. Während ich ihre Erscheinung bewundernd zur Kenntnis nahm, erklärte ihr Khas, wir seien Niederländer, und dann zuckte er entschuldigend die Achseln. Die meisten Iraner waren enttäuscht, wenn sie erfuhren, dass wir keine Amerikaner waren. Die gab es selten, es war nahezu unmöglich, ihnen im Iran zu begegnen.

»Sie will mit dir zusammen fotografiert werden. Eigentlich mit euch beiden«, erklärte Khas mit gespielter Langeweile. »Ich mache das Bild gern.« Inzwischen hatte er sich mit dieser Rolle abgefunden.

Tim führte ein belangloses Gespräch mit der jungen Frau und legte einen Arm um sie. Ich stand noch immer unter Schock. Ehe ich wusste, wie mir geschah, war sie bereits mit ihrer Mutter in der Menge verschwunden. Ich starrte ihr nach und murmelte vor mich hin.

»Kannst du das glauben? Dass sie mit uns fotografiert werden wollte?«, fragte ich und war noch immer verwirrt.

»Hm-hm«, brummte Khas. »Das liegt nur daran, dass ihr aus dem Westen kommt.«

»Warum hast du sie nicht nach ihrer Telefonnummer gefragt?«, wollte Tim wissen.

»Na ja, äh, wie ... Na, jetzt ist sie sowieso weg. Also ...« Ich gewann meine Fassung wieder.

Wir gingen zu unserem Taxi. Uns stand wieder ein Besuch bevor. Diesmal bei einem Mädchen, das wir an einer Busstation kennengelernt hatten. Sie wollte uns gern ihrer Familie vorstellen.

»Schau doch, die hast du gehen lassen.« Das sagte Khas, als wir ein paar Minuten später im Taxi saßen. Er hatte sich das Foto angeschaut.

Ich riss ihm das Smartphone aus den Händen und starrte darauf. »Ich muss zurück«, rief ich nervös. »Ich muss sie wiederfinden.«

Khas lachte. »Du weißt aber schon, dass wir hier im Iran sind. Wenn du sie nicht heiraten willst, wird es dir nicht viel nutzen, sie wiederzufinden.«

Das Taxi hielt an einer Ampel. Ich öffnete die Wagentür und stieg aus.

»Wir sehen uns dann später!«

Ich rannte auf den Platz zurück, wieder in den Basar. Weit konnte sie ja noch nicht sein.

Der Naqsch-e-Dschahan-Platz in Isfahan ist gigantisch, einer der größten der Welt. Die Tatsache, dass man Pferdekutschen braucht, um faule Leute von der einen auf die andere Seite zu bringen, sagt wohl genug.

Ich bahnte mir einen Weg durch die Gänge des Basars, die den Platz umgaben, eilte an den Teppichständen entlang und ignorierte die Männer, die mir ein Schachbrett mit Elfenbeinintarsien andrehen wollten. Dann kam ich an der märchenhaften Scheich-Lotfolläh-Moschee vorbei, an der Moschee des Schahs und am Ali-Qapu-Palast. Das alles interessierte mich nicht: Ich befand mich auf einer Mission. Ich überquerte den Platz, wich einigen Pferdekutschen aus, drängte mich an der Menge vorbei, die bei den Springbrunnen Abkühlung suchte. Dann lief ich in die andere Richtung und hoffte, ihr dort zu begegnen. Es gab so viele Frauen in schwarzen Mänteln mit schwarzen Kopftüchern. Außer wenn ich ihnen die runterziehen würde, wäre es unmöglich, das Mädchen zu finden.

Rund um den Platz hingen Tafeln mit Versen aus dem Koran, die zeigen sollten, dass der Islam keine aggressive Religion ist. Am besten fand ich »Und seid nicht sarkastisch zueinander und beschimpft euch nicht und nennt euch nicht bei bösen Spitznamen«. Dass Religion und Politik nicht immer zusammenpassen, zeigte sich in Darstellungen von Dörfern, die von Raketen mit amerikanischen und israelischen Flaggen darauf bombardiert wurden.

Nach einer dritten Runde um den Platz gab ich auf. Ich tröstete mich mit einer großen Portion *Bastani*, Safranreis, und mit dem Gedanken, dass ich viel von dem Platz gesehen hatte. In einem großen Korb mit alten Ansichtskarten fand ich eine blassrote Karte mit dem großen Führer Ajatollah Khomeini und Ali Khameini darauf, von Blumen umgeben. Ein schwacher Trost.

Tims blassblaue Augen lösten in den iranischen Mädchen anscheinend ein Verlangen nach Exotischem aus. Sie ertranken förmlich darin, aber vor allem entdeckten sie eine auf Rosen gebettete Zukunft, ohne Rückfahrkarte. Als wir einen Tag später wieder auf dem Platz saßen, musste er die Mädchen förmlich wegwedeln,

bis eine junge Frau herangeflattert kam, die sogar Tims gehobe-
nen Ansprüchen genügte. Pari hieß sie. Sie hatte mandelförmige
Augen, volle rote Lippen und schwarzes Haar, und sie trug ein
orangefarbenes Tuch lässig um den Kopf drapiert. An Khas und
mir war sie schnurstracks vorbeigelaufen, direkt auf Tim zu. Khas
verdrehte die Augen wie ein Teeniemädchen. »Geht das schon
wieder los!«

»Ein amerikanischer Pass ist das ja nicht, aber er reicht«, sagte
Pari, nachdem sie sich vorgestellt hatte. Sie stellte die Selfie-Funk-
tion ihres Handys so ein, dass Tim und sie im Bild waren, Khas
und ich aber nicht. Dann schob sie ihr orangefarbenes Kopftuch
ein wenig nach hinten, sodass mehr von ihrem Haar und ihrem
Hals zu sehen war, und schenkte der Kamera ein strahlend weißes Lächeln. Ihre kleine Stupsnase war das Werk eines Schön-
heitschirurgen, dafür hatten wir inzwischen einen Blick entwickelt. Manche Mädchen hatten überhaupt keine Nase mehr. Tim
reagierte lakonisch auf ihre Avancen, so als würde er so etwas
jeden Tag erleben. Aber was heißt hier »würde« – er erlebte es ja
jeden Tag.

Das Foto war gemacht, und Pari gönnte uns einen kurzen
Blick. »Ich habe das gerade mit Tim besprochen: Ihr kommt
morgen zum Lunch zu meiner Schwester. Sie ist sehr reich. Bei
ihr können wir Tee trinken, Obst essen und Spaß haben.« Khas
und ich schauten Tim stirnrunzelnd an. »Mach dir keine Sorgen«,
sagte sie zu mir, »für dich habe ich eine sehr hübsche Cousine.«
Dann wandte sie sich an Khas: »Tut mir leid, für dich habe ich
nichts. Du siehst aus wie jemand aus Pakistan.« Pari lachte laut.
Tim und ich stimmten etwas unsicher in ihr Gelächter ein. Khas
schüttelte den Kopf. Er hatte bereits akzeptiert, dass man ihn
nicht für interessant hielt.

Zari, Paris Schwester, wohnte im dreiundzwanzigsten Stock eines
schicken Apartmentgebäudes etwas außerhalb der Stadt. Sie war

genauso attraktiv wie Pari und etwa vierzig Jahre alt. Ich durfte also einiges erwarten, was das mir versprochene Mädchen betraf. Als ich Zari höflich die Hand schütteln wollte (für ein islamisches Land schien mir das bereits eine ziemlich intime Geste), zog sie mich in eine herzliche Umarmung. Wir nahmen auf einem goldfarbenen Sofa Platz. Die Wohnzimmerwand war ganz und gar aus Glas, sodass man einen schönen Panoramablick auf die Autobahn hatte, über die wir gerade hergefahren waren.

»Sepideh kommt ein bisschen später«, verkündete Pari. Sepideh, so hieß meine zukünftige persische Prinzessin.

Nun stellte man eine Schale mit Obst und Nüssen vor uns hin. Noch vor der Ankunft der mir Versprochenen lagen nur noch Traubenstängel, Melonen- und Pistazienschalen darin.

Sie betrat den Raum. Schönes langes schwarzes Haar fiel ihr ums Gesicht. Vor allem wurde sie dadurch unwiderstehlich, dass sie gelangweilt von mir wegschaute und die anderen freundlich anlachte. Inzwischen war es drei Monate her, dass ich eine Frau angefasst hatte. Zuvor hatte ich kein besonderes Bedürfnis danach verspürt, aber die geheimnisvollen Mädchen in Isfahan fachten mein Verlangen wieder an.

Pari wollte von Sepideh wissen, ob sie sich nicht so wie alle anderen wünsche nach Europa zu gehen. Sepideh schüttelte ablehnend den Kopf. Pari übersetzte uns Sepidehs Antwort, sie bekomme schnell Heimweh, und fügte hinzu: »Ich aber nicht, wirklich nicht. Wenn mir einer von euch jetzt einen Heiratsantrag machen würde, würde ich sofort Ja sagen.« Sie war dreißig und wollte dieses Land um jeden Preis verlassen. In Isfahan lebte sie in Gefangenschaft, sagte sie; ohne die Erlaubnis ihrer Mutter durfte sie die Stadt nicht verlassen. Sepideh war einundzwanzig und hatte noch Illusionen.

Pari war fest entschlossen, Tim von ihrem Vorhaben zu überzeugen, und bot ihre sämtlichen Verführungskünste auf. Sepideh dagegen runzelte bei allem, was ich sagte, nur die Stirn.

Plötzlich herrschte Schweigen. Zari, Paris Schwester und Sepidehs Mutter, ging zu dem großen Fernsehapparat und stellte laut iranische Popmusik an. Pari sprang auf und fing an zu tanzen. Sepideh und ihre Schwester Roshanak machten schon bald mit. Wir wurden dem Stereotyp der schwerfälligen Holländer gerecht und blieben auf unseren Plätzen sitzen. Wenn doch nur mal in den Niederlanden eine unbehagliche Stille gebrochen würde, indem eine Tante holländische Hits anstellte! Unsere Gastgeberin zog uns vom unbequemen Sofa. Ich hatte schon bei der Hochzeitsfeier einige iranische Tanzschritte üben können, und nun hoffte ich, dass mein Anblick bei Sepideh etwas auslösen würde. Jede Reaktion wäre mir willkommen gewesen.

Plötzlich wurde die Tür aufgestoßen, und ein gedrungener, knurrig wirkender Mann drängte ins Zimmer. Schnell drehte Zari die Lautstärke herunter, und die Mädchen standen wie festgefroren in einer Reihe da. Ängstlich schauten sie zum Hausherrn hin. Wie Captain von Trapp in *The Sound of Music* inspizierte er seine Familie. Er ging zum Verstärker, drehte den Lautstärkeregler bis ganz zum Anschlag nach oben und begann mit seinen Töchtern zu tanzen. Besser hätte man *The Sound of Music* nicht Realität werden lassen können.

Am nächsten Tag gingen wir zusammen in einen iranischen Film über einen Drehbuchschreiber, der auf dem Filmfestival in Cannes sein schlechtes Skript an den Mann bringen will. Bloße Arme und Beine wurden aus Gründen des Anstands verpixelt.

Ich saß neben Sepideh, Tim neben Pari, und Khas hatte neben Sepidehs Schwester Roshanak Platz nehmen müssen. Ich probierte es mit allen möglichen Tricks, die ich in den letzten fünfzehn Jahren gelernt hatte, um bei Mädchen gut anzukommen. Ich versuchte sogar ganz klischeehaft und völlig ohne jeden Erfolg, nach einem Gähnen den Arm um sie zu legen. Ich war der Verzweiflung nahe.

Als wir nach dem Film das Kino verließen, erzählte ich spannende Reisegeschichten, die unter anderem wegen der Sprachbarriere ins Leere liefen. Tim hatte Pari zum Schrecken aller Anwesenden bereits geküsst, mitten auf dem Zebrastreifen. Khas schüttelte nur noch den Kopf. Uns war nicht mehr zu helfen. In seinem Blitzkurs in iranischer Kultur hatte er uns nichts über Sexualmoral beigebracht. Die erschien ihm ganz offensichtlich. Tim war nicht bewusst, dass Isfahan ein ganzes Stück konservativer war als Teheran und Teheran wiederum ein ganzes Stück konservativer als Amsterdam. Sepideh und ich blieben zu meiner Frustration bis auf Weiteres sicher vor der Sittenpolizei.

Jetzt interessierte ich mich endlich wieder für jemanden, und es passierte nichts. Es konnte natürlich daran liegen, dass meine Geschichten nicht spannend genug waren und ich mich enttäuschend verhielt, aber ich schob die Schuld lieber auf die Sprachbarriere und die strengen islamischen Gesetze.

Nach drei Tagen fiel mir nur noch ein einziger Flirttrick ein: Ich gab mich desinteressiert. Nicht, weil ich das so gut konnte, aber ich hatte mein sämtliches anderes Pulver verschossen.

Wir saßen auf dem Platz und genossen den schwülen Sommerabend. Voller Eifersucht schauten Khas und ich zu, wie Pari mit Tims Fingern spielte und regelrecht in seinen Augen verschwand. Sepideh war natürlich hübsch, aber Tante Pari war ein richtiges Babe, sprach gut Englisch und hatte ganz schön Feuer. Tim saß einfach nur da und gab sich gleichgültig. In der Welt ging es einfach ungerecht zu.

Im Iran ging es sowieso ungerecht zu. Viele unverheiratete junge Männer waren sexuell frustriert; um das herauszufinden, brauchte man nur einen Tag mit unserem Freund Ali Shaleng zu verbringen.

Der Iran war das Land, in dem man nichts durfte und in dem

alles möglich war. Die Obrigkeit lehnte Dinge ab, nicht die Kultur. Es gab aber immer Möglichkeiten, die Gesetze zu umgehen. Zum Beispiel konnten junge Leute über eine Methode miteinander in Kontakt kommen, die sich als »Analog-Tinder« bezeichnen ließ. Sie hieß *dor-dor*, was so etwas bedeutet wie »dreh-dreh«.

Und so funktioniert das Ganze: Man steigt mit seinen Freunden in ein Auto. Dann fährt man zu einer vorher vereinbarten dreispurigen Straße. Wenn man das tut, landet man direkt in stockendem, manchmal sogar stillstehendem Verkehr. Jetzt sucht man sich ein Auto mit Mädchen. Diese Mädchenautos halten sich genauso lange links, bis sie einen Landrover oder Mercedes entdecken. Beide Parteien manövrieren sich durch alle anderen Teilnehmenden hindurch und kommen so zum gewünschten anderen Wagen.

Wir drehten auch eine Runde. Ich hatte von Khas und Ali einige Eröffnungsphrasen gelernt. Es war schwierig, ein geeignetes Auto zu finden, denn wie die meisten jungen Männer fuhren wir in einem weißen Peugeot 208 durch die Gegend und fielen nicht weiter auf. Wenn wir mit einem »Mädchenauto« gleichauf waren, fuhr ich mein Fenster herunter und rief »Azizaaam« und »Doret begardem«. Das Wort bedeutet einfach »Schätzchen« und der Spruch so etwas wie »Ich drehe Runden um dich (weil ich verliebt in dich bin)«. Ich tauschte mit dem Mädchen aus dem anderen Auto Telefonnummern aus und fügte sie auf WhatsApp hinzu. Genau wie auf Tinder blieb es oft bei gelangweiltem Chatten. Außerdem gab es im Iran nur wenige Orte, an denen man den Worten Taten folgen lassen konnte.

»*Let's go for a walk*«, schlug Sepideh vor, nachdem das zigste Gespräch im Sande verlaufen war. Ich wedelte förmlich mit dem Schwanz vor Begeisterung. Wir standen auf und gingen in Richtung des Basars. Jetzt waren wir zum ersten Mal allein, aber ein Rufen zerstörte diese Utopie. Ihre Schwester Roshanak eilte uns nach. Die beiden hatten eine kurze, heftige Diskussion, die ich nicht verstand, deren Inhalt ich mir jedoch ausmalen konnte. Anschließend lief Roshanak schräg hinter uns, sodass ihre Schwester und ich ein Gespräch führen konnten.

Ich unterdrückte das Bedürfnis, Sepideh mitten auf dem Platz hochzuheben und mich mit ihr im Kreis zu drehen, während ich sie küsste. Ich wollte die Hände unter ihre Jacke gleiten lassen, sie am Hals packen und mit den Fingern an ihren Ohren entlang durch ihr Haar fahren. Das versuchte ich ihr zu sagen, indem ich hin und wieder ihren Arm mit meinem berührte. Wir sprachen über alles, was unser Wortschatz zuließ. Die Momente des Schweigens, die durch unseren Mangel an Worten immer wieder entstanden, nutzte ich aus, um davon zu fantasieren, was wir tun würden, wenn uns niemand sehen konnte. Immer mehr mit Absicht berührten sich unsere Arme und bald auch unsere Handrücken. Haut auf Haut. Unsere Finger verflochten sich langsam ineinander, bis sie fast verknotet waren. Das Blut durchströmte mich wild, als bildeten unsere Adern ein einziges System.

Es war wie eine Teenagerromanze, und was für eine. Wir lächelten schweigend. Sepidehs Schwester hoppelte immer noch hinter uns her. Wir hatten den halben Basar durchquert und kamen an einen Eisstand, wo wir Safraneis kauften. Die Stille fachte das Verlangen weiter an. Ich hielt es nicht mehr aus. Ich drehte Sepideh zu mir hin und versuchte sie zu küssen.

Erschrocken stieß sie mich von sich. »Nicht hier!«, rief sie aufgeregt. »Willst du, dass wir verhaftet werden?«

Es klang eher wie eine Herausforderung als wie eine Zurückweisung. Der Dichter Hafis hatte gesagt: »Ich habe gelernt, dass das Herz alles bekommt, worum es am meisten betet.« Er und ich unterschieden uns nicht besonders, was die Liebe betraf. Vielleicht erklärt das ja auch, warum ich mich im Iran endlich wieder verliebte. Na ja, verliebte ... Eine Kinderliebe eben.

Später an diesem Abend aßen wir in einem schicken Restaurant, in dem verschiedene Vorspeisen aus der Dose auf der Speisekarte standen. Durch das Handelsembargo hatten die Iraner seltsame Gelüste auf westliche Produkte und Marken entwickelt. So wurden auf den Basars nicht nur gefälschte Gucci-Kappen verkauft, sondern auch T-Shirts mit weniger sexy Marken wie Seven Eleven oder Windows XP.

Sepideh holte einen gelben Topf hervor. Ihre Mutter hatte extra für mich ein vegetarisches Gericht gekocht, weil sie dem Angebot des Restaurants nicht vertraute. Die Leute brauchten meinetwegen nicht vom Menü abzuweichen.

Sepideh und ich saßen nebeneinander. Ein aufmerksamer Gast hätte bemerken können, dass unsere Beine unter dem Tisch ineinander verstrickt waren. Endlich warf sie mir hin und wieder einen begehrenden Blick zu. Pari schaute drein wie eine stolze Tante.

Als die Rechnung kam, sagte Sepideh: »Wir holen das Auto.« Sie deutete explizit auf mich und sich selbst. »Und ihr«, fuhr sie mit einem strengen Blick auf ihre Schwester fort, »ihr bleibt hier.«

Hand in Hand schwebten wir durch die schmalen Straßen, umringt von sandigen Gebäuden, denen das Laternenlicht eine knallgelbe Glut verlieh. Darüber ein dunkelblauer Himmel. Wir lachten einander nur an. Alles, was wir hätten teilen können, war bereits gesagt.

Wir gingen um eine Ecke, und Sepideh blieb stocksteif stehen. Ein Polizeiauto.

Sepideh ließ abrupt meine Hand los und marschierte mit raschen Schritten vorneweg. Ich trottete ihr hinterher und fühlte mich wie ein Idiot. Dann fing sie an zu galoppieren. Ich schaute mich um. Wir wurden nicht verfolgt, rannten jedoch weiter und weiter, bis wir am Parkhaus ankamen. Wie beim Versteckspielen. Wir lachten. »Ich hasse die Polizei!«, rief sie in die Straße hinein, aus der wir gerade gekommen waren. Ich versuchte sie wieder zu küssen. »Nicht hier, komm!« Sie griff sich meine Hand und führte mich ins oberste Stockwerk des Parkhauses, wo ihr Wagen stand.

Vom Auto aus hatte man einen herrlichen Ausblick über Isfahan: den Naqsch-e-Dschahan-Platz, die Scheich-Lotfollāh-Moschee, die verlassenen gelben Straßen und die dünne Sichel des Mondes. Wir hatten jedoch nur Augen füreinander. Ich beugte mich zu Sepideh und versuchte sie zu küssen. Sie hielt den Rücken steif gegen den Autositz gedrückt und drehte sich nur ein wenig zu mir hin. Ich erhob mich ungeschickt aus dem Sitz und umfasste zartlich ihr Gesicht. Wir küssten uns. Zwölf unwahrscheinliche Sekunden lang. Genauso, wie sich das bei einer unschuldigen Kinderverliebtheit gehört.

Intermezzo

Khas und Tim blieben noch einige Tage in Teheran und reisten dann zurück in die Niederlande. Ich kam in einem Couchsurfing-Keller im Stadtzentrum unter, um mich von der bedrückenden Gastfreundlichkeit freizumachen, mit der einen iranische Familien vor der bösen Welt da draußen zu schützen versuchen. Ein junger Mann, der sich *PeaceGulf* nannte, hatte einen Keller, wo er jeden schlafen ließ, der bei ihm klingelte.

Die kleine Romanze mit Sepideh hatte meine Liebe zu Sem kaum gedämpft, sie hatte das Heimweh eher angefacht. Mein Verlangen nach Sepideh basierte auf einem kurzen Flirtprozess, der mit Liebe nur sehr wenig zu tun hatte. Sem war ein Gesamtpaket, dafür aber eines, das ich nur leasen durfte. Sie würde mir nie wirklich gehören.

Vielleicht hatte ich noch nicht mein Bestes gegeben, um Sem davon zu überzeugen, sich für mich zu entscheiden, und meine Reise auf die andere Seite der Welt war der Sache auch nicht gerade förderlich. Ich saß nicht in den Schützengräben von Ypern, ich tat das alles hier aus freiem Willen. Jeder sagte das, einschließlich Sem: »Glaubst du nicht, dass du einfach nur verliebt bist, weil diese Liebe unerreichbar ist?« Sem hatte Angst, wenn sie mit ihrem Freund Schluss machen würde, würde ich das Interesse an ihr verlieren. Ihr Verhalten entsprach ihrer Art und Weise, mich an sich zu binden. Die größere Distanz hatte die Beziehung noch unmöglicher und damit noch dramatischer und inspirierender gemacht. Ich würde mich mehr anstrengen müssen. Aus jedem

Land würde ich ihr einen Brief schicken. Sie würde diese Briefe an verschiedenen Stellen in ihrem Zimmer aufheben, und zwar so, dass ihr Freund sie nie finden würde.

Liebe Sem,

dieses Blatt ist ein bisschen verknittert und die Patrone in meinem Füller noch ein bisschen verlegen. Trotzdem möchte ich dir gerne einen Brief schreiben. Ich sitze in einer Kaffeebar im Taleghani-Park und bin von hippen Iranern umgeben. Ein Akkordeon-spieler ist hier, und da ist noch De Bruijn. De Bruijn kommt aus Südafrika und radelt durch die ganze Welt. Ein cooler Typ, das kann ich dir sagen, und nicht nur, weil sein Vorname eigentlich ein Nachname ist.

Ich habe einen neuen Plan. Übermorgen fahre ich in den Südiran, nach Qeschm. Von dort aus nehme ich das Schiff nach Dubai. Das Problem ist, dass ich kein Ticket kaufen kann, weil ich zu wenig Bargeld habe, und hier wegen der finanziellen Sanktionen kein Geld abheben kann. Darum habe ich auf Google Maps geschaut und festgestellt, dass Dubai gar nicht so weit weg ist und Flugtickets dort nur ein Drittel von dem kosten, was man hier bezahlt! Ich gehe allerdings davon aus, dass mir Dubai nicht gefallen wird.

Seit meinem letzten Brief ist schon wieder einige Zeit vergangen, aber zum Glück gibt es ja Skype, die größte Folter für Geliebte, die weit voneinander entfernt sind. Nach dem letzten Mal war ich wieder einen ganzen Tag lang vollkommen neben der Spur. Und die beiden letzten Fotos von dir haben auch nur wenig zum Verarbeitungsprozess beigetragen. Jetzt bin ich wieder zu allem bereit und mache mich voller Hoffnung auf den Weg nach Pakistan.

Es ist hier so heiß, dass mir der Stift aus den Fingern rutscht. In Dubai sind es zurzeit 55 Grad, das hier ist also eine gute Vor-bereitung. Ich frage mich, wie du riechst und dich anfühlst und was passieren wird, wenn ich dich berühre. Ich bin so froh, dass ich mich wieder einmal verliebt habe und dass ich mich nicht vor Liebeskummer fürchten muss. Ich finde, dass wir beide wirklich etwas Besonderes haben. Ich glaube, daran ändert sich auch nichts. Vielleicht ein ganz klein wenig.

Du musst herkommen und nachschauen, ob ich noch gesund bin, und dann musst du mir ein leckeres Kräutermittelchen geben und sagen, dass alles gut wird. Krank bin ich nicht, aber die Aufmerksamkeit wäre schön. Umso mehr, wenn sie von dir kommt.

Ich fühle mich immer so lahm, wenn ich dir schreibe. Du verdienst die allerschönsten Worte, und die habe ich nicht. Dann überfällt mich die Versagensangst, und ich schreibe einfach ein bisschen Quatsch. Aber eigentlich will ich die schönste, größte Liebesgeschichte schreiben, damit du beim Lesen ein so warmes Gefühl von innen bekommst, dass du dich sofort selbst anfassen möchtest, weil mein Körper gerade nicht da ist, und dass du dann daran denkst, wie es ist, wenn ich dir die Kleider ausziehe, den BH öffne, deinen Körper streichle und die ganze Nacht mit meinen Händen berühre und in dir bin, und dass es zwischen unseren Gehirnen einen Kurzschluss gibt und wir nicht vor dem ersten Zwitschern der Vögel genug Befriedigung empfinden, um ruhig den Tag beginnen zu können.

Aber ich schreibe dir nur einen Brief mit Träumen und anderen Überflüssigkeiten. Du magst mich immer noch ganz gern, das ist gut zu wissen. Wenn das nur immer so bleibt, ist mir alles recht.

Alles Liebe und alles, was sonst noch dazugehört.

Ich schickte ihr gleich noch einen Brief, dann konnte sie sehen, wie viel sie mir wirklich bedeutete. Nicht, dass sie das irgendwie interessiert hätte.

Hey Sem,

ich habe zwei Umschläge gekauft. Einfach zur Sicherheit. Falls ich irgendwann mal jemand anderem einen Brief schicken muss. Aber eigentlich ist es auch schön, dir zwei Briefe zu schicken.

In diesem Brief kann ich vielleicht endlich eine würdige Hommage für dich verfassen.

Ich wollte, ich wäre betrunken und könnte dir einfach irgendwie schreiben, weil ich dann nicht aufpassen müsste, was ich da eigentlich zu Papier bringe, und gleichzeitig eine Ausrede für meine hassliche Handschrift hätte. Aber glücklicherweise sitze ich am Wasser und lasse ab und zu eine Mahlzeit ausfallen, weil mir langsam das Bargeld ausgeht. Darum befinde ich mich gerade in einer Art Delirium.

Und gerade, als ich das geschrieben habe, hat mir jemand ein geschmolzenes Snickers angeboten! Meine Gebete werden erhört! Ich bete auch für dich, dass du wieder tanzen kannst, bevor du diesen Brief bekommst, denn tanzend bist du fast am schönsten. Am allerschönsten, und das weißt du, bist du, wenn du auf mir sitzt. Aber das ist gerade unmöglich. Also geht es jetzt darum, wie du tanzt.

Dieser Brief wird ein bisschen kürzer, aber na ja, du hast mir ja noch überhaupt keinen Brief geschickt!! Und damit hast du recht, denn wo solltest du den auch hinschicken? An welche Adresse, meine ich? Natürlich könntest du die der Botschaft benutzen.

Bei meinem letzten Brief habe ich noch allein mit einem Südafrikaner gegessen. Jetzt mit einem Chinesen, einem Slowaken, einem Belgier, einem Iraner und einem Niederländer. Und mit dem Südafrikaner namens De Bruijn. Aber von dem habe ich dir ja schon ein Foto geschickt.

Mit sexuellen Grüßen, dein Liebhaber!

Parinaz

Aus der Kategorie starke, unabhängige Frauen: Parinaz. Sie war Dokumentarfilmerin, vierzig Jahre alt, unverheiratet und wohnte mit ihrer geschiedenen älteren Schwester in einem gemütlichen Apartment in Teheran. Sie suchte einen intelligenten, kreativen Mann, der nicht autoritar war, gleichzeitig aber sehr wohl für sich selbst einstehen konnte.

»Iranische Männer sind faul.« Parinaz stand an der Anrichte und schnitt Gemüse, während ich am Tisch eine Tasse Tee trank. »Sie brauchen nichts zu tun, um Erfolg zu haben, nur Mann müssen sie sein.«

Das stimmte. Zumindest entsprach es dem, was ich gesehen hatte. Iranische Frauen sprachen besser Englisch, waren selbstbewusster und weiter »entwickelt« als ihre männlichen Pendants. »Das müssen wir auch sein«, erklärte Parinaz, »wenn wir uns in einer Gesellschaft aufrecht halten wollen, wo wir nur die Hälfte eines Mannes wert sind.«

Parinaz' Schwester hatte sich nach ihrer Scheidung in die Esoterik geflüchtet.

»Soll ich dir die Zukunft vorhersagen?«, fragte sie. Sie holte ein dickes Buch zum Vorschein, den *Diwan* von Hafis. Mit der linken Hand (das war sehr wichtig) schlug sie es irgendwo auf. Sie las das Gedicht auf der linken Seite vor (das war auch sehr wichtig), wobei sie jedes Wort ganz deutlich artikulierte und zwischendurch bedeutsame Pausen einbaute. Ohne auch nur ein Wort zu verstehen, lauschte ich dem Metrum und den Klängen, und sie schnitten mir in die Seele.

Parinaz fasste das Gedicht für mich zusammen. »Ein Reisender irrt ziellos über die Erde. An jedem Ort, von dem er aufbricht, lässt er einen leeren Stuhl zurück.«

Ich musste lächeln. Genauso schien sich meine Reise allmählich zu gestalten. Überall musste ich einen leeren Stuhl zurücklassen. Einen Ort schaffen, an den ich zurückkehren konnte.

»Das Gedicht scheint mir zu sagen, dass du in den Niederlanden ein Problem hast, mit dem du dich nicht auseinandersetzen willst, stimmt das?«, fragte Parinaz' Schwester. Mein Lächeln erlosch. Nicht schon wieder so eine Frau, die davon überzeugt war, mich mit ihrer Küchenpsychologie deuten zu können. Die glaubte, ich hätte nicht den Mut, mich meiner Verantwortung zu stellen. Annahm, dass ich zwar laut beteuern möge, meine freie Liebe mit Sem fantastisch zu finden, tief in meinem Herzen jedoch todunglücklich sei. Dass ich meine Emotionen jahrelang unterdrückt hätte, nur um nicht der Realität ins Auge sehen zu müssen. *Mir geht's gut, lass mich zufrieden.*

»Ich laufe nicht vor meinen Problemen davon«, erwiderte ich und imitierte dabei ihren Psychologentonfall. »Ich laufe auf die Lösung zu, auf etwas Großartiges.« *Hat jemand vielleicht eine Postkarte, auf die ich diese Weisheit kotzen darf?*

»Es geht einfach darum, dem Leben gegenüber positiv eingestellt zu sein«, fuhr ich in getragenem Ton fort, um so rasch wie möglich das Thema zu wechseln. »Man muss Probleme als Gelegenheit zum Lernen sehen, nicht als Hindernisse, dann kann man negative Situationen einfach akzeptieren. Man weiß doch nie, was geschehen wäre, wenn es ein Hindernis nicht gegeben hätte. Dann hätten noch schlechtere Konsequenzen entstehen können.«

Das Hafis-Gedicht sagte nicht notwendigerweise etwas über meine Zukunft oder über meine Probleme aus – ich begriff es als Instrument, als Inspirationsquelle. Wenn man überall auf der Welt vermisst wurde, wurde das Ego besser gestreichelt als durch hundert *Likes* für ein neues Profilfoto. Außerdem bedeutete es auch, dass an jedem Ort, den ich verließ, ein Platz für mich freigehalten wurde, an den ich zurückkehren konnte. In jedem Land, in jeder Kultur wie ein verlorener Sohn begrüßt und aufgenommen zu werden, wie von Husseyins Vater am Beginn meiner Reise. Danach lohnte es sich zu streben.

Parinaz hatte einen ebenso wilden Fahrstil wie Ali Shaleng, nur gab sie nicht so sehr damit an. Sie beschimpfte allerdings wüst die anderen Raser. Wir schnitten ein Auto, und sie riss das Steuer nach rechts, wodurch sie fast eine Kollision mit einem anderen Wagen verursachte. »*Fuck you!*«, rief sie laut. Sie hatte noch nicht einmal Alkohol getrunken. Aber das sollte sich schnell ändern. Wir hielten an einer Apotheke, wo sie eine Flasche Ethanol kaufte. Die leerte sie in eine Fahrradtrinkflasche mit Traubensaft.

In einem kleinen Park tranken wir abwechselnd aus der schwarzen Flasche und schauten zu einer jungen Familie hinüber, die ein Picknick machte. Der Traubenethanol schmeckte besser als der Zitrusspiritus, den ich auf der Hochzeit probiert hatte.

Wir holten ihre Schwester von der Arbeit ab und fuhren durch eine Wohngegend zurück. Plötzlich gab es einen Schlag, und Parinaz schrie auf. Sie bremste. Wir hielten mitten auf der Straße an. Sie hämmerte mit beiden Händen auf das Steuer ein und begann leise zu weinen.

»Positiv denken«, sagte ihre Schwester. »Wenn du die Katze da nicht überfahren hättest, hättest du vielleicht ein Kind erwischt. Offensichtlich wollte das Universum, dass du die Katze überfährst. Das ist Schicksal.«

War das Schicksal? Ich korrigierte meine quasi-spirituelle Weisheit von kurz vorher. Wenn wir eine Katze überfahren hatten, hatten wir eine Katze überfahren und nicht möglicherweise einen Bus voller Schulkinder gerettet. Wenn Laurens seinen Flug verpasst oder, besser noch, wenn die Rakete das Flugzeug nicht getroffen hätte, dann wäre nichts passiert. Der höhere Plan des Kosmos diente nur als schwacher Trost, nicht dazu, unangenehme Umstände zu bagatellisieren.

Wenig später hoffte ich, einen leeren Stuhl bei Parinaz zu hinterlassen: Ich kehrte zu meiner persischen Prinzessin zurück. Während der vergangenen Tage hatte ich viel darüber fantasiert, wie ich Tausendundeine Nacht in einer einzigen Nacht würde geschehen lassen können.

Eine iranische Seifenoper

Die Iraner, denen ich bisher begegnet war, hatten ihr Bestes getan, um mich glauben zu machen, sie wären nicht so konservativ, wie das in den Medien dargestellt wurde: abendliche Saufgelage, Feste in der Wüste, öffentliches Flirten und der Hass auf die Imame. Aber einen fremden Jungen aus dem Westen sofort mit ihrer jungfräulichen Tochter schlafen zu lassen, das ging sogar Sepidehs liberal eingestellten, gastfreundlichen Eltern zu weit. Zurück in Isfahan, musste ich mich also nach einer Alternative umsehen.

Ich hatte vor allem Kontakt zu Pari, weil sie gut Englisch sprach und eigentlich auch sehr nett war. Sie schlug vor, ich solle für ein paar Tage bei ihr einziehen. Mit ihrem Bruder und ihrer Mutter wohnte sie in einem kleinen Apartment und entschuldigte sich dafür, dass sie nicht so reich wie ihre Schwester war. Die hatte einen wohlhabenden Mann geheiratet. Pari nicht. Sie hatte alle Heiratsanträge abgewiesen. Irgendwann würde sie ein gut aussehender Europäer aus diesem Land wegholen. Diesen Wink mit dem Zaunpfahl verstand ich inzwischen.

An das Wiedersehen mit Sepideh waren hohe Erwartungen verknüpft gewesen. Sie war mir immer wieder durch den Kopf gegeistert. Ich malte mir aus, wie ich in Isfahan ankäme und dass ihre Eltern und ihre Schwester nicht zu Hause wären, sodass wir das Apartment für uns hätten. Uns bliebe dann der ganze Tag, um dort weiterzumachen, wo wir aufgehört hatten, auf dem unbequemen Sofa, vor dem großen Fenster mit dem Ausblick über die Autobahn, bis wir schließlich auf dem mit künstlichen Diamanten dekorierten Bettüberwurf landen würden. Es würde bestimmt ein wilder Abend werden ...

Ich musste mich mit einem schlichten »Hi« begnügen, als sie mich an der Busstation abholte – es gab keinen Kuss, keine Umarmung. Ich musste wieder ganz von vorne anfangen. Irgendwo etwas trinken, Spaziergänge mit ihr machen. Nach einer uninspirierten Tour durch ein Einkaufszentrum versuchten wir es mit demselben Trick wie vorher: Wir gingen ins Parkhaus. Zwölf Sekunden. Ich habe sie wieder gezählt.

Am Abend besuchten wir ein Restaurant auf einem Berg. Zu viert, denn alles musste immer zusammen mit der ganzen Familie passieren. Pari, Sepideh, Roshanak und ich. Bevor wir ins Auto stiegen, hatten Sepideh und Roshanak Streit. Pari rief Roshanak zur Ordnung. Die nahm sich mit wütendem Gesicht die Autoschlüssel und setzte sich ans Steuer. »Dann kann Sepideh ganz gemütlich mit dir auf der Rückbank sitzen.« Pari lachte anzüglich. *Aber Tante Pari!*

Zunächst saßen wir noch hochanständig jeder auf unserer Seite des Autos. Aber ganz subtil rückten wir beide in die Mitte. Ich strich Sepideh das Haar aus dem Nacken. Sie legte mir eine Hand auf den Oberschenkel. Ich schaute lässig in die Gegend und küsste sie dann ganz kurz auf den Hals. *Wenn jetzt ein Wagen der Sittenpolizei an uns vorbeifährt, sind wir fällig,* dachte ich. Über den Rückspiegel warf mir Pari einen zufriedenen Blick zu – um die Familienehre brauchte ich also nicht zu fürchten. »Aus Versehen« ließ ich meine Hand an Sepidehs Busen entlang nach unten gleiten. Sie schob meine Hand nicht weg und ließ ihre eigene, wo sie war. Ich schob die Finger langsam in ihre Hose, schaute dabei starr geradeaus und hielt nach der Sittenpolizei Ausschau. Während ich die Finger tiefer nach unten gleiten ließ, traf mein Blick im Rückspiegel den von Tante Pari. Sie schaute nicht ablehnend drein, sondern eher ermutigend. Sah sie überhaupt, was ich gerade tat? Wegen der allzeit wachsamen Passanten versuchte Sepideh sich so wenig wie möglich anmerken zu lassen. Ich bestand nur noch aus Geilheit, mit der ich nirgendwo hinkonnte. Später am Abend würde ich mit blauen Eiern neben Paris Bruder liegen. Es gab keine bessere Art und Weise, um mich mit der örtlichen Bevölkerung verbunden zu fühlen, als das Ganze geduldig zu ertragen.

Pari und ich wurden bei ihr zu Hause abgesetzt, Sepideh und Roshanak fuhren zu sich.

Paris Bruder lag schlafend auf einer Matratze vor dem Fernseher. Dieser Anblick war mir von Parinaz bereits eindrücklich geschildert worden, und Pari bestätigte es: »Ein typischer iranischer Mann. Er kommt nach Hause, man kocht für ihn, und er setzt sich vor den Fernseher, bis er einschläft. Weil er den ganzen Tag hat arbeiten müssen. Ich brauche wirklich einen Mann aus dem Westen.« So lautete ihre Standardlösung für alle Probleme.

Ihre Mutter war im Schlafzimmer der kleinen Wohnung untergebracht. Zwei Meter neben dem Bruder lag schon meine Matratze bereit.

Wir verkrochen uns aufs Sofa im Wohnzimmer und schauten uns die Soap an, die gerade lief. Über einen Satelliten konnten Iraner iranische Produktionen aus Amerika empfangen. Das Gesetz verbot das, aber weil sich nicht einmal die am strengsten Gläubigen daran hielten, wurde niemand zur Rechenschaft gezogen.

In der Serie ging es um die Geschichte einer jungen Frau von einfacher Herkunft. Mit ihrem Bruder und ihrer Mutter lebte sie in einem kleinen Haus, und ihre Angehörigen behandelten sie schlecht. Sie durfte nie das Haus verlassen, nur zum Einkaufen, und sie musste die ganze Schmutzarbeit erledigen. Wenn ihr Bruder nicht arbeitete, lag er auf einem Stapel Kissen herum, rauchte Shisha und erteilte seiner Schwester Befehle. Außerdem spuckte er auf den Boden und trieb sie zum Aufräumen an.

Die junge Frau war so schön, dass sie nur verschleiert auf die Straße durfte. Ihr Bruder befürchtete, sonst eine schwer arbeitende Dienerin zu verlieren.

Aber eines Tages hatte die junge Frau den Schleier nicht angelegt, weil sie wissen wollte, was dann geschehen würde. Die Liebe ihres Lebens zu finden war ihre einzige Chance auf ein besseres Leben. Ihre äußere Erscheinung verursachte Verkehrsunfälle, und wo sie vorbeiging, verstummten die Leute mitten im Gespräch. Ein junger Mann, hochgewachsen und mit breiten Schultern, kam mit wehender Mähne auf sie zu. Sie kannte ihn. Er stammte aus einer anderen Klasse, aus einer rivalisierenden Familie. Wenn ihr Bruder die beiden zusammen erwischen würde, würde er Säure über sie schütten, seine Schwester an die Kette legen und den jungen Mann in Stücke schneiden. Doch er war ihr Ticket in die Freiheit.

Sie verabredeten sich heimlich und verliebten sich ineinander. Liebe macht rücksichtslos, aber auch erfinderisch und listig. Das Mädchen, das immer für ihren bösen Bruder kochen musste, hatte einen Plan.

Als sie den Kebab würzte, bestreute sie das Gericht mit einem starken Schlafmittel. Dann sah sie in aller Ruhe zu, wie Mutter und Bruder das Essen ohne jede Dankbarkeit in sich hineinschaufelten. Kurz darauf schlug sie ihrem Bruder ins Gesicht und blies ihm kräftig in die Ohren, um zu überprüfen, ob er auch wirklich schlief. Er murmelte etwas und schmatzte widerlich. Gern hätte sie ihm noch viel mehr angetan, musste jedoch auf der Hut sein.

Sie öffnete die Tür und ließ schnell ihre große Liebe herein. Sie hatten sich unendlich nach einander gesehnt, das konnte man an der übertriebenen Schauspielerei erkennen. Sie flüsterte ihm ins Ohr: »Heute Nacht bin ich deine Sklavin und deine *shahbanou*.

Mein Liebster.« Sie schaute voller Verlangen zu ihm auf. »Meister, befiehl mir, was ich tun soll.«

Der Mann schaute sie schelmisch an. »Bring mir ein Glas Wasser.«

Sie erwiderte das mit einem gequälten Blick. Da konnten sie alles tun, was sie wollten, und er bat sie um ein Glas Wasser. Sie ging in die Küche und kehrte mit einem Glas Wein zurück. Dann kniete sie sich hin und warf den Kopf zurück, während sie ihm das Glas reichte. »Was noch, Meister? Nur heute Nacht gehöre ich dir.«

Der Mann tat, als müsse er sorgfältig überlegen. Es war spät, was konnte ein Mann mitten in der Nacht fordern? Die Möglichkeiten waren sehr begrenzt. Er wackelte theatralisch mit den Schultern. »Dann will ich eine Massage.« Aber genau wie er war die Nacht lang und jung.

Sie bat ihn, sich auf den Bauch zu legen, nur eine Armlänge von ihrem Bruder entfernt. »Bist du auch sicher, dass er schläft?«, erkundigte sich der Mann.

Diese Frage beantwortete sie nur mit einem verwegenen Lächeln, das sowohl Ja als auch Nein bedeuten konnte. Der Liebhaber lag unbequem auf dem Bauch; er war sich nicht sicher, ob der Bruder vielleicht aufwachen würde. Er wollte kein Messer in den Rücken bekommen und den Perserteppich vollbluten. Sobald die Frau ihre zarten Hände über seinen Rücken gleiten ließ, glitt auch die Angst von ihm ab. Sie zog ihm das Hemd aus und entledigte sich ihrer Bluse. Dann ließ sie die Brustwarzen wie subtile Nägel über seinen Rücken streichen. »Was für breite Schultern du hast«, flüsterte sie ihm ins Ohr, während sie ihre großen, weichen Brüste gegen seine Schulterblätter presste. Er stöhnte.

»O Meister«, flüsterte sie ihm ins Ohr, »ich habe nur eine einzige Bitte.« Sie drehte den jungen Mann auf den Rücken und ließ ihren Busen sanft über seine Brust und seinen Bauch gleiten. Als sie seinen steifen Schwanz erreichte, folgte sie mit der Zunge der

Bewegung. Die Kamera blieb auf das Gesicht des jungen Mannes gerichtet, das dem Zuschauer genug erzählte, um die Vorstellungskraft anzuregen. Es gab nichts mehr auf der Welt, nur noch diese Nacht ...

Fortsetzung folgt.

Pari stellte den Fernseher aus.

»Im Iran ist die Liebe ganz anders als an anderen Orten«, sagte ich leise. Ihr strahlend weißes Lächeln erhellte einen Teil des Zimmers. »Darüber könnte ich ein ganzes Buch schreiben.«

»Wenn du dann nur meinen Namen nicht nennst!«, zischte sie.

Ich lachte frech. »Warum denn nicht? Dich kennt doch niemand?«

»Nein, bitte, du darfst meinen Namen nicht nennen«, flehte sie mich an. »Sag mir, was ich machen muss, damit du meinen Namen nicht nennst. Ich tue alles für dich.«

Am nächsten Morgen kamen Sepideh und ihre Mutter zu Besuch. Glückselig schaute Pari aus einiger Entfernung zu, wie ich mit Sepideh herummachte. »Siehst du nicht, wie breit er gebaut ist?«, sagte sie auf Englisch zu Sepideh. Sepideh hielt inne, um meine Schultern zu inspizieren, und zuckte dann ihre. Pari sagte noch etwas auf Persisch, woraufhin mir Mama Zari das Hemd hochzog, um mich besser begutachten zu können. Sie ließ die Finger über meinen Bauch gleiten und wirkte ein wenig enttäuscht. »Sie hat mehr Muskeln erwartet, aber du siehst schon ganz ordentlich aus«, übersetzte Pari lachend, was ihre Schwester gesagt hatte. Sepideh musste noch viel lernen.

Ohne mein Wissen hatte Zari eine Busfahrkarte für mich nach Bandar Abbas gekauft und gab mir eine Dose mit vegetarischem Essen mit. Sepidehs Oma überreichte mir eine Plastiktüte mit flach gepressten Trockenfrüchten.

Wenn man durch Istanbul schlendert,
sieht man überall Menschen,
die türkischen Tee trinken und
Backgammon spielen

Mein neues Königreich: Cennet Valley

»Im Tal der Taubenschläge« leben pensionierte Posttauben. Seitdem es E-Mails gibt, sind alle Tauben im Ruhestand

»Das Tal der Liebe« ist der passende Name für ein Tal voller Riesenphalli

Irakli, der freundlichste Kidnapper der Welt

Gestolpert in Tiflis: Wenn 30 Backpacker ihre Schuhe im Flur des Hostels stehen lassen müssen ...

Wir sprangen über einen Zaun und schlugen unser Zelt in einem Feld voller Wildblumen auf

Aram hat mich in sein kleines Paradies eingeladen und mir gezeigt, wo er mit vier Generationen lebte

Nachdem er mich zum Essen eingeladen hat, gab er mir dieses Bündel Scheine. Ich hatte Angst, es zu zählen. Werde ich es ihm je zurückzahlen können?

Iranische Schönheiten

Schick gemacht für eine iranische Hochzeit

In der Mondlandschaft auf Qeschm habe ich mir den Namen *Pancake Adventures* ausgedacht

In Dubai gibt es alles im Überfluss

Mitten in den Vorbereitungen für mein erstes *Pancake Adventure* in Martins Haus in Dubai

Dieser Wald aus Strommasten mitten in der Wüste hat mich echt erschüttert

Meine Küche auf einer Baustelle in Dubai

In Karatschi hat mich Sohails Freundeskreis adoptiert, was wirklich großartig war

Da Mohammed glaubt, dass wir Europäer keine richtige
Familie haben, zeigt er mir, wie echtes Familien-
leben aussieht

Waren werden von den Lastwagen auf die Boote verladen

Ich kam mir sehr wagemutig vor, diesen großartigen Aussichtspunkt in Karimabad zu besteigen. Als ich jedoch oben angekommen war, stand dort bereits eine Gruppe pensionierter, japanischer Apotheker, die ein Foto mit mir machen wollten

Der Jeep nach Pamir war so voll, dass ich auf dem Dach sitzen musste. Das war zu aufregend und zu schön, um Angst zu haben

Weise Frauen und Männer der Wakhi erzählen Geschichten

Um mich bei Alam Jans Familie für die Gast-freundschaft zu revanchieren (und weil es echt nicht viel zu tun gab), half ich bei der Arbeit auf dem Land

Zum »Lady-
boy-Festival«
in einem
kleinen Dorf
außerhalb
von Lahore
hat uns eine
überladene
Rikscha ge-
fahren

Der Goldene Tempel ist eine friedliche Oase inmitten
des trubeligen, verrückten indischen Lebens

Zusammen mit einer Gruppe junger Sikhs, die sich
Blue Birds nennen, habe ich einen riesigen Berg
Pfannkuchen gebacken

Amis Großvater verrichtet seine Arbeit auch im
traditionellen Gewand der Sikh

Wegen Diwali habe ich kein Ticket mehr von Amritsar nach Delhi bekommen, also habe ich mich zwischen Toilette und Kabinen geklemmt

Wir feiern Diwali in Delhi mit Pfannkuchen

Der einzige Daseinszweck für Kühe in Indien ist es, bewundert zu werden. Also sonnen sie sich einfach an den Stränden wie Bikini-Models

Unbedingt auch *Happy Pancakes* für die glücklichen Kühe

Auf dem Weg zum Gipfel folgte mir dieser Hund. Bei jeder Rast wartete er, bis es weiterging, und brachte mich sicher über den Berg

Oben angekommen traf ich Jibn. Ein gesprächiger nepalesischer Bergmann, der doppelt so alt war wie ich und doppelt so schnell gehen konnte

Statt Zucker
kommt in Pamir
Salz in den Tee

Als ich nach Hause zurückkehrte, war meine Großmutter
in einem Heim für Menschen mit Alzheimer gezogen.
Als ich jung war, machte sie Pfannkuchen für mich, jetzt,
wo sie sich jung fühlte, konnte ich ihr Pfannkuchen machen

An der Busstation umarmte ich alle sehr herzlich. Das durfte man von der Sittenpolizei aus zum Glück gerade so, oder sie interessierte sich nicht dafür. Die Umarmung mit Sepideh dauerte lange und war intimer als der Abend auf dem Rücksitz. Als ich aufschaute, sah ich Pari. Sie lächelte zufrieden. Wenn ich Pari einen Heiratsantrag gemacht hätte, wäre sie mit mir in den Bus gesprungen, ohne auch nur eine Tasche zu packen. Während ich die Welt noch erforschen musste, würde sie nicht weiter als bis zum Naqsch-e Dschahan-Platz kommen.

»Naqsch-e-Dschahan« bedeutet »Abbild der Welt«. Dort saß sie fast täglich und wartete auf Menschen, die ihr Weltbild erweiterten.

Trockenfrüchte

In drei Tagen würde mein Visum ablaufen. Die verbleibende Zeit wollte ich auf Qeschm verbringen, einer Insel im Süden des Iran mit einer prächtigen Mondlandschaft und einer staubigen, autolosen Schnellstraße, die die Fläche quer durchschnitt. Die Schnellstraße war wahrscheinlich für die Zeit angelegt worden, in der die Insel »das Dubai von Iran« werden sollte. Im Moment gab es dort jedoch vor allem Fischer und ein wissenschaftliches Institut für mikrobiologisches Leben. Ein Wissenschaftler dieses Instituts würde mein Couchsurfing-Gastgeber werden.

Auf dem Schnellboot nach Qschem starrte ich auf einen Fernsehbildschirm, auf dem in Endlosschleife Videos mit Sicherheitsanweisungen abgespielt wurden. Zwischen meinen Beinen stand die Plastiktüte mit Trockenfrüchten, die ich von Paris Mutter bekommen hatte. Eine Art zu dünnen Blättern gepresster Marmelade. Ich hatte sozusagen ein ganzes Buch. Gelangweilt riss ich ein paar Stücke ab und ließ das Zeug auf meiner Zunge schmelzen. Der Geschmack drang nicht einmal richtig zu mir durch.

Während der ganzen Busreise hatte ich Zeit gehabt, über die vergangenen Tage nachzudenken. Über die unmöglichen Romanzen, die sich in meinem Leben ergaben. Warum heiratete ich nicht einfach Pari? Sepideh würde das bestimmt begreifen, und Sem würde es einfach akzeptieren müssen. Obwohl sie schon zweiunddreißig Jahre alt war, durfte Pari ohne die Zustimmung ihrer Mutter nicht einmal die Stadt verlassen. Mit meinem Pass würde ich sie vor einer entsetzlichen Ehe bewahren können. Welcher Mann wäre nicht gern ein Märchenheld? Und trotzdem saß ich hier auf einem Boot, mit dem ich immer weiter von dieser märchenhaften Zukunft wegtrieb.

Tim und Khas hatten sich wieder allen anderen angeschlossen, die Karriere machten und Familien gründeten. Und ich saß hier allein und starrte Fernsehbildschirme an, die mir erklärten, wo die Notausgänge waren und wo sich die Schwimmwesten befanden. Diese Reise war ein einziger großer Notausgang: Ich flüchtete vor der Aussichtslosigkeit.

Als sie mir ihren alten Trekkingrucksack schenkte, hatte Florijn zu mir gesagt: »Du brauchst nicht immer weiterzureisen, weil du das der Welt versprochen hast. Du kannst immer zurück kommen, wenn du das willst.« Daran musste ich jetzt denken. Aber ich nahm den Gedanken nicht ernst.

Ich brauchte niemandem etwas zu beweisen, und niemand würde es mir verübeln, wenn ich nach Hause käme. Aber ich hatte doch nicht umsonst mein ganzes Leben so dramatisch über den Haufen geworfen. Ich durfte nicht nur mit Fotos für eine PowerPoint-Präsentation und ein paar coolen Geschichten für Partys zurückkehren.

Ich stellte mir vor, wie es wäre, wenn ich jetzt heimfahren würde. Mit ein bisschen Glück wurde ich dann Barmann und schaffte es irgendwann zum Freelance-Texter, mit Kunden wie *Fensterdekorationenvergleichen.nl* oder *stickersthatstick.com*, und ich fand eine neue Freundin, die schon anderweitig vergeben war, aber darin hatte ich ja schon genug Erfahrung. Nach zwei Monaten würden sich meine Freunde langsam Sorgen machen. Tanne wäre der Erste, er würde fragen: »Wie geht es dir eigentlich wirklich?« Gleichzeitig würde er die anderen einweihen und ihnen erzählen, ihm sei aufgefallen, dass es mir wirklich nicht gut gehe. Sie würden mit Jobvorschlägen bei mir ankommen, »denn weißt du, du kannst doch nicht dein ganzes Leben ...« Nein, das konnte ich auch nicht. Bevor ich wusste, wie mir geschah, hätte ich wieder ein Leben, das an mir vorbeiglitt, bis es mir aus den Händen rutschte.

Wie anmaßend ich doch war. Ich wehrte mich gegen ein Leben, in dem meine Freunde und meine Familie Befriedigung zu finden schienen. Wie ein trotziges Kind stampfte ich auf und verkündete, ein solches Dasein wäre inhaltslos. Trotzdem musste ich weitermachen, um andere Möglichkeiten zu entdecken.

Ich brach ein neues Trockenfrüchteblatt an. Die Leute um mich herum starrten in meine Richtung. Als hätten sie noch nie einen jungen Mann gesehen, der so viele Trockenfrüchte aß. Als warteten sie darauf, dass ich einen Trick vorführte.

»You want?« Ich deutete mit einem Blatt Trockenfrüchte in ihre Richtung. Erschrocken wandten sie die Köpfe ab. Erst jetzt begriffen sie, dass ich sehen konnte, wie sie mich anstarrten.

Dann schauten sie wieder. »I have too much. Really.« Ich zeigte ihnen die Tasche mit den gefärbten Buchseiten, damit sie sehen konnten, dass das der Wahrheit entsprach. Sie lehnten mit einem Lächeln ab. Ich zog die Schultern hoch: war ja nur ein Angebot. Dann steckte ich mir wieder ein Blatt in den Mund. Daraufhin lachten sie und suchten meine Nähe. Wie hatte ich das nur vergessen können – Taarof! Erst beim dritten Mal durfte man so ein Angebot annehmen. Als die Höflichkeit einmal überwunden war, kamen sie wie hungrige Wölfe auf mich zu und stopften die Blätter wie Shredder in sich hinein. Darüber musste ich herzlich lachen.

Als ich nichts mehr zu bieten hatte, konnte ich wieder in aller Ruhe vor mich hin starren. Woran hatte ich noch gerade gedacht? Ach ja, an meinen Weg in die Verdammnis.

Mein Leben musste großartig und mitreißend werden. Ich wollte nichts bereuen. Ich durfte nicht zulassen, dass sich alles wie von selbst vollzog. Ich war nicht besonders ehrgeizig, was meine Karriere betraf, und auch meine Freunde gingen davon aus, ich würde arm sterben. Das war ein leicht zu erreichendes Ziel. Meine Mutter hatte gesagt: »Es ist egal, was du tust, wenn es dich nur glücklich macht.« Eine viel schwerere Aufgabe, als Geld zu verdienen.

Ich dachte an all die TED-Talks, die ich mir reingezogen hatte. An all die Informationen, die einem Erfolg verschaffen sollten. Wenn man einen Erfolg verbuchen konnte, ergaben sich sofort neue, höhere Ziele: Erst hatte ein Marathon ausgereicht, jetzt musste man den *Iron Man* absolvieren, um andere ein wenig zu beeindrucken. Wenn man glaubte, etwas Schönes geleistet zu haben, erklärten einem die TED-Sprecher, es gebe Tausende anderer Leute, die etwas *wirklich Bahnbrechendes* vollbracht hätten.

Ein so inspirierendes, einmaliges Leben wollte ich auch. Und dann nicht so »einmalig« wie ein Familientag im Freizeitpark. Ich brauchte mehr Abenteuer, mehr Sinnstiftendes und mehr persönliche Entwicklung. Ein Leben, für das die Texter noch keine Superlative erfunden hatten. Die TED-Talks waren als Inspiration gedacht, aber die Sprecher erklärten einem sanft, in beinahe tröstendem Tonfall, über den Laptopbildschirm, wie sie die Welt gerettet hatten. Es war eindeutig. Ich durfte noch nicht nach Hause. Erst musste ich glücklich werden und etwas erleben, was einen TED-Talk wert war.

In der Türkei hatte ich mich dazu gezwungen, Videos aufzunehmen, um als Travelvlogger umsonst in Hotels schlafen zu können. Beliebte Reiseberichte zeigten einem immer die Highlights eines Landes, und Instagram war voller Fotos, die es auch in Reisemagazinen gab: *#wanderlust*, *#beachlife*, *#anotherdayattheoffice*, *#traveltheworld*, *#nochlangenichtnachhause*. Ich hatte es versucht, aber es hatte mir keine Befriedigung verschafft.

Vielleicht war ich ja verbittert. Oder zu kritisch. Ich fragte mich jetzt, was mich eigentlich inspirierte und warum ich auf Reisen gegangen war. Ich dachte an die Menschen, denen ich bisher begegnet war. Palmen hatten damit nichts zu tun gehabt.

Für mich waren es die Kontakte mit den Einheimischen, die das Reisen zu etwas Besonderem machten. Die touristischen Highlights bildeten nur dekoratives Beiwerk, die Kulisse, vor der diese Begegnungen stattfanden.

Ich konnte es einfach mir selbst gegenüber nicht verantworten, dass bald nach meiner Heimkehr alles wieder von vorne anfangen würde. Ich musste einen Plan entwerfen, der meinem Leben größere Bedeutung verlieh und mir eine Zukunft bot. Ein Projekt, mit dem ich nicht nach Hause zurückkehren müsste.

Zum Glück brauchte ich auch noch lange nicht wieder nach Hause. Durch die Freigebigkeit aller Menschen, die ich auf meiner Reise getroffen hatte, hatte ich bisher kaum Geld für Übernachtungen, Essen oder Transport ausgegeben.

Ein Plan und eine Pfanne

»Warum reist du eigentlich mit einer Pfanne um die Welt? Das ist ja schräg!«, schrieb Mandy. Damit bezog sie sich auf die Beurteilungen in meinem Couchsurfer-Profil. Mandy war eine potenzielle Gastgeberin in Dubai. Einen Schlafplatz konnte sie mir momentan nicht anbieten, aber sie war fasziniert. Durch die Pfannkuchenabende im Couchsurfing-Haus in Georgien, bei Parinaz im Iran und viel früher bei Mack in Washington wirkte es, als würde ich schon seit Jahren Pfannkuchen backen.

»Ja, ich bin inzwischen ein professioneller Pfannkuchenbäcker geworden, und ein richtiger Profi reist nie ohne sein Equipment«, antwortete ich im Scherz. Ich hatte natürlich nicht wirklich eine Pfanne bei mir. Das wäre seltsam gewesen.

Aber Moment mal ... »Ich glaube, du hast mir gerade den besten Einfall aller Zeiten beschert!«, schrieb ich Mandy kurz darauf zurück. »Niederländische Pfannkuchen auf der ganzen Welt bekannt machen ... Vielleicht ...«

Wenn mein Leben ein Musical wäre, hätte jetzt jemand einen munteren Song aufgedreht. Ich würde mit beiden Armen wild in der Luft herumfuchteln und im Zimmer herumspringen, dann mit riesigen Schritten nach draußen rennen, einen Walzer mit dem Postboten hinlegen und eine ahnungslose alte Frau auf den Mund küssen. »Mein Plan!«, würde ich im Regen singen. Zwar war das kein Medikament gegen Aids oder eine Lösung für den Nahostkonflikt, und wie viel Pfannkuchen würde ich wohl backen müssen, um Hungersnöte zu beseitigen? Aber es war ein Anfang, und Grund genug für eine Weiterreise.

Mir ging so viel durch den Kopf. Ich spazierte mit einem breiten Dauergrinsen durch die karge Mondlandschaft von Qeschm. Ich sah mich schon bei den Maori, bei den Sikhs oder bei den Orang-Utans im Dschungel Pfannkuchen backen. Ich befand mich in einem manischen Tagtraum, in dem ich ganz genau erklären konnte, warum ich mit dem Pfannkuchenbacken angefangen hatte. Mein Körper stand zwischen den Kratern, aber in Gedanken saß ich im Scheinwerferlicht an einem großen Tisch. Umringt wurde ich von einem großen Publikum. Ich saß in einem Fernsehstudio.

»Willem, herzlich willkommen. Du backst überall auf der ganzen Welt Pfannkuchen. Wie ist es denn dazu gekommen?«

Ich hatte eine größenwahnsinnige, TED-würdige Geschichte im Kopf.

»Früher haben mein Bruder und ich immer Pfannkuchen für alle gemacht. Die sind ein Symbol für Fröhlichkeit, weil man die Pfannkuchen ja verziert und so. *(Nostalgie: check!)* Auf meiner Reise habe ich so viele großartige Menschen getroffen, die mir vertraut und für mich gesorgt haben. Denen wollte ich etwas zurückgeben. Etwas, was mich an zu Hause erinnerte. *(Emotionalität: check!)* Etwas Einfaches und gleichzeitig Schönes. Wenn man zusammen ein Pfannkuchenfest organisiert, wird das von ganz allein zum Ereignis. *(Soziale Komponente: check!)* Mir ist schnell klar geworden, dass Pfannkuchen auf der ganzen Welt gegessen werden. Pfannkuchen mag jeder gern. Und wenn man etwas so Einfaches verschenkt wie einen Pfannkuchen ... Ich meine ... Na ja, Sie verstehen mich schon. *(Bescheiden bleiben: check!)* Aber einfach, indem man einen Pfannkuchen verschenkt, ein simples Glückssymbol, dass man das mit Leuten mit verschiedenen Hintergründen teilt, die sonst zu wenig Beachtung finden, das ist ganz einfach sehr wichtig in einer Zeit, in der wir uns vor dem anderen fürchten. *(Ethisch, positiv, altruistisch, authentisch: check, check, check und noch mal check!)*«

Ich ermahnte mich selbst, schnell ins Hier und Jetzt zurückzukehren. Solche Visionen brachten mich nirgendwohin, wenn ich mich zu sehr in ihnen verlor. Ich hatte so viele Einfälle, Projekte, Konzepte und Lebensziele, die mir in meiner Vorstellung schon allesamt einen Auftritt bei Oprah Winfrey und in TED-Konferenzen oder einen großen Gewinn eingebracht hatten. Wenn ich nur lange genug darüber fantasierte, fühlte es sich an, als hätte ich diese Erfolge schon erreicht. Dann brauchte ich sie auch nicht mehr in die Tat umzusetzen und konnte einfach über den nächsten Einfall nachdenken. So lief das bei mir. Immer. Aber diesmal nicht. Das hier würde mein neues Lebensziel werden. Bewaffnet mit einer einfachen Pfanne, würde ich die Welt erobern. So simpel und gleichzeitig unumstößlich war das.

Per E-Mail machten Mandy und ich ein Brainstorming zu möglichen Namen für mein Pfannkuchenprojekt: *Frying Dutchman, Traveling Pancakes, Pancake Traveler*. Etwas mit Pfannkuchen, etwas mit Reisen ... »Schade, dass du nicht Peter heißt«, meinte sie. »Peter Pancake.«

Pancake World, The World Is Your Pancake, Pancake ... Flour Eggs Milk ... Gar nicht so einfach. *Pancake, pancake, pancake ...*

»*Pancake Adventures!* Und ein Pfannkuchenfest heißt dann *Adventure*.« Wir verpassten einander ein virtuelles High Five. Das war es. »Wenn das Ganze ein Erfolg wird, bekommst du dein Leben lang umsonst Pfannkuchen.«

Das konnte ich problemlos versprechen, denn bisher war noch keines meiner Projekte von Erfolg gekrönt worden.

Schnell zurück in die Realität. Ein kleines Zollbüro vor der Fähre nach Dubai. Ein Beamter schaute irritiert von meinem Pass auf und sagte etwas, das ich nicht verstand. Er sprach lauter und klopfte aggressiv auf meinen Pass. Ich ging zurück in die große Halle, wo eine Menschengruppe darauf wartete, dass das Schiff abfuhr. »*English? Does anyone speak English?*«

Eine Frau stand auf und begleitete mich zurück ins Zollbüro. Dann hörte man eine Lautsprecherdurchsage, die Fähre nach Dubai werde bald abfahren.

»Sie sagen, du hast bei deiner Ankunft im Iran keinen Stempel bekommen«, erklärte sie mir ernst, »deswegen wissen sie nicht, wann du eingereist bist.«

Na und, dachte ich, *ich will doch weg*. Ich berichtete, wann und wo ich iranischen Boden betreten hatte. Der ungeduldige Zöllner suchte über MS-DOS nach meinen Daten. Die unzähligen Schachteln mit iranischen Produkten für den Markt in Dubai waren bereits eingeladen worden. Die letzten Passagiere gingen an Bord. Meine Übersetzerin entschuldigte sich und verließ das Büro. Mit einem großen roten Telefon rief der Beamte am Grenzübergang in Armenien an. Ich hatte kein Geld mehr, um den Zöllner zu bestechen, auch wenn das vielleicht von mir erwartet wurde. Die Schiffstrossen hatte man bereits eingeholt. In fünf Stunden würde mein Visum ablaufen.

Der Mann legte auf, winkte herablassend mit meinem Pass. Mit dem Rucksack über der Schulter rannte ich zur Fähre. Ich warf alles über die Reling und setzte zu einem großen Sprung an, um gerade noch so an Bord zu kommen, bevor die Fähre den Hafen verließ. Das glaubte ich zumindest.

Bevor sich das Boot tatsächlich in Bewegung setzte, dauerte es noch zwei Stunden. Ein Problem mit dem Motor.

Das Großartigste auf der ganzen Welt

Dubai ist eine dünne Goldschicht, die man fachkundig über einen Sandhügel gezogen hat. Ein Shopping-Paradies. Die Leute kommen dorthin, um viel Geld auszugeben. Das billigste Hostel kostet fünfzehn Euro pro Nacht, und mein Tagesbudget hatte ich mit zwanzig Dollar angesetzt. Deswegen gab ich »*Dubai on a Budget*« bei Google ein. Auf TripAdvisor fanden sich dazu nur drei Top-Tipps: die Metro nehmen, durch die Altstadt laufen, in eines der Einkaufszentren gehen. Dort kann man vielleicht nichts kaufen, aber das WLAN ist gratis, und es gibt eine Klimaanlage.

Ein großer Vorteil für mich war, dass ein junger Mann namens Mahi nach Amsterdam kommen und deshalb gern mein Couchsurfing-Gastgeber in Dubai werden wollte. So sicherte er sich seinerseits einen Schlafplatz in den Niederlanden. Er wohnte im Jumeirah Village Circle. Die Einwohner dieses »Dorfes« arbeiteten alle auf The Palm Jumeirah, der künstlichen Insel, die von oben aussieht wie *Latte Art* mit dem Umriss einer Palme. Jumeirah Village Circle war ein Neubaugebiet, umgeben von Sand, einer kilometerlangen Schnellstraße, Sand, Hochspannungsmasten und noch mehr Sand. Es war, als hätte jemand einen gelben Filter über die Landschaft gelegt. Bis zur nächsten Metrostation musste man fünfzehn Kilometer fahren.

»Du bist also das jüngste Opfer von *Sex Pest Ron?*«, fragte Mahi lachend, ohne sich überhaupt erst vorzustellen. Er berichtete, dass sich Sex Pest Ron in Dubai einen Namen gemacht hatte. Er nahm

Reisende mit zum Campen in die Wüste und belästigte sie sexuell, wenn sie schliefen, so erzählte man sich. »Du wirst ja wohl nicht mit ihm campen fahren?«

Bevor ich bei Mahi landete, hatte ich mich mit Ron verabredet; da hieß er auch einfach nur Ron. Er hatte mich gefragt, ob ich bei ihm zu Hause etwas trinken wolle. Ich war inzwischen ein überzeugter Jasager geworden. Ansonsten wäre ich wohl nie dorthin gekommen, wo ich mich in diesem Augenblick befand. Mahis Geschichte kannte ich noch nicht, deswegen ging ich ohne Zögern mit Ron in sein Appartement.

»Möchtest du eine Massage?«, fragte Ron, noch vor meinem ersten Schluck Gin Tonic. In seinem Couchsurfer-Profil stand, dass er einen Massagekursus absolviert hatte. So naiv war ich nun auch wieder nicht. Wenn einem ein schüchterner kleiner Filipino anbot, noch etwas bei ihm zu trinken und sich eine Massage verpassen zu lassen, bedeutete das wahrscheinlich, dass man am nächsten Morgen um eine Erfahrung reicher aufwachte. So richtig weit oben auf meiner Bucket List stand das Ganze nicht, aber ich sagte mir: *Scheiß drauf, vielleicht gefällt es mir ja. Wäre doch eine verpasste Chance, wenn ich es nicht tue.*

Hier gab es niemanden, der mich verurteilte. Allerdings standen in Dubai ein paar Jahre Gefängnis auf »Sodomie«. Ich überlegte mir: Ich bin auf Reisen gegangen, weil ich mich entfalten, meinen Horizont erweitern und mit Leuten in Kontakt kommen will. Dann darf ich auch nicht plötzlich ängstlich die Pobacken zusammenkneifen, wenn mir jemand eine erotische Massage anbietet.

»Okay, dann zieh dich mal aus.«

Ohne weiter nachzudenken, tat ich, was Ron gesagt hatte, und legte mich bäuchlings auf sein Bett. Nur meine Boxershorts hatte ich noch an. Er setzte sich auf mich, kniff mir mit schlaffen Händen in die Schultern und fuhr mir unmotiviert über den Rücken.

Dann massierte er mir die Schultern und andere Stellen. Wenn das ein Vorgeschmack auf meine erste homoerotische Erfahrung sein sollte, gab sie mir nur wenig. Vielleicht war er vor allem auf das »Happy End« spezialisiert? Seine Hände wanderten jetzt zur Innenseite meiner Beine. Mit größerer Aufmerksamkeit als zuvor massierte er mir die Schenkel und berührte dabei auf wenig subtile Weise meine Hoden. Ich ließ es geschehen. Vielleicht musste ich dem Ganzen ja etwas Zeit geben. Rons Atem ging jetzt schwer. Ich wusste nur zu genau, auf welcher Wellenlänge er sich befand. Ich wartete ab, nein, ich hatte gehofft, geil zu werden und dieser Situation noch interessante sexuelle Erfahrung abzugewinnen zu können. Stattdessen lag ich nun da und sah hektisch im Raum umher. Nachdem ich mir einige Zeit Rons Stöhnen angehört hatte, sagte ich in unfreundlicherem Ton als notwendig: »Okay, ja, genug jetzt. Danke dir. Nein, es ist schon gut so. Ich glaube, ich muss jetzt gehen.«

Ich kroch unter ihm hervor. Natürlich nahm ich ihm nichts übel. Es war einfach nicht das, was ich mir erhofft hatte ...

Er fing an zu weinen. »Ich habe dich für weniger engstirnig gehalten. Aber du bist genauso homofeindlich wie die Araber.«

Ich erschrak. Ich und engstirnig? Ich gab doch mein Bestes, um alles und alle zu akzeptieren. »Weißt du was? Lass uns einfach was essen gehen.« Warum machte ich ihm diesen Vorschlag? Ich hatte doch überhaupt keine Lust? Sofort hellte sich seine Miene auf.

Wir saßen im Restaurantteil einer austauschbaren Shopping Mall. Er fragte mich, ob ich vielleicht mit ihm in der Wüste campen wollte ... »Das bedeutet ja nicht, dass etwas passieren muss?«

Nach dem Essen und um eine halbe Erfahrung reicher landete ich also bei Mahi. Ich hatte noch nie »privat« mit einem Inder gesprochen, obwohl man sie doch ohne Weiteres überall findet. Mahi brachte mir bei, wie man Dal kocht. Ich fand das gastronomisch ziemlich anspruchsvoll. Er erklärte mir lachend: »Es ist das einzige Gericht, das Studenten zubereiten können, wenn sie gerade neu ins Wohnheim gezogen sind: Man tut Linsen, ein bisschen Wasser und ein paar Masala-Kräuter in einen Dampfdrucktopf und wartet, bis das Teil siebenmal pfeift.«

Zu Hause konnte ich ordentlich mitreden, wenn es um aktuelle Themen ging – um neue Cafés, Partys, Filme, die man auf keinen Fall verpassen durfte, und natürlich über die Tücken beim Erstellen einer Journalistendatenbank. Mein Indienbild war von negativen Berichten in den Medien geprägt. Deswegen hätte ich nie erwartet, mit einem Inder gemütlich Bier trinken, über das Leben plaudern und packende Bollywoodfilme anschauen zu können. Diese ganz alltäglichen Dinge fühlten sich an wie etwas Neues.

Jeden Morgen fuhr Mahi mit dem Bus zu einem großen Hotel, wo er als Informatiker arbeitete. Weil ich nicht dort angestellt war, durfte ich den Bus nicht nehmen. Am einfachsten wäre ich mit dem Taxi in die Stadt gekommen, aber das ging wegen meines Budgets nicht. Autostopp war immer eine Option. Morgens herrschte draußen eine Temperatur von etwa fünfunddreißig Grad; wenn ich also zeitig aus dem Haus ging, konnte ich vermeiden, mit dem Asphalt zu verschmelzen.

Am zweiten Morgen machte ich mich zu spät auf, und draußen waren es schon neununddreißig Grad. Mir wehte ein Föhn ins Gesicht. Und Sand. Ich kletterte durch ein Loch im Zaun, das die Wohnsiedlung vor – *Ja, wovor eigentlich?* – beschützen sollte. Als ich an der Schnellstraße entlangmarschierte, sah ich in der Ferne die Skyline von Dubai. Autos rasten an mir vorbei.

»Was um Himmels willen tust du bei diesem Wetter hier draußen? Bist du völlig verrückt?«, fragte mich ein besorgter junger Russe, als wäre ich in kurzen Hosen und dünnen Schuhen im sibirischen Winter unterwegs. Er setzte mich an der Metrostation ab.

Dort stand in einer Ecke immer jemand mit Schippe und Besen in der Hand bereit. Sobald man auch nur ein paar Krümel fallen ließ, eilte er herbei, um sie aufzufegen. In den Toiletten der Metrostation gab es Davidoff-Cool-Blue-Lufterfrischer, und ein Afrikaner trocknete mir die Hände ab. Ich konnte schon nachvollziehen, was Dubai so attraktiv machte. Es gab genug Geld, und Menschen anzustellen, kostete nichts. Hier durfte man sich ganz ungeniert wie ein erhabenes Wesen fühlen. Dazu wurde man sogar ermutigt, solange dieses Verhalten nur mit dem entsprechenden Konsumverhalten einherging.

Ein Laufband beförderte mich und Hunderte geübter Shoppingbegeisterte wie Mastgänse ins kapitalistische Schlachthaus. Sanfte Jazzmusik ließ unsere Probleme weniger schlimm erscheinen, und schöne junge Menschen mit weißen Zähnen lachten uns von Plakaten an. Die Dubai Mall war riesig, das größte Einkaufszentrum auf der ganzen Welt. Man rollte uns an den anderen Riesen von Dubai vorbei. Am höchsten Wolkenkratzer, dem Burj Khalifa, mit drei Baugruben drumherum, in denen sich innerhalb von fünf Wochen die nächsten größten, teuersten oder luxuriösesten Gebäude wie Phönix aus dem Sand erheben würden. Alles hier war das Größte oder Teuerste seiner Art auf der ganzen Welt.

In einer der Baugruben liefen winzige Männchen in blauen Uniformen mit Warnschutzwesten in einer langen Reihe zur Arbeit. Ich selbst fuhr in einem etwas schnelleren Tempo vorbei. Mitten auf der Baustelle teilte sich die Reihe. Einige der Männer gingen zu den Wänden der Grube, ein einziger stieg in eine Maschine. Es war, als würde ich mir den dystopischen Film *Metropolis* anschauen, aber jetzt als Non-Fiction und fast hundert Jahre später. Draußen herrschte eine Temperatur von sechsundvierzig Grad, und ich klapperte hier drinnen mit den Zähnen. Wie andere Touristen in warmen Ländern trug ich dünne Schuhe und eine kurze Hose, dabei wurden hier im Kino Decken verteilt, weil man die Klimaanlage so hoch eingestellt hatte. Die kälteste Klimaanlage der ganzen Welt. Das schon.

Ich bekam den Anblick der Arbeiter einfach nicht aus dem Kopf, und als ich mir in einer seelenlosen Kaffeekette das WLAN-Passwort vom Kassenzettel eines anderen Gastes geklaut hatte, schaute ich im Internet die Arbeitsbedingungen nach. Mir erschien es arbeitsrechtlich nicht akzeptabel, dass Leute bei einer Temperatur von sechsundvierzig Grad auf einer Baustelle stehen mussten.

Die Bauarbeiter in Dubai kamen vornehmlich aus Indien und Pakistan und wurden unter falschen Vorwänden ins Land gelockt. Einigen nahm man bei ihrer Ankunft den Pass ab; die Arbeitsvermittlung tat das. Diese Leute verdienten so wenig, dass sie sich nie wieder eine Rückfahrkarte würden kaufen können. Ihre Wohngebiete befanden sich noch weiter in der Wüste als die Siedlung, in der Mahi lebte. Sie hausten zu viert in kleinen Zimmern ohne Klimaanlage. Jeden Morgen wurden sie in einer Art Gefängnisbus vom Wohnsandkasten zum Arbeitssandkasten gebracht, um dort luxuriöse Apartmentkomplexe zu bauen, mit Klimaanlage im Parkhaus und gekühlten Swimmingpools auf dem Dach.

Ich war von Menschen umgeben, die das Jahresgehalt eines dieser pakistanischen Arbeiter für einen Chanel-Knopf hinblätterten. Ich befand mich im natürlichen Lebensraum eines kapitalistischen Volksstammes. Zwei Frauen in schwarzen Übergewändern machten vor dem riesigen Aquarium, in dem Haie herumschwammen und in dem man gegen Bezahlung ebenfalls schwimmen durfte, ihre Selfies. Sie schienen durch ihre Gesichtsschleier hindurchzulachen, als sie die Fotos betrachteten, aber ganz sicher wusste man das nie. Eine komplett verschleierte Frau mit Kinderwagen stand mitten in einem rosafarbenen Hello-Kitty-Laden. Vor dem Eingang des Restaurantteils für Kinder sah ich einen dicken kleinen Jungen. In der einen Hand hielt er ein großes Sahneeis, mit der anderen schlug er seine jüngere Schwester. Die Mutter betrachtete etwas weiter oben das Schaufenster eines Taschengeschäfts. Ein Mann in einem tadellos weißen Gewand war von drei verschleierten Frauen umringt. Die waren über und über mit Tüten von Louis Vuitton, Yves Saint Laurent und anderen Luxusmarken beladen, die so teuer sind, dass ich ihre Namen weder aussprechen noch sie mir merken konnte. Für wen hatten die Leute diesen ganzen Aufwand nötig?

Das hässliche Gesicht des Kapitalismus wurde einem hier auf dem Silbertablett dargeboten, in der teuersten Schale der ganzen Welt.

In Dubai erzählte man mir die Geschichte eines Scheichs. Er hatte sich einen neuen Landrover gekauft. Eines Tages kam einer seiner Freunde zu Besuch und stellte seinen Wagen neben den des Scheichs. Es war eine teurere Ausführung des Landrovers, den der Scheich besaß. Das nahm der Scheich neidvoll zur Kenntnis. Eine Woche später lud er seinen Freund wieder ein. Um zum Haus des Scheichs zu gelangen, musste der Freund über eine Auffahrt, auf der zweiundsiebzig Landrover parkten.

Das hörte sich an wie ein modernes Volksmärchen, allerdings ohne Moral. Die konnte man für einen angemessenen Preis sicher dazukaufen.

In meiner Punkphase hatte ich die Musik von Bands gehört, die zur Vernichtung des Kapitalismus aufriefen. Obwohl ich inzwischen finde, dass einige Texte etwas pubertär klingen, hatten sie damals einen großen Einfluss auf mich, und die Botschaft stimmt für mich bis heute. Es machte mich unglücklich, dabei zuzusehen, wie Menschen wegen etwas so Bedeutungslosem wie einer Marke derart außer sich gerieten. Ich betrachtete das als eine Art fundamentalistische Religion. Der Konsum verspricht einem ein schönes, glückliches Leben. Man identifiziert sich mit den Marken, die man kauft, und nicht mit den Menschen, mit denen man umgeht, und das führt dazu, dass man sich seine Freunde auf der Basis der Übereinstimmungen bei Marken und Produkten aussucht, statt sich an interessanten Charaktereigenschaften zu orientieren.

Nicht nur Punker und die Verfasser von Protestliedern hatten über den Kapitalismus geklagt. Schon griechische Philosophen, Konfuzius und Jesus klagten über kapitalistische Ideale, und auch in TED-Talks wird übermäßiges Konsumverhalten verurteilt. Aber man braucht kein spiritueller Führer und auch kein Wissenschaftler zu sein, um diese Weisheit zu erkennen. Es reicht, wenn man ein paar Stunden in der Dubai Mall zubringt. Gerade meine Abhängigkeit von anderen war es gewesen, die mir ein Gefühl der Bedeutsamkeit verliehen hatte, nicht ein neuer Gürtel von Yves Saint Laurent.

Wenn man die Dubai Mall besucht, muss man sich unbedingt die Springbrunnenshow auf dem Platz daneben ansehen. Das hatte mir zumindest Mahi erzählt, und es stand auch auf TripAdvisor und im *Lonely Planet*. Ich wartete. Zu Whitney Houstons *I Will Always Love You* wurde das Wasser 150 Meter in die Luft gespritzt. Gute Choreografie, furioses Finale, Höhepunkt. Viele Ohs und Ahs, dann Applaus der Menge. Es war auch eine ziemliche Leistung, mitten in der Wüste den weltweit größten Springbrunnen zu errichten. Unbefriedigt machte ich mich auf den Rückweg.

Jeden Tag glitt die Ausbeutung an mir vorbei, wenn ich auf dem Weg ins Einkaufszentrum war. Dorthin fuhr ich, um meine *Pancake Adventures* zu gründen. Inzwischen hatte ich mir die Domain *pancakeadventures.com* gesichert und meinen Freund Jonas gebeten, ein schönes Logo für mich zu entwerfen. Innerhalb einer Woche legte er mir einen Entwurf vor, der genauso (aber viel schöner) war wie das, was mir vorgeschwebt hatte. Nun hieß es: *Pancake*

Adventures, conquering the world armed with a frying pan. Das erste Abenteuer würde nicht in dieser Shopping Mall stattfinden, sondern auf einer Baustelle, für die ausgebeuteten Pakistaner und Inder. Ich plante das größte und schönste Pfannkuchenfest der ganzen Welt.

Dubai Adventure

Ein freundlicher nepalesischer Wachmann hatte mich zu einer Baustelle im Luxusviertel Marina mitgenommen und gesagt, dort würde ich schnell auf ausgebeutete Pakistaner und Inder treffen. Nepalesen werden in Dubai oft als Security-Personal eingestellt. Das liegt an ihrer Gurkha-Vergangenheit: Die Gurkha waren die zentralasiatische Version der Spartaner. Woher man kommt, bestimmt in Dubai zu einem großen Teil, welche Arbeit man verrichtet.

Moataz war ein groß gewachsener Ägypter und der Manager einer mittelgroßen Baustelle. In jeder Hand hielt er ein Mobiltelefon. In das eine schrie er etwas auf Arabisch, in das andere sagte er auf Englisch, alles sei erledigt. Danach rief Moataz jemanden zu sich, schnauzte den Mann an und schrieb Anweisungen auf einen Zettel. Dann fügte er hinzu, wenn das noch einmal vorkomme, werde der andere direkt zurück nach Pakistan geschickt.

»So, was kann ich für Sie tun?«, erkundigte er sich endlich mit einem breiten Lachen. Die Baustelle war von schlanken, nichtssagenden Wolkenkratzern umgeben. Die einzige Ausnahme stellte der Cayan Infinity Tower dar, der wie eine kubische Helixform in den Himmel schoss. Er war der höchste Turm, der sich um die eigene Achse drehte und damit alle anderen vergleichbaren Türme auf der ganzen Welt überflüssig machte.

»Ich habe ein Reiseprojekt. Ich backe Pfannkuchen für Leute, die mehr Aufmerksamkeit verdient haben. Das habe ich schon in der Türkei, in Georgien, Armenien und dem Iran gemacht«, bluffte ich. Moataz konnte es sowieso nicht besser wissen – vielleicht war *Pancake Adventures* ja schon seit einigen Monaten ein fantastischer Erfolg. »Einen Moment.« Er ließ mich immerhin ausreden – das war schon vielversprechend bei einem Mann, der ganz offensichtlich sehr viel zu tun hatte. »Herein!«, schrie er in Richtung der Tür hinter mir. Ein etwa fünfzigjähriger Inder mit einem gelben Helm betrat das Containerbüro. Ohne jedes Vorgeplänkel fuhr Moataz mit seinem Gepolter fort: »Ich hoffe nur, du belügst mich nicht. Ich rufe jetzt Justine an, und wenn Justine etwas anderes sagt als du, steckst du wirklich in großen Schwierigkeiten.«

»*Yes, sir.* Ich lüge nicht, ich schwöre es«, erwiderte der Inder in flehentlichem Ton.

»Dann rufen wir also Justine an? Nun gut, das machen wir.«

Der Inder hielt nervös den Mund. Moataz klemmte sich das Handy zwischen Kopf und Schulter, steckte gleichzeitig einen Plastikbecher unter den Wasserspender und reichte ihn anschließend mir. Dann bestätigte er etwas am Telefon und beendete das Gespräch.

»Justine sagt, die Balken sind ganz bestimmt geliefert worden. Das bedeutet also, dass du deine Arbeit nicht erledigt hast und mir darüber hinaus auch noch Lügen auftischst.«

Der Inder sagte nichts.

»Bei diesen Kerlen muss man aufpassen, vor allem bei den Indern«, sagte er zu mir. »Die würden ihre eigene Mutter vergiften, wenn ihnen das etwas bringen würde.« Dann wandte er sich wieder an den Inder. »Stehst du immer noch hier rum?! Heute Nachmittag erfährst du mehr.« Er schickte ihn mit einer Handbewegung nach draußen, wo es inzwischen so heiß war wie in einem riesigen Backofen.

»Mir gefällt die Idee. Die armen Arbeiter tun mir auch sehr leid, aber es gibt zu viel Konkurrenz.« Moataz nickte nachdrücklich. »Es ist unmöglich, ihren Lebensstandard zu verbessern.

Aber es wird schon öfter mal etwas für die Bauarbeiter organisiert, das ist die am meisten ausgebeutete Gruppe in Dubai. Du hast da wirklich ein schönes Projekt, davon habe ich noch nie gehört. Eine Freundin von mir arbeitet bei der *Dubai Times*. Die rufe ich schnell mal an.« Moataz schnappte sich wieder eines der Handys und führte ein Gespräch auf Arabisch. »Okay, übermorgen. Aber vor elf Uhr, sonst wird es zu heiß. Klappt das?«

Über die Couchsurfing-Webseite suchte ich nach Leuten, die mir bei meinen ersten *Adventure* helfen wollten. So kam ich in Kontakt mit Jinki, einer Filipina, und mit Martin, einem englischen Makler.

Martin sagte, er sei immer auf der Suche nach Projekten, mit denen man die armen Arbeiter unterstützen könne. »Ich habe gehört, sie essen trockenen Reis von alten Zeitungen«, sagte er empört. »Von alten Zeitungen, kannst du dir das vorstellen?«

Ich lächelte schwach; aß er seine Fish and Chips etwa nur, wenn sie in einen frisch gedruckten *Guardian* eingewickelt waren?

Morgen würden wir für fünfzig Bauarbeiter Pfannkuchen backen. Ich musste wissen, wie viele Liter Milch ich brauchen und wie lange es dauern würde, einen Pfannkuchen fertig zu bekommen. Wir stellten einen Timer ein und fingen an, wie die Verrückten zu backen. In Martins Küche gab es eine starke Klimaanlage, das würde morgen natürlich anders sein.

Ein Geheimrezept besaß ich schon. Bei Pfannkuchen ist es genauso simpel wie der Pfannkuchen an sich. Es ist so geheim, dass ich es nur hier und an verschiedenen anderen Stellen in Worten festhalten kann. Man nehme:

1 kg Mehl	8 Eier
1 l Milch	1 große Prise Salz
1 l Wasser	500 g Butter

Aus diesen Zutaten kann man einen ganzen Stapel fabrizieren. Wie viele das genau waren, wusste ich noch nicht. Aber um das herauszufinden, war ja dieses Pfannkuchenfest gedacht.

Ich brachte allen Gästen bei, wie man dafür sorgt, dass einem der erste Pfannkuchen nicht misslingt: Man muss die Pfanne gut aufwärmen. Dann einen ordentlichen Klecks Butter reingeben. Den in der ganzen Pfanne verteilen. Und aufpassen, dass nichts anbrennt. Dann nimmt man eine Suppenkelle voll Teig und gießt den Inhalt auf die eine Hälfte der Pfanne, gleichzeitig dreht man sie ein bisschen, sodass der ganze Boden gleichmäßig mit Teig bedeckt wird. Dann wartet man, bis der Teig anstockt. Sobald er fest wird, ruckelt man ein bisschen mit der Pfanne hin und her, stößt sie an oder fährt mit einem Pfannenwender unter dem Pfannkuchenrand entlang, um festzustellen, ob die Unterseite schon gar genug ist. Ist das der Fall, kann man zum Wenden übergehen. Dafür nimmt man die Pfanne vom Herd und bewegt sie ein bisschen vor und zurück. In dem Moment, in dem man eine Vorwärtsbewegung vollzieht und der Pfannkuchen beinahe über den Rand fliegt, reißt man die Pfanne noch in der Vorwärtsbewegung hoch. Der Pfannkuchen macht dadurch einen Salto. Dann wartet man einige Zeit ab, bis auch die andere Seite gelbbraun ist, und verfrachtet den Pfannkuchen auf einen Teller.

Wir rechneten aus, dass man ungefähr drei Minuten pro Pfannkuchen brauchte und die Teigportion ungefähr fünfundvierzig Pfannkuchen ergab. Am Ende des Abends konnten alle Partygäste einen Pfannkuchen wenden. Pfannkuchen waren vielleicht das am einfachsten zuzubereitende Gericht und zugleich das einfachste Mittel, Menschen froh zu machen. Was für ein brillanter Einfall von mir: Ich hatte eine Schwäche (nichts außer Pfannkuchen kochen können) in eine Stärke verwandelt.

Am Morgen war es noch kühl. Martin und ich kamen um neun Uhr auf der Baustelle an, sodass wir genug Zeit hatten, den

Teig zu machen und schon einmal den ersten Stapel Pfannkuchen zu backen.

Moataz schickte uns einen Aufseher mit. Der brachte uns zu
einem Überseecontainer mit Ausrüstung, wo wir uns alles nehmen durften, was wir für eine improvisierte Küche brauchten.
Wir nahmen uns zwei Zementeimer und einen kleinen Zement-
mischer. Der Mann ließ Eimer und Mischer gut ausspülen, sodass wir alles für den Teig verwenden konnten: meinen Zement
zum Abdichten kultureller Unterschiede. Ach, wie schön.

Mit unseren gelben Helmen standen wir auf der Baustelle, als
wären wir Projektentwickler aus dem Westen, die den Fortschritt
ihres neuen Projekts begutachteten. Ich deutete auf eine Fläche
in der Mitte der Baustelle und sagte: »Da ist ein geeigneter Platz
für unsere Küche.«

Der Aufseher rief einem Mann in einem großen gelben Bull-
dozer etwas zu. Er fuhr sofort los und planierte das von mir
angewiesene Gebiet. Zwei Bauarbeiter kamen mit zwei leeren
Ölfässern angelaufen, ein Dritter erschien mit einer großen Tri-
plex-Platte. Und so hatten wir einen Tisch, den es sicher bald in
jedem guten Reklamebüro oder Hipster-Café geben wird. Wir
stellten die zwei kleinen Gaskocher hin, die ich in einem Outdoor-Laden geholt hatte, die Zementeimer voller Teig daneben,
Plastikteller, Honig mit Mandeln, Käse, Marmelade und Nutella.
Für alle Inder und Pakistaner mit Heimweh hatten wir eine Mar-
sala-Paniermischung gemacht. Inzwischen war auch Jinki angekommen. Sie hielt alles sorgfältig auf Video fest und verteilte ab
und zu Cola.

Neugierig versammelten sich Bauarbeiter um uns, wurden
jedoch schnell wieder an die Arbeit geschickt. Die Gaskocher
leisteten deutlich weniger als Martins guter Gasofen. Es dauerte
dreimal so lange, bis wir einen Pfannkuchen fertig hatten. Eine
nützliche Lektion auf dem Gebiet »Backen in der Wildnis für Anfänger«.

Der Aufseher sagte mir, ich solle zu Moataz kommen. Die Journalistin war eingetroffen. Wir setzten uns ins klimatisierte Büro. Die Frau stellte mir Fragen, die Moataz für mich beantwortete, weil ich kein Arabisch sprach und die Journalistin wiederum kein Englisch. Das klingt vielleicht unlogisch, aber so war es nun einmal. Moataz machte meine Geschichte noch ein bisschen spannender, indem er eine ganze Reihe Länder aufzählte, in denen ich noch nie gewesen war. Ich sah das Ganze als prophetisch, denn es war ja nur eine Frage der Zeit, bis seine Geschichte stimmen würde.

Draußen auf der Baustelle war die Temperatur allmählich unerträglich geworden. Mir lief der Schweiß durchs Shirt und durch die Shorts, tropfte in die heißen Pfannen. Wenn man sich dann vorstellte, dass diese Männer stundenlang in dieser Hitze arbeiten mussten, und das jeden Tag!

Hin und wieder holten sich Bauarbeiter einen Pfannkuchen und unterhielten sich kurz mit uns. »Kann ich vielleicht einfach Rühreier haben?«, fragte einer, als ich ihm einen Pfannkuchen überreichte.

»Nein, wir machen nur Pfannkuchen«, erwiderte ich fröhlich. Ich sah seinen enttäuschten Blick – vielleicht hatten die Männer schon sehr lange keine Rühreier mehr gehabt. Es war nur ein kleiner Gefallen.

Ein anderer Arbeiter gesellte sich zu uns. »Weißt du, was wirklich lecker wäre? Ein Grillfest, mit ganz viel Lammfleisch.«

»Oder Eis!«, fügte ein anderer hinzu.

»Ja, ein Eis wäre jetzt wirklich schön«, meinte der Erste.

Ein Pfannkuchenfest bei sechsundvierzig Grad Außentemperatur, für Leute, die trockenen Reis von einer alten Zeitung aßen. Was für ein Altruist ich doch war.

Am nächsten Tag erhielt ich eine enthusiastische E-Mail von Moataz, mit einem Link zum frisch veröffentlichten Artikel.

Über Google Translate bekam ich einen guten Einblick in das, was Moataz genau für mich geantwortet hatte. »Dieser Reisende aus Neuseeland backt auf der ganzen Welt Pfannkuchen, um den Menschen, denen er begegnet, ein Lächeln aufs Gesicht zu zaubern. Sogar Bauarbeitern.«

Fast drei Wochen hatte ich in Dubai verbracht, jetzt war es wirklich an der Zeit, diesen Sandkasten zu verlassen.

Am Abend vor meinem Abflug nach Karachi hatte ich ein Tinder-Date mit Elisa. Über Tinder kann man auf einfache, ungezwungene Art und Weise mit Einheimischen in Kontakt kommen. In einem Einkaufszentrum gingen wir in einen schlechten Film. Sie wollte wissen, was ich von dem Film hielt. »Ganz okay«, sagte ich, weil sie ihn ausgesucht hatte.

»Ich fand ihn schlecht. So kitschig. Der Anfang war ja noch gut, aber die Charakterentwicklung dann echt schwach. Und wie leicht am Ende doch wieder alles gut wird. So vorhersehbar.«

Ich lachte. »Dann haben wir doch mehr gemeinsam, als ich dachte.«

»Was glaubst du denn? Dass ich keinen Geschmack habe, weil ich von den Philippinen komme?«

Ich wusste nicht, was ich antworten sollte, darum lachte ich.

Ziellos irrten wir durch das Einkaufszentrum, bis meine Metro zum Flughafen fuhr. Es gab mehrere Momente, in denen ich sie gern geküsst hätte. Aber wo? Überall in Dubai hingen Abbildungen von einem Mann und einer Frau, Hand in Hand beieinander, und beide waren mit einem großen roten Balken durchgestrichen. Darunter stand: *AVOID DISPLAYS OF AFFECTION* – »Vermeiden Sie Zuneigungsbekundungen«. War das der Grund gewesen, warum sie ins Kino wollte – damit wir rumknutschen konnten, ohne dass uns die Sittenpolizei ins Gefängnis warf? Hatte ich das wieder einmal völlig falsch verstanden? Ich würde wirklich sehr gern eine spannende Liebesgeschichte aus den Vereinigten Arabischen Emiraten lesen, wenn es so etwas überhaupt gibt. Leidenschaft schien sich hier nur im gesteigerten Konsumverhalten zu äußern.

Während meiner knapp drei Wochen in Dubai hatte ich großartige Menschen mit verschiedenen Hintergründen kennengelernt, doch keiner von ihnen war ein Einheimischer gewesen. Das machte Dubai zu einem seltsamen Ort, als hätte es keine eigene Kultur.

»Musst du denn wirklich nach Pakistan?«, fragte Elisa, als wir am Eingang zur Metrostation standen. »Hier hast du doch alles, was du brauchst.«

»In Dubai hat man zu viel von allem, was man nicht braucht«, sagte ich in neckendem Tonfall. Ich konnte es kaum erwarten, diesen organisierten Sandkasten gegen das pakistanische Chaos einzutauschen. Wir nahmen an der Metrostation einen unzureichenden Abschied.

Die Welt mit der Pfanne erobern

Über Karachi wusste ich nur, dass Muzzammil über Couchsurfing angeboten hatte, mich vom Flughafen abzuholen, da es zu gefährlich sei, allein in die Stadt zu fahren. Ein gutes Rezept für ein Abenteuer. Muzzammil war sehr nett, fast schon übertrieben nett. Wer holt schon einen Wildfremden vom Flughafen ab, nur aus Angst, ihm würde sonst etwas Schlimmes zustoßen? Er würde mich bei Sohail absetzen, meinem Couchsurfing-Gastgeber.

Ich wartete im McDonald's vor dem Flughafen auf Muzzammil. Der Zauber von Fast-Food-Ketten besteht darin, dass man in einer komplett fremden Umgebung Orientierungspunkte hat. Das gibt einem ein Gefühl von Geborgenheit und Verstandenwerden. Und da machte es auch nichts, dass nur noch das »c« und das »ald« weiß waren und man von den übrigen Buchstaben nur noch den Rahmen sah: Der Erdbeermilchshake schmeckte genau wie zu Hause.

Vor dem Restaurant bewegten sich Männer in ihren blassen Salwar-Kamiz-Outfits hin und her: Sie trugen weite knöchellange Hosen, darüber ein langes Hemd bis über die Knie. Wenn sie nicht herumliefen, hockten sie allein oder in Gruppen am Straßenrand. Mit ihrem fast identischen Aussehen und der ebensolchen Kleidung glichen sie einer Herde an einem Wasserloch.

Als einziger Westeuropäer und mit einem großen Rucksack bepackt fiel ich sehr auf. Muzzammil erschien pünktlich auf die Minute, ich hatte gerade meinen zweiten Milchshake ausgetrunken. Auf den Straßen herrschte ein Chaos aus Plastikabfall,

Bettlern, Zugkarren, Rikschas, schrottreifen Autos, Motorrädern, auf denen ganze Familien saßen, und fröhlich bunten Bussen, die so voll waren, dass Menschen auf das Dach kletterten oder aus den Türen hingen. Alles fuhr hier durcheinander. Keine Klimaanlage, keine teuren Autos, keine tadellos weißen Gewänder, keine glänzenden Wolkenkratzer und kein Davidoff-Blue-Lufterfrischer – stattdessen eine Mischung aus Obst, Auspuffgasen und Verwesungsgeruch. Genau danach hatte ich mich in der asphaltierten Wüste gesehnt. Hier lebten die Menschen zumindest das echte Leben. Hier mussten sie noch schuften, um ein Dach über dem Kopf zu haben. Gleichzeitig verstand ich sehr gut, warum die Pakistaner, denen ich begegnet war, Dubai so glorifiziert hatten. Aber dieses absolute Chaos fand ich herrlich. Zumindest im Augenblick und zur Abwechslung. *Zeigt mir das Leben in einer Millionenstadt voller Gestank und Staub. Poverty Porn* auf einer Asphaltdschungelsafari.

Muzzammil nahm mich mit zu sich nach Hause, wo ich eine Mahlzeit bekam und ein Nickerchen machen konnte. Danach brachte er mich zu Sohail.

»Du musst unbedingt nach Thailand, das ist wirklich der Hammer. Ich begreife einfach nicht, was du in Pakistan willst«, sagte Sohail kopfschüttelnd, nachdem er sich vorgestellt hatte.

»Es lag auf dem Weg.« Auf dem Weg wohin?, fügte ich im Stillen hinzu, aber Sohail verfolgte das Thema nicht weiter.

Sohail hatte eine Couchsurfer-Zusammenkunft organisiert, weil ein Reisender aus den Niederlanden nach Karachi gekommen war. Hoher Besuch. Mit einer Gruppe von ungefähr zehn jungen Männern saßen wir auf einem Plateau an einem niedrigen Tisch und schauten auf das Stadtgewusel herunter.

»Nächste Woche kommt ein Brasilianer«, verkündete Sohail.

»Krass! Ich habe noch nie einen Brasilianer getroffen!«, rief einer der jungen Männer aufgeregt.

»Ja, das müssen wir so richtig feiern!«, stimmte ein anderer ein. Ihre Begeisterung war ansteckend – jetzt wollte ich auch einen Brasilianer sehen.

Gut, ich stellte also nicht *so* etwas Besonderes dar. Trotzdem fühlte es sich gut an, fast wie eine Ehre, wahrscheinlich einer der wenigen Reisenden in dieser Stadt mit ihren fünfundzwanzig Millionen Einwohnern zu sein. Die Tatsache, dass sich in ganz Pakistan außer mir nur sehr wenige Touristen aufhielten, gab mir ein ganz spezielles Gefühl. Ich konnte es kaum erwarten, in all meiner Weisheit zu anderen sagen zu können, sie müssten unbedingt nach Pakistan, wegen der authentischen Erfahrung. Auf der *Lonely-Planet*-Webseite fand sich nur der Ratschlag, in die Berge oder nach Lahore zu fahren. Aber vor allem ging es um Tagesausflüge nach Indien. Das sagte schon eine ganze Menge aus.

Sohail hatte ein leer stehendes Apartment, das er gerade renovieren ließ. Dort schlief ich zwischen den Farbeimern und Kabeln auf einer Matratze. Am Morgen weckten mich ein Bauleiter und zwei Arbeiter, denen völlig schleierhaft war, was ich in der Wohnung verloren hatte. Sie riefen mir etwas zu. Als ich sagte, ich spräche kein Urdu, zuckten sie die Schultern und räumten die Farbeimer neben meiner Matratze in die Küche.

Sohail erschien etwas später mit meinem Frühstück in drei verschiedenen Butterbrottüten: einem süßen Linsenpudding, Chai mit viel Milch und zwei Teigbällchen.

»Ich nehme dich mit zu meiner Arbeitsstelle. Frühstücken kannst du unterwegs.«

Schnell schnappte ich mir meine kleine Tasche und lief ihm nach. »Wir müssen zu Fuß gehen, seit diesem Wochenende ist es verboten, zu zweit auf dem Motorroller zu fahren.«

Ich runzelte die Stirn.

»Es gibt zu viele Morde mit Mofas. Einer fährt, und der andere hat ein Maschinengewehr«, erklärte er mir, als wäre es das Normalste von der Welt.

Wir gingen an Essensständen entlang, bis wir zu einer asphaltierten Fläche von der Breite einer sechsspurigen Straße kamen: Richtige Spuren gab es hier nicht.

Den chaotischen Verkehr überquerte man über eine Fußgängerbrücke; dadurch brauchte man sich nicht wie Frogger von einer Seite auf die andere Seite zu kämpfen. Auf der Brücke sah man Leute unter Decken. Nur die Füße waren noch zu erkennen, wie in einem Leichenhaus. Lebten diese Menschen noch? Darum schien sich niemand wirklich zu kümmern.

Die Lastwagen und Busse waren fröhlich mit farbenfrohen Mustern, Blumen und Vögeln bemalt. Ich holte mein Handy heraus, um ein Foto zu machen. »Steck sofort das iPhone weg!« Spöttisch schüttelte Sohail den Kopf. »Du läufst doch hier nicht wirklich offen mit einem iPhone herum?! Hast du nur das eine?«

Ich war etwas zu naiv. Sohail brachte mir bei, dass das ganze Vertrauen in andere Menschen schön ist, in Karachi aber nicht funktioniert.

»Ich bin mal mit meinem neuen Handy über die Straße gegangen«, erzählte er mir. »Ein Mann sprach mich an, um nach dem Weg zum Empress Market zu fragen. Ich wollte ihn ihm gerade erklären, als er mir eine Pistole in den Bauch drückte. ›Her mit dem Portemonnaie und deinem Handy. Sofort.‹ Das war mir schon mal passiert, darum protestierte ich nicht, sondern gab ihm meine Sachen. Ich war stinksauer. Als ich weitergehen wollte, sagte er: ›He, du hast mir noch gar nicht erklärt, wie ich zum Empress Market komme.‹« Er hatte sich verlaufen und dachte sich, während er nach dem Weg fragte, könnte er auch gleich jemanden ausrauben.« Lachend zuckte Sohail die Schultern. »Deswegen kaufen wir dir jetzt erst mal ein hässliches Nokia-Gerät.«

Wir gingen über einen betriebsamen Markt, auf dem Obst und Hühner verkauft wurden. Ein widerlicher Leichengeruch drang mir in die Nase. An einem Hühnerstand saß ein schnurrbärtiger

Mann auf einer Kiste voller weißer Hühner ohne Federn. Sein beiger Anzug war mit getrockneten Blutflecken übersät. Der dicke Mann schnappte sich ein Huhn, schnitt ihm mit einer eleganten Bewegung den Kopf ab und reichte das Tier dem schnurrbärtigen Mann auf der Kiste. Der hatte ein Messer zwischen die bloßen Füße geklemmt. Das Huhn hielt er mit den Händen fest, während er mit den Füßen die Haut abschabte. Dann gab er das Tier dem dicken Mann, der es in eine Tüte steckte und Geld von einem Kunden in Empfang nahm. *Frisch vor Ihren Augen zubereitet.*

Hinter dem Markt befand sich ein großes Slumgebiet. Überall Behausungen aus Wellblech und großen Segeltüchern. Über dem Markt und dem Slum kreiste eine Adlerhorde, die darauf wartete, dass sich der Tod wieder irgendwo sehen ließ. Hier schien mir der geeignete Ort für ein zweites *Pancake Adventure* zu sein.

Wir kamen an einer aufgegebenen Bahnlinie vorbei. Die verfallenen Gleisanlagen schrien förmlich danach, dass jemand einen illegalen Rave organisierte.

An Sohails Arbeitsplatz saßen vier junge Männer zwischen einer dunklen Masse aus Stahl und Plastik auf dem Boden. Sie schnitten, klebten und reihten Teile aneinander, bis Netzgardinen entstanden. Sohail schob etwas Material an die Seite und stellte einen Stuhl für mich hin. Unbehaglich aß ich aus den drei Butterbrottüten, während die jungen Männer neugierig zu mir aufschauten.

Nachdem ich Sohail versprochen hatte, mein Handy in der Tasche zu lassen, durfte ich allein die Stadt erkunden. Zum Glück sehe ich in etwa so aus wie ein Paschtune, das ist eine ethnische Minderheit, die an der Grenze zu Afghanistan lebt. Paschtunen haben hellbraunes Haar und grüne Augen und sind ungefähr so groß wie ich. Viele von ihnen kommen nach Karachi, um dort die Schmutzarbeit zu erledigen. Wenn ich also in meinen abgewetzten Reisekleidern herumlief, dachten die Leute vielleicht, ich hätte nicht genug Geld für eine normale indische Tracht. Und sie würden erst recht nicht glauben, dass ich ein iPhone oder einen niederländischen Pass bei mir hatte. Entführungen waren hier auch an der Tagesordnung. Während ich in anderen asiatischen Ländern wie eine Trophäe begutachtet wurde und mir die Leute Babys für ein Foto in die Arme drückten, machten hier sogar die Bettler einen Bogen um mich. Manchmal wurde ich von Passanten angesprochen. Wenn ich dann antwortete, ich spräche Englisch, schauten sie mich an, als wollte ich sie auf den Arm nehmen.

Es gab einen Grund, warum es so wenige Reisende nach Karachi verschlug. Ich hatte mich schnell auf Wikipedia darüber informiert. Außer einer der größten Städte der Welt war es auch eine der gefährlichsten. Die Behörden hatten alle Hände voll damit zu tun, die Kriminalität zurückzudrängen. Es gab Bombenanschläge und Überfälle, organisierte Kriminalität und eine hohe Arbeitslosigkeit. Gleichzeitig war Karachi jedoch das Herz der pakistanischen Wirtschaft und bekannt für sein wildes Nachtleben. Außerdem handelte es sich um eine der liberalsten Städte Pakistans. Ich hatte bisher nur Chaos gesehen.

Schnell googelte ich auch »Reisetipps für Pakistan«. Vielleicht ein bisschen spät, aber neugierig war ich doch. Wenn ich diesen Informationen glauben durfte, war es ein Wunder, dass ich den Tag überlebt hatte und dass hier überhaupt Menschen wohnten. Die Webseite der Botschaft zeigte eine grellbunte Landkarte. Der westliche Teil von Pakistan war rot eingefärbt. Das kennzeichnete eine No-go-Area. Der östliche Teil war orangefarben, das bedeutete: »Nur wenn es notwendig ist«. Es war absolut notwendig, dass ich ein *Pancake Adventure* organisierte, auf dem Markt zwischen dem Bananenstand und dem öffentlichen Hühnerschlachthaus, an dem ich zuvor vorbeigekommen war. Einfach so zwischen dem Geruch nach Obst, Verwesung und verbranntem Plastik, der aus dem Slum herüberwehte. Ein *Pancake Adventure* für Leute organisieren, die unserem Außenministerium zufolge in einer

Gefahrenzone lebten. Jeden Tag trotzten sie der Angst vor Bombenanschlägen und Überfällen, um hier ihre täglichen Einkäufe zu verrichten. Sie kamen erstaunlich gut zurecht.

Aber erst nahmen mich Sohail und seine Freunde mit nach Sandspit. Das ist ein Strand etwa eine Stunde von Karachi entfernt. Hier konnten wir ungestört Wodka trinken und ein paar Joints rauchen. Sohail und seine Freunde glichen aufs Haar meinem Freundeskreis in Amsterdam. Sohail mit seiner Gelfrisur und seinem getrimmten Bärtchen war der Schönling, er hatte seine indische Tracht gegen ein enges rosa Shirt eingetauscht. Wasim war der Kiffer; er trug ein weites Heineken-Hemd und hatte ein Strubbelbärtchen. Dann gab es noch den zynischen Nerd, Wahid. Er sprach hauptsächlich über Politik und Wissenschaft und war der Spaßmacher der Gruppe. Und außerdem noch Jussuf, den gemütlichen Kraftprotz. Genau wie unter meinen Amsterdamer Freunden kam mir die Rolle des seltsamen Kreativen zu.

Wir saßen auf einem Mäuerchen vor einer der verfallenen Villen, die wie alte Herren melancholisch über das Meer blickten. »Das hier war einmal eines der teuersten Viertel von Karachi«, sagte Wasim.

»Wir sind früher fast jeden Abend hergekommen«, fügte Jussuf hinzu. Aber irgendwann gab es jeden Tag Überfälle. Dann saßen wir hier, wie jetzt gerade. Und plötzlich erschienen Männer mit Kalaschnikows, kamen auf uns zu und sagten ganz ruhig: ›He, tut uns leid, dass wir euch an diesem schönen Sommerabend belästigen müssen, aber seid bitte so freundlich und gebt eure Sachen her.‹ Und zack, war man sein neues Handy los.«

Sie lachten darüber – was hätten sie auch sonst tun sollen?

»Das ging so lange, bis die Bewohner wegzogen und eine Spur des vergangenen Wohlstands zurückließen.«

Man reichte mir einen Joint, den ich notgedrungen akzeptierte und nach einem kurzen Zug weiterreichte.

Bevor ich hier ankam und sogar noch kurz danach, glaubte ich, Pakistan wäre voll mit muslimischen Extremisten und durchtränkt von Konservativismus und Armut. Ich nahm an, die Bevölkerung hätte keine Ahnung davon, was sich im Westen abspielte, außer dass es dort von Ungläubigen nur so wimmelte. Und jetzt saß ich hier mit einer Gruppe ganz normaler junger Männer, die im Vorjahr alle zusammen Urlaub in Thailand gemacht hatten.

»Sobald die Leute gehört haben, dass wir aus Pakistan kommen, war jedes Gespräch beendet. Man sieht das sofort an den Gesichtern – nicht mehr begeistert, sondern misstrauisch und ängstlich«, erzählte Wahid in ernstem Ton.

»Darum haben wir irgendwann gesagt, wir wären Mexikaner, und sofort haben wir unsere Unschuld verloren«, sagte Sohail zufrieden.

»Außer Wahid natürlich«, fügte Jussuf hinzu. Alle außer Wahid lachten.

Wir redeten ein bisschen über Korruption, über den Islam und darüber, wie sehr sich die jungen Männer vor den Plänen ihrer Eltern grausten, sie zu verheiraten, aber vor allem sprachen wir über ihre Träume. Sie wollten alle ein Schengen-Visum, um zum Tomorrowland-Festival in Belgien fahren zu können, und fanden es ganz unglaublich, dass ich noch nie dort gewesen war, wo ich doch quasi um die Ecke wohnte. Sie halfen gegen mein Heimweh. Man bekommt nicht oft einen kompletten Freundeskreis vorgesetzt.

Sohail hatte den Bananenverkäufer davon überzeugt, es sei ein gutes Geschäft, wenn sich ein Niederländer mit einer Pfanne neben ihn stellte, und er versprach ihm, wir würden ihm auch einige Bananen abkaufen. Dann musste er noch schnell die Polizei bestechen, aber das würden wir dann mit Pfannkuchen erledigen.

In dieser Umgebung durfte ich ausnahmsweise kurz meine Kamera herausholen. Ich filmte, wie wir über den Markt liefen, um die Zutaten zusammenzubekommen. Ein gut aussehender Mann um die vierzig kam uns lachend entgegen. Er gestikulierte und gab unartikulierte Laute von sich. Sohail erklärte mir, der Mann sei taubstumm. Er war Afghane und der Clown auf dem Markt. Weil wir einander sowieso nicht verstehen konnten, kommunizierten wir einfach mit Händen und Füßen und viel Lachen.

Über Couchsurfing hatte ich einen Journalisten aufgetan, der für die pakistanische Zeitung *The News International* schrieb. Der kann mein zweites *Pancake Adventure* vielleicht ein bisschen besser nacherzählen als ich. Den Artikel findet man ganz am Ende des Buches ...

Außerdem hatte ich auf der Couchsurfing-Website einen Aufruf für Freiwillige eingestellt. Mohammed hatte sich angemeldet und half mir beim Schmieren und Rollen der Pfannkuchen. Nach dem *Pancake Adventure* wollte er mir das »echte Pakistan« zeigen. Ich schaute zu Sohail hinüber, der ja mein Beschützer geworden war. Er sagte, ich solle einfach tun, wonach mir der Sinn stand.

Mohammed war anders als Sohail und sein Freundeskreis. Mehr so, wie man das vielleicht bei einem stereotypen Pakistaner erwartete. Wir gingen auf einen Markt, wo sein Bruder und er einen Tresorstand hatten. Wir blieben vor einem Spielzeugstand stehen. »Das ist mein Cousin. Und das hier ist Willem, der kommt von ganz weit weg, aus den Niederlanden.« Ich gab dem Cousin die Hand, und dann gingen wir weiter zu einer kleineren Bude. »Das ist auch ein Cousin. Und das ist Willem, der kommt von ganz weit weg, aus den Niederlanden.« So gingen wir zum nächsten Stand und dann zum nächsten, bis wir an den kamen, an dem sein Schwager wartete.

»Bist du Christ?«, wollte der Schwager wissen. Diese Frage wurde oft als vierte gestellt. Erst wollten die Leute wissen, wie man hieß, dann, woher man kam, und danach, ob man verheiratet war. Ich hatte zu der Frage, ob ich Christ sei, mehrere situationsabhängige Antwortmöglichkeiten entwickelt.

A.) *Ja, ich bin Protestant.* Das war eine sichere Option und wurde schnell zu meiner häufigsten Antwort.

B.) *Ich bin kein praktizierender Christ, aber christlich erzogen.* Das hielt ich für eine gute Antwort, weil ich damit zeigte, dass ich die Leute verstand. In Wirklichkeit war es die schlechteste Antwort, denn dadurch betrachtete man mich als jemanden, der freiwillig vom Glauben abgefallen war. Und das war eines der wenigen Dinge, auf die in Pakistan die Todesstrafe stand.

C.) *Ich glaube, dass die Frage, ob es einen Gott gibt oder nicht, für unsere Erlebniswelt zu groß ist, als dass wir sie mit Sicherheit beantworten könnten. Jeder soll glauben dürfen, was ihm Hoffnung gibt. Aber ich glaube lieber nicht an Dogmen und Traditionen, die mich in meiner Freiheit einschränken. Ich glaube daran, dass jeder Mensch gut ist, aber ob dieses Gute jetzt von Gott eingegeben oder durch die Evolution entstanden ist, interessiert mich eigentlich nicht.* Wenn man mich bis dahin noch nicht ins Gesicht geschlagen hatte, fügte ich noch hinzu, dass ich mich weigerte, an einen Gott zu glauben, der forderte, dass man an ihn glaubte, ohne dass er sich für das ganze Leid auf der Welt verantworten musste.

Antwort C.) war fast nie die richtige Antwort, darum wählte ich meistens A.). Ich war Protestant. Damit verhinderte man eine schwierige Diskussion.

»Wir glauben an Jesus, aber wir glauben nicht, dass er der Sohn Gottes ist«, sagte Mohammed. »Im Islam ist er nur ein Prophet. Was meinst du, was ist logischer? Ich denke, der Islam.« Ich wäre jetzt gerne zu Antwort C.) übergegangen und hätte eine lange Diskussion angefangen, aber ich sagte nur, das sei ein gutes Argument. »Du kannst natürlich nichts dafür, denn du bist so erzogen, aber ich denke, der Islam ist eine bessere Religion als das Christentum, vor allem logischer.«

Ich nickte.

»Jetzt nehme ich dich mit zu meiner Familie.«

Wir erreichten ein Apartment von etwa fünfzig Quadratmetern. Mohammed sagte, ich solle mich aufs Bett setzen. Beide nahmen wir auf dem Doppelbett neben seinen Eltern Platz. Der Rest der Familie saß darum herum. Es sah gemütlich aus. Ein Tablett mit einer Teekanne und vier Gläsern wurde aufs Bett gestellt. Als alle ihren Tee bekommen hatten, sagte Mohammed feierlich: »Schau, das ist eine Familie.«

Ich schaute erstaunt drein und reagierte unhöflicher als beabsichtigt: »Das sehe ich.«

»Ihr habt in den Niederlanden doch keine Familien?« Mohammed wollte mir etwas erklären. »Ich meine, ich fand es eine gute Idee, dir mal zu zeigen, wie eine echte Familie aussieht.«

Ich erklärte den Leuten, dass es für mich ungewöhnlich sei, ins Schlafzimmer von jemandes Eltern zu kommen und dann auch noch Tee auf dem Bett zu trinken, und fügte an, dass ich meine Eltern jedoch durchaus hin und wieder besuchte. Meinen Bruder sah ich sogar regelmäßig. Mohammed übersetze alles brav, und die Familie nickte zustimmend.

»Wir sehen uns jeden Tag«, erklärte er feierlich, froh darüber, mir doch etwas beibringen zu können. »Wir tun alles zusammen. Wenn es ein Problem gibt, gibt es immer genug Onkel und Cousins, die einem helfen können. Was meinst du, was ist besser, Pakistan oder die Niederlande? Ich denke, Pakistan.«

Ich begriff, was er meinte. Den Rest meiner Familie sprach ich vielleicht ein paarmal im Jahr. Und die entfernteren Angehörigen kannte ich nicht einmal mit Namen. Dafür wurde ich aber auch nicht mit irgendeiner Cousine dritten Grades verheiratet. Ich wusste nicht einmal, wer meine Cousine dritten Grades war. Ich erzählte, in den Niederlanden sei uns die Privatsphäre wichtiger und wir hingen sehr an unserem Gefühl der Freiheit. Dass dadurch die Einsamkeit ein großes Problem war, vor allem unter alleinstehenden älteren Menschen. Dass die Leute nur mit

Menschen aus ihrem engsten Umfeld Kontakt haben und deshalb keine Ahnung hatten, was außerhalb dieses Kreises vor sich ging.

»Und hier haben wir das Prinzip der arrangierten Ehe«, gab Mohammed zurück, ohne auf meine Ausführungen einzugehen. »Das kommt dir vielleicht seltsam vor, aber hier gibt es viel weniger Scheidungen als in den Niederlanden, oder etwa nicht? Ich hatte einmal eine Liebesbeziehung, aber als sie vorbei war, bekam ich so schlimmen Liebeskummer, dass ich meinen Vater gebeten habe, eine gute Frau für mich auszusuchen. So bleiben alle zusammen. Was meinst du, was ist besser? Ich denke, das hier.«

Mir schien das Ganze fürchterlich. Meine Eltern würden niemals eine Ehe für mich arrangieren, und wahrscheinlich hatten sie damit auch recht. Vielleicht hätten sie ja eine andere schöne, nette Partnerin für mich gefunden, aber das war nicht dasselbe. Andererseits hätte ich mich dann mit meinem Schicksal abfinden müssen. Das hätte mir einen ganzen Haufen Grübeleien erspart. »Ich habe doch noch alle Zeit der Welt, um die Richtige zu finden«, sagte ich leichthin. »Erst werde ich noch ein wenig Marktforschung betreiben.«

Mohammed übersetzte. Eines der Mädchen kicherte, doch die Erwachsenen schauten argwöhnisch drein.

Ich fühlte mich in die Enge getrieben, aber daran war ich selbst schuld. Weil ich immer zu allem Ja sagte, kam ich an die intimsten Orte, also auch auf ein Bett mit einer Familie, die alles von mir wissen, aber nicht die Wahrheit hören wollte.

Ich ließ mich ganz von meinen Gastgebern leiten, bis sie nicht mehr wussten, was sie mit mir anfangen sollten. Es war faszinierend zu beobachten, wie sie ihre Familie von ihrer besten Seite zu präsentieren versuchten. Darum geht es zu einem großen Teil beim Reisen: Man mischt sich unter so viele Schichten der Bevölkerung wie möglich, um auf diese Weise zu versuchen, ein Land und sich selbst zu begreifen.

»Ich bringe dich zurück zu Sohail«, erklärte Mohammed nach

einer kurzen unbehaglichen Stille. »Ich muss heute noch zu einem Buchclubtreffen.«

Als ich ging, packte mich der Schwager am Arm und sagte, ich solle vor dem Schlafengehen noch einmal eingehend darüber nachdenken, wer mein Schöpfer sei.

Am nächsten Tag erschien der Artikel in der *Dubai Times*. Ich betrachtete ihn als Beweis dafür, dass ich etwas richtig machte. Dass man offensichtlich beinahe für den Friedensnobelpreis nominiert werden konnte, wenn man so etwas Simples tat, wie Pfannkuchen zu verteilen. Einen Michelin-Stern würde ich jedenfalls nicht dafür bekommen. Meine Kochkünste stellten nicht viel dar, ohne großen Gaskocher wurden die Pfannkuchen kaum gar, und die Marmelade war viel zu süß. Aber darum ging es natürlich nicht. Das Konzept beruhte darauf, dass ich am Markt in Karachi stand und mich unter die Einheimischen mischte. Das war mir gelungen. Der Afghane hatte mir einen in Blumenform geschnittenen Strauß aus Gemüse gebracht. Andere Umstehende hatten Ermutigendes zu mir gesagt, und ich war auch keinem Sprengstoffanschlag eines Selbstmörders zum Opfer gefallen.

Es schien, als mache ich einen Unterschied. Ich war nicht nur ein Passant, der voller Abscheu oder Erstaunen durch das Land zog, sondern ich wurde ein Teil davon, wenn auch nur kurz. Ich brachte nichts Großartiges mit. Ich vertrieb weder die Taliban noch löste ich das Korruptionsproblem – ich hinterließ einfach ein kleines Zeichen der Wertschätzung. Und das bedeutete offensichtlich schon eine ganze Menge.

Karakoram Highway

Alle Einheimischen hatten mir das Hunzatal empfohlen; sie sagten, es sei der schönste Ort in Pakistan und vielleicht sogar auf der ganzen Welt. Mit freundlichen Menschen, ohne Kriminalität oder Umweltverschmutzung. Viel schlimmer als Karachi konnte es auch nicht sein.

Mir war allerdings nicht klar gewesen, dass es sich beim Hunzatal um ein riesiges, schwer zu bereisendes Gebiet handelte. Erst nachdem mich ein gewisser Alam Jan als Couchsurfing-Gast akzeptiert hatte, schaute ich auf Google Maps nach, wo genau er wohnte. Da stellte sich heraus, dass Alam Jan ganz auf der anderen Seite des Tals lebte, im Wachankorridor. Das hieß, dass ich nach meiner Ankunft im Tal weitere acht Stunden mit dem Bus und dann fünf Stunden mit einem Jeep zu Alam Jan fahren musste. Erst dann war ich am Ende der Welt angekommen.

Nach einem kurzen Aufenthalt in Islamabad bestieg ich den Bus nach Hunza. Hinten war noch sehr viel Platz. Ich baute mir zwischen dem ganzen Gepäck ein Nest. Von der vierzig Stunden dauernden Reise gingen achtzehn über eine der gefährlichsten und schönsten Straßen der Welt, den Karakoram Highway. Die Leute lachten mir zu. Ich lachte zurück, weil ich glaubte, sie freuten sich mit mir über meinen genialen Sitzplatz und wären ein ganz klein wenig eifersüchtig, weil sie nicht selbst auf diese Idee gekommen waren.

Der Grund für ihr Lachen wurde mir auf schmerzliche Weise bewusst, sobald der Bus die asphaltierten Straßen von Islamabad verließ: Alle fünf Minuten schleuderte es mich gegen die Decke des Busses. Die Leute lachten immer noch, während ich mich an allen möglichen Schachteln und Taschen festhielt.

Meine bisherigen Busreisen waren ideale Gelegenheiten zum Nachdenken gewesen. Ich hatte aus dem Fenster gesehen und mich an der Schönheit der vorbeiziehenden Landschaften erfreut.

Erst nach etwa einer Stunde hielt der Fahrer an. Bei einem Armeestützpunkt mussten sich ausländische Besucher zur allgemeinen Sicherheit registrieren lassen. Nachdem man im Verwaltungszelt mit großer Präzision meine Passangaben übertragen hatte, rannte ich zum Nachbarzelt mit dem Loch im Boden.

Ich war nicht der einzige Ausländer. Es gab noch einen Chinesen, der sich nach mir im WC-Zelt übergab.

Nachdem ich wieder eingestiegen war, entschied der Fahrer, wir hätten lange genug gewartet, und fuhr los. Meine erste Buserfahrung in der Türkei stieg wie ein Trauma in mir hoch, und in dramatischerem Ton als nötig rief ich dem Mann zu, er solle anhalten. Der schaute mich mit demselben leeren Blick an wie sein Kollege in der Türkei. Sicher etwas Universelles in diesem Gewerbe. Der gestresste Chinese betrat den Bus. Er bedankte sich bei mir und lud mich ein, neben ihm Platz zu nehmen.

Andere Ausländer zu treffen, kann angenehm sein, weil man als Schicksalsgenossen Ärger oder Erstaunen über das besuchte Land teilen kann. Sein englischer Name war Mike, seinen chinesischen hatte ich vergessen, sobald er ihn ausgesprochen hatte. Mike arbeitete als Waschmaschineningenieur in Lahore und hatte gerade zwei Wochen Urlaub, um seine Familie zu besuchen. Für ihn stellte diese Busreise keine touristische Attraktion dar, sondern eine reine Notwendigkeit, um nach China zu kommen.

Karimabad war der letzte Halt. Ein schönes Bergdorf mitten im Hunza. Wir beschlossen, uns ein Hotelzimmer zu teilen, weil wir beide nicht viel Geld hatten. Mike holte eine DIN-A4-Seite aus der Tasche und zeigte mir eine Liste mit möglichen Hotels. Selbstgefällig tippte er mit den Fingern darauf. Ich sagte, das

Eagles Nest solle gut sein; das hatte ich von mehreren Leuten gehört. Er schaute auf das Blatt und erwiderte, dieses Hotel stehe nicht auf seiner Liste, sei also wahrscheinlich sehr schlecht. Ich sprach ein paar Passanten an und fragte, ob sie ein Hotel kannten. Alle nannten uns das Eagles Nest. Als hätte er eine Wette verloren, gab Mike sich geschlagen.

Das Eagles Nest war ein klassisches Berghotel mit viel Holz. Im Restaurant gab es eine große Glaswand mit Panoramablick auf den Berg Rakaposhi. Wir checkten ein.

»Wir müssen für morgen einen Plan machen«, erklärte Mike geschäftig.

»Wollen wir nicht erst zum Aussichtspunkt gehen und uns den Sonnenuntergang ansehen?«, fragte ich zurück, ohne auf eine Antwort zu warten.

Der Blick auf den Rakaposhi war fantastisch. Die Unzugänglichkeit der verschneiten Berggipfel strahlte Ruhe aus. Ich konnte mich in Gedanken verlieren, in denen ich ganz ohne Mühe hoch oben auf dem Gipfel stand. Diese Tagträume waren mehr als genug. Mit geschlossenen Augen inhalierte ich die dünne Bergluft.

»Okay, die Sonne ist weg. Lass uns gehen.« Mike stand da und schaute drein wie ein Kind im Museum, das nach Hause will.

Ich reagierte nicht. Ich befand mich noch oben auf dem Berg, mitten in meinem Tagtraum.

»Auf. Los!«

»Jetzt genieß doch einfach mal die Stille.«

»Genießen? Wir müssen noch einen Plan für morgen machen. Ein Plan ist wichtig.« Ungeduldig wartete er, während ich den letzten Rest Sonne hinter dem Tal verschwinden sah.

Auch im Hotelzimmer bestätigte Mike weiterhin das Klischee des Chinesen. Er setzte sich an den Schreibtisch und holte einen Ordner mit einem Stapel DIN-A4-Seiten aus einer Aktentasche. »William, ich will dir etwas zeigen. Das hier sind lauter Informationen von anderen Chinesen, die dieselbe Reise gemacht haben.«

Ich lag ruhig auf dem Bett, die Hände im Nacken gefaltet.

»Chinesen sind sehr freundlich. Sie helfen einander, damit niemand zu viel bezahlt oder einen Bus verpasst.«

Vielleicht hatte er erwartet, ich würde fasziniert über seine Schulter mitlesen. »Warum liegst du denn jetzt auf dem Bett?« Wir müssen einen Plan machen, das darfst du nicht auf die leichte Schulter nehmen. Wie willst du denn sonst morgen in Sost ankommen?«

Sost war der letzte Ort vor dem Grenzübergang. Von dort aus würde Mike nach China weiterreisen und ich zu Alam Jan. Er blätterte den Papierstapel durch und nahm sich ein leeres Blatt und einen Stift. Wie ein gelangweilter Teenager stand ich auf und stellte mich neben ihn. »Jetzt pass mal auf. Hier ist eine Liste mit allen Bussen, die wir nehmen können.« Auf das leere Blatt schrieb er: Karimabad, acht Uhr. »Dann kommen wir um zwei Uhr in Atta Abad an. Schau, da müssen wir aufs Schiff.« Er nahm drei weitere Ausdrucke zur Hand, die das auf Chinesisch bestätigen. Danach würden wir in Gulmit in einen anderen Bus umsteigen müssen, und dann dauerte es noch drei Stunden, bis wir in Sost ankamen. »Wir müssen also pünktlich um acht Uhr am Bus sein, sonst geht die ganze Sache komplett schief.«

»Hm«, brummte ich.

»Hm?! Wie kannst du nur rund um die Welt reisen und solchermaßen desinteressiert sein, wenn es um die Planung geht? Ein Wunder, dass du überhaupt noch lebst.«

Trotz seines überdrehten Benehmens fand ich es angenehm, Zeit mit Mike zu verbringen. Zum Beispiel waren wir uns rührend einig, wenn es um die schlechte Qualität von Essen und Bier ging: Das Bier war zu teuer und zu wässrig. »Diese ganze Pfannkuchengeschichte ist ja schön, aber ich denke, es wäre besser, wenn du nach Hause fährst, dir einen Job suchst und eine Familie gründest.«

»Und dann arbeite ich vierzehn Stunden am Tag, bin gestresst und sehe meine Kinder nie, weil mich immer nur die Frage beschäftigt, wie ich eine Waschmaschinenfabrik in Pakistan optimieren kann.« Das hätte er aus meinem Lächeln lesen können, aber ich gehe davon aus, Mike las darin vor allem, dass ich in einem Monat wieder brav im Büro sitzen würde.

Am nächsten Morgen stand ich erneut auf dem Aussichtspunkt, um mir anzuschauen, wie die ersten Sonnenstrahlen die Berggipfel färbten – dem Plan meines chinesischen Tourmanagers völlig entgegen. Die ganze Zeit hatte ich das Gefühl gehabt, ich wäre einer der wenigen Wagemutigen, die sich trauten, durch Pakistan zu reisen, aber als ich den Aussichtspunkt betrat, standen dort fünfzehn alte Japaner mit großen Kameras bereit, um sich mit mir fotografieren zu lassen. Wie kamen die nur auf diesen Berggipfel, so weit abseits der touristischen Pfade?

Wie sich herausstellte, handelte es sich um eine Gruppe pensionierter Apotheker. Sie gaben mir eine Tasse heißen Tee und erzählten von ihrer Reise. Mike hielt sich unglücklich im Hintergrund. Von allen Punkten stand Sozialisieren mit Japanern ganz unten auf seiner Prioritätenliste.

»Ja, schön und gut, aber die Sonne hast du gestern auch schon gesehen. Denk an den Plan, William. Der Bus fährt in …« – er schaute auf eine Armbanduhr – »vierzig Minuten. Wir müssen jetzt los.«

Ich lächelte breit, machte aber keine Anstalten, mich zu bewegen.

»Der Plan!«, schrie Mike leicht panisch.

Ich erlöste ihn von seinem Leiden, indem ich mich von den freundlichen Apothekern verabschiedete.

Nach einer stressigen Taxifahrt, für die wir zu viel bezahlten, weil wir es so eilig hatten, erreichten wir schließlich gerade noch rechtzeitig die Bushaltestelle. Schade nur, dass der Bus zwei Stunden zu spät dran war. Mike prüfte noch einmal gründlich seine

Dokumente und rannte von einem Dorfbewohner zum anderen, um Informationen einzuholen. Ich hatte mich inzwischen auf einem Holzhocker niedergelassen und trank einen Chai Latte, den mir ein Barista mit einem großen Schnurrbart gemacht hatte.

Wieder waren wir unterwegs. Wir passierten ein großes Plakat neben dem eine Gruppe pakistanischer Bauarbeiter hockte und darauf wartete, dass man ihnen Befehle erteilte. Das Plakat stammte vom pakistanischen Ministerium für Infrastruktur, und der Text lautete: *The road to success is always under construction* – »An der Straße zum Erfolg wird immer gebaut«. Ich fragte mich, ob diese Ironie beabsichtigt war. Den Arbeitern lieferte sie jedenfalls einen guten Grund, sich nicht zu sehr anzustrengen. Allah war dem pakistanischen Ministerium für Infrastruktur wohlgesonnen. Darum hatte er für ein kleines Erdbeben rund um Atta Abad und Gulmit gesorgt, und dadurch war mitten im Tal mit dem Karakoram Highway ein großer See entstanden. Nun konnten sie mit ihrer Tätigkeit auf dem Weg zum Erfolg noch Jahre weitermachen. Die Chinesen vertraten eine andere Auffassung, was das betraf, und arbeiteten hart, um die einzige Handelsroute zwischen China und Pakistan zu verbessern.

Es war natürlich unpraktisch, dass die Straße von neunzehn Kilometern Wasser unterbrochen wurde, aber dafür wurde einem auch eine großartige Erfahrung geboten. Die blaue Farbe des Sees kann ich nur schwer benennen, aber »Schlumpfeisblau« scheint mir am passendsten. Wir standen an der Stelle, an der die Verschiebung angefangen hatte. Alle holten ihr Gepäck aus dem Bus und liefen über eine kurvige Straße voller fröhlich bemalter Lastwagen nach unten. Es waren dieselben Malereien mit Vogel- und Blumenmotiven wie auf den Bussen, und sie erinnerten mich ebenfalls an traditionelle Tattoos.

Der gewundene Weg endete an einem Platz, auf dem Lastwagen entladen werden konnten. Zahlreiche Arbeiter verfrachteten in Feuerwehrformation große Kisten und Pakete aus den Lastwagen auf die kleinen Schiffe.

Die Passagiere aus dem Bus wurden an Bord zwischen die jeweilige Ladung gesetzt. Mike und ich passten gerade so zwischen die Schachteln mit labberigen Snackwaffeln. Und weil man sich hier nicht auf genaue Berechnungen, sondern vor allem auf günstiges Glück und Gottes Willen verließ, brachte man mit viel Herumprobieren und Abmessen auch noch einen Jeep auf dem schmalen Schiff unter.

Zu beiden Seiten gab es einen Außenbordmotor an einem langen Stab. Erst wurde mit einem Stahlrohr der Motor in Gang gebracht. Nach ein paar Minuten quoll eine große schwarze Dieselwolke hervor. Das ohrenbetäubende Aufheulen stellte das Zeichen zum Aufbruch dar. Ein großer Vorteil bestand darin, dass ich nicht mehr hören konnte, was mir Mike über den Plan zu sagen hatte. Nachdem ich ihm fünfmal »Was?!« ins Ohr gebrüllt hatte, gab er die Sache auf, und ich konnte die feierliche Ruhe dieses schmalen blauen Sees genießen, der sich zwischen den steilen Bergen hindurchschlängelte.

Am anderen Ufer wurden alle Mandarinen, Waffeln und Menschen in neue Lastwagen und Busse verfrachtet.

»Oh, nur noch zehn Kilometer bis Sost«, sagte ich zu Mike, nachdem wir eine Weile gefahren waren.

Mike schaute auf seine Armbanduhr und schüttelte geduldig den Kopf. »Dem Plan zufolge kommen wir erst in fünfzig Minuten dort an.«

Alam Jan, der Pamir-Buddha

Hätte er in den Niederlanden gewohnt, wäre Alam Jan ein Hippie gewesen, wie er im Buche steht. Er war Ende vierzig, hatte langes dünnes Haar, das er zu einem Pferdeschwanz gebunden trug, und ein fröhliches Lachen. Er war Dichter, Sänger und Aktivist und verfügte über die Weisheit des Dalai Lama. Er hatte mich in sein Gästehaus in Sost eingeladen, das sich gerade im Aufbau befand. Momentan handelte es sich dabei lediglich um einen Betonrahmen mit Sparglühbirnen, obwohl alles schon einige Jahre im Bau begriffen war, aber man dürfe die Dinge nicht überstürzen, erklärte Alam Jan. Dem Gespräch mit mir widmete er sich, als wäre ich ein zukünftiger Freund. Er fragte nicht, ob ich verheiratet oder christlichen Glaubens war oder wo meine Familie lebte. Er kannte die Antworten bereits.

»Ich versuche ein so einfaches Leben wie möglich zu führen. Weit weg von Fernsehen, Steuern, Politik, Geld, Internet und anderem Zeug.« Das sagte er ohne den Nachdruck, den ich im Hippiecamp in Georgien erlebt hatte. »Das Leben ist auch so schon kompliziert genug.«

Er benutze das Internet nur für Couchsurfing-Kontakte und für seinen Sportbetrieb *Pamir Trails*. Um mit seiner Internetverbindung zurechtzukommen, brauchte man eine ordentliche Portion Geduld. Alam Jan setzte Teewasser auf und lud seine Firmenwebseite. Das lief so ab, wie ich vor Jahren die ersten Pornofotos über meine ISDN-Verbindung hatte laden müssen: Streifen für Streifen. Dafür hatte ich nicht mehr die Geduld, aber Alam Jan saß vor dem Bildschirm wie ein buddhistischer Mönch.

Während die Webseite von *Pamir Trails* immer noch lud, schenkte er uns Tee ein. Wenn er in die Berge schaute, sagte er, sehnte er sich danach, mit einem Yak neue Wege nach Afghanistan, Tadschikistan und China zu entdecken. Ein einziges Mal im Leben hatte er das Meer gesehen, und weil es sich so weit erstreckte, war ihm schwindlig geworden. Er fühlte sich nur in den Bergen glücklich. Bevor der Attabadsee entstanden war, hatten viele der Einheimischen noch nie ein Schiff gesehen, geschweige denn, dass sie damit gefahren wären.

Dieser Mann verkörperte alles, was mir in meinem Leben fehlte: eine Unkompliziertheit, in der Besitz und Sehnsüchte auf das Grundlegende reduziert wurden. Wir Westler mussten dafür Mindfulness-Seminare besuchen, Vipassana-Einsichtsmeditationen buchen und Yogakurse an Orten absolvieren, wo man Fair-Trade-Sojalatte trinken konnte und sich unter Gleichgesinnten für kurze Zeit ganz und gar entspannt wähnte. Alam Jan schaute einfach zu den Bergen hin, belud seinen Yak und zog vorurteilslos durch die Landschaft.

Seine Homepage war jetzt vollständig geladen.

Das Hunzatal ist von alters her ein beliebtes touristisches Bergsteigerziel. Für die Region stellte es die wichtigste Einkommensquelle dar. Nach dem 11. September waren die Geschäfte in den Keller gegangen, und gerade als sich das Ganze ein bisschen erholte, ging die Sache wieder schief. »Letztes Jahr ist eine Gruppe ausländischer Bergsteiger in Panga Parbat von den Taliban getötet worden. Jetzt überlegen es sich die Leute zweimal, bevor sie durch dieses Gebiet ziehen.« Alam Jan erzählte mir das ruhig, ohne Groll. »Wir sind Ismailiten. Wir machen uns größere Sorgen wegen der schweren Jahreszeiten als wegen umstrittener religiöser Vorschriften.«

Allein im Jahr 2014 waren in Pakistan dreitausend Menschen terroristischen Anschlägen zum Opfer gefallen, und ich hopste hier fröhlich umher wie durch einen Märchenwald. Wann wurde gesundes Vertrauen zu unvorsichtiger Naivität? Wenn ich vorher zu viel darüber gelesen hätte, wäre ich vielleicht nie hergekommen.

Am nächsten Tag sollte ich ans Ende der Welt in Alam Jans Heimatdorf Zood Khun reisen. Nach Zood Khun kam nur noch der Schrein von Baba Gundhi, eines Heiligen der Ismailiten, und ein Grenzposten zur Abwehr von Taliban-Rebellen. Außerdem gab es einige kahle Berge, in denen sich nur Alam Jan auskannte.

Ich kletterte auf das Dach des Gästehauses und legte mich in den Betonstaub. Seit Karimabad hatte ich keinen Handyempfang mehr. Zuletzt hatte ich noch eine Nachricht von Sem bekommen. Sie schrieb nicht, dass ich ihr fehlte, dass sie sich nach mir sehnte oder dass es mit ihrem Freund aus sei. Sie schrieb nur: »Hi, was machst du gerade?« Ich las die Nachricht ein paar Mal hintereinander. Dass so wenige Worte so viel in einem auslösen konnten. Ich schaute hoch in die Sterne und stellte mir vor, Sem läge jetzt neben mir, ihr Kopf an meiner Schulter, und wir würden zusammen in die Sterne schauen, wie wir die ganzen Male an die Decke geschaut hatten, wenn wir im Bett lagen. In diesen Augenblicken gab es kurz nichts anderes, bis einer von uns fast einschlief. Dann sagte sie: »Okay, Zeit zu gehen.« Wir schliefen nie beieinander, so lautete die Regel. Ihre Regel.

Alam Jan blieb in Sost. Er musste warten, bis seine Nachrichten geladen waren, und konnte mir nicht sagen, wie lange das dauern würde.

»Wann fährt der Jeep los?«, fragte ich ihn beim Frühstück.

»Irgendwann zwischen neun und zwei. Meistens jedenfalls.«

Ich lachte unbehaglich. »Aber woher weiß ich dann, wann er losfährt?«

»Sobald er sich in Bewegung setzt, fährt er los.« Gemütlich klopfte mir Alam Jan auf die Schulter.

Um neun Uhr ließ ich mich im schmierigsten Restaurant von ganz Pakistan nieder. Den Jeep behielt ich dabei fest im Blick. Es handelte sich dabei eigentlich eher um einen kleinen Bus, der täglich den Kampf durch ein unwegsames Gelände antrat. Die Stammkundschaft des Restaurants waren eindeutig die Fliegen, die sich gemütlich um die Teetassen und Teller der menschlichen Gäste versammelten: chinesische und pakistanische Lastwagenfahrern.

Das Frühstück bestand aus Tee mit Milch und Zucker und einem fetten Chapati, einer Art Ölpfannkuchen, den man in den Tee trunken musste, damit der Tee nach Öl schmeckte und der Chapati nach Tee. Ich notierte das. Meistens benutzte ich dafür Google Docs auf meinem iPhone. (Ja, ich weiß, das ist kein romantisches Bild. Als Leser sieht man vermutlich eine andere Szene vor sich: einen jungen Mann, der bei jedem Ereignis schnell sein Notizbuch aus der Tasche hervorzaubert und eifrig zu schreiben beginnt.) Jetzt, mit Blick auf die Sonne über den Bergen, beim Lärm eines vorbeituckernden alten Lastwagens, war es besser, endlich das Notizbuch von seinem jungfräulichen Dasein zu erlösen. Auch aufgrund der Tatsache, dass alles im Lokal aus einer Zeit lange vor dem Smartphone stammte.

Sobald ich kurz aufhörte zu schreiben, um meine verkrampfte Hand ein wenig auszuruhen, ließ sich eine Fliege auf meinem Stift nieder, die nachprüfen wollte, ob ich auch nichts über sie oder ihn schrieb. – Mir ist es schon immer schwergefallen, das Geschlecht einer Fliege festzustellen. Das geht mir bis heute so.

Am Jeep stand inzwischen ein weißer Mann mittleren Alters in einem Reisekostüm. Er trug eine beigefarbene Weste mit Taschen und der dazu passenden beigefarbenen Reißverschlusshose, einen Hut, der ihn von allen Seiten vor der Sonne schützte, eine Brille an einer Schnur und einen Rucksack, den er noch von seiner ersten Reise vor vierzig Jahren behalten hatte. Er schaute in den Jeep, dann auf seine Armbanduhr, danach sah er sich um und wiederholte diese Choreografie ein paarmal. Auch das hielt ich in meinem Notizbuch fest. Die Fliege las aus einiger Entfernung mit, während die anderen wie durstige Elefanten am Wasserloch von meinem süßen Tee tranken.

Ich beschloss, noch einen Chai mit Chapati zu bestellen und dem Mann nicht zu sagen, dass der Jeep wahrscheinlich erst in drei Stunden abfahren würde. Inzwischen konnte ich in aller Ruhe meine Teetasse beschreiben. Normalerweise hätte ich mir dafür nicht die Zeit genommen, aber jetzt hatte ich nichts anderes zu tun.

Der Hintergrund der Tasse stellte eine hellbraune Landschaft mit einem Dorf und einem niederländischen Kirchturm dar, davor gab es die Darstellung von in der Mitte durchgeschnittenen Orangen, und wieder davor stand ein roter Zaun. Zwischen den Schichten wurde die Tasse von zierlichen Buchstaben umschlossen: »*Orange lovers and Fruit lovers. Orange lovers*«. Ich hatte nicht nur die Zeit, das Gefäß zu beschreiben, sondern auch, mir zu überlegen, wie eine solche Tasse wohl an solch einem Ort gelandet war und warum man sie überhaupt je hergestellt hatte. Wer waren diese *Orange Lovers*? Welcher Billigladen hatte sich das ausgedacht: Wir brauchen eine Tasse, die Obstliebhaber anspricht? »Ja, vor allem Orangenliebhaber.« Dann wurde das Ganze von einem Manager abgesegnet und anschließend produziert. Der inzwischen tiefrot angelaufene Mann drehte vierzig Runden um den Jeep.

Ach, jetzt hat der Ober, ein stämmiger Mann von etwa sechzig, auf mein Essen gehustet. Das ist dann wohl das Zeichen dafür, dass ich genug gegessen habe, überlegte ich mir.

Jemand hatte den Jeep für den wütenden Reisenden geöffnet. Nun saß er dort drinnen und hatte demonstrativ die Arme vor der Brust verschränkt. Ihm konnte nichts mehr passieren. Ich ging ans Fenster: »Ich glaube, der Jeep fährt noch lange nicht ab. Wollen Sie nicht lieber noch einen Tee trinken?«

»Trink du nur deinen Tee. Ich weiß, wie die Leute hier sind.« Er lachte herablassend. »Plötzlich fahren sie eine halbe Stunde zu früh los.«

»Sie können doch aber vom Café aus sehen, wann er losfährt?«

»Ganz genau, und dann bin ich schon zu spät.« Wütend wandte er den Blick von mir ab. Er war mir überlegen – ich war nur ein naiver junger Mann, aber ich würde schon noch begreifen, wie es lief.

Schon seit meiner Ankunft in Pakistan war ich niemandem mehr aus dem Westen begegnet. Obwohl ich gute Menschen kennengelernt hatte, die mir viel interessanter schienen als dieser Veteran, verspürte ich eine seltsame Verbindung zu ihm. Ich versuchte, das Gespräch um jeden Preis in Gang zu halten.

»Fahren Sie auch zu Alam Jan?«

Er ignorierte meine Frage. »Ich reise schon seit vierzig Jahren, trink du nur ruhig schön naiv deinen Tee«, sagte er, noch immer mit vor der Brust verschränkten Armen. »Ich bleibe hier.«

Ich setzte mich auf die Holzbank vor dem Jeep und genoss die Sonne auf meinem Gesicht und den Gedanken daran, dass ich bald auf dem Weg an einen Ort wäre, wo es noch weniger zu tun gab als hier. Immer mehr Leute deponierten ihr Gepäck und ihren Proviant für den kommenden Monat auf dem Dach des Jeeps.

Schließlich war das Gefährt bis auf den letzten Kubikzentimeter mit Menschen gefüllt, die sich auf dem Weg in eines der Dörfer im Chapursantal befanden. Ich blieb auf der Bank sitzen, bis der Fahrer mich rief. In den Jeep passte ich nur noch halb. Auf dem Dach gab es noch Platz, aber wir mussten erst am letzten Checkpoint vorbei. Dort mussten ein anderer Westler, ein Deutscher, und ich uns registrieren. Sobald wir ins Chapursantal fuhren, waren wir vogelfrei, das heißt in einem Gebiet ohne Behörden und Gesetze. Wegen der dünnen Besiedlung gab es weder

Polizei noch Verwaltung, kein Geld und kaum eine Infrastruktur. Nur ein paar Schulen und kleine Bauernhöfe.

Der Jeep hielt an, und der Fahrer bedeutete mir, ich solle aufs Dach steigen. Über eine kurze Trittleiter kletterte ich auf der hinteren Seite hoch. Die Reissäcke boten mir Bequemlichkeit, und ich musste mich an den Seilen um das Gepäck festhalten.

Wir fuhren über einen felsigen Weg, den man mühsam aus den Bergen gehauen hatte. Rechts von mir befand sich eine hohe hellbraune Felswand mit losen Steinen, links von mir eine fünfzig Meter tiefe Schlucht. Vor mir lag das leuchtende schmale Tal mit hohen, ebenso schlanken Bäumen, die mich an Zypressen in der Toskana erinnerten. Alle paar Sekunden wurde ich hochgeschleudert. Das Adrenalin schoss wild durch meinen Körper. Ich beruhigte mich mit dem Gedanken, dass es *auf* dem Jeep sicherer war als *im* Jeep, denn falls er in die Schlucht stürzen sollte, konnte ich immer noch herunterspringen. Der Wind blies ein Grinsen auf mein Gesicht; ich sah aus wie ein Hund, der aus dem Fenster eines fahrenden Autos hängt.

Die Sonne verschwand hinter den hohen Bergen, und jetzt war es nicht mehr so angenehm auf dem Dach. Inzwischen gab es drinnen genug Platz, und ich setzte mich neben den Deutschen und hoffte, ein interessantes Gespräch anzufangen.

»Ursprünglich komme ich aus Deutschland«, erklärte er ohne Umschweife. »Aber nach einer Reise bin ich in Australien hängen geblieben. Ich habe alles gut geregelt. Ich bin krankenversichert, und meine Frau hat einen guten Job, aber weil ich die deutsche Staatsangehörigkeit nie aufgegeben habe, bekomme ich Sozialhilfe aus Deutschland, und die ist viel höher als die australische. Und weil meine Frau das Haus abbezahlt, habe ich genug Geld zum Reisen. Schlau muss man sein. Was ich sagen will: Die Behörden versuchen einen doch immer dranzukriegen, warum sollte man das nicht auch mal umgekehrt bei denen versuchen? Nein, du kannst mir nicht weismachen, dass ...«

Meine Gedanken waren abgeschweift, und ich schaute zu den Bergen hin, die einen schmalen Streifen fruchtbares Land zwischen sich duldeten.

»Früher war das anders, da konnte man noch einfach so durch die Länder mit einem ›-stan‹ im Namen reisen. Ich bin vor dreißig Jahren schon mal hier gewesen, damals hat sich das noch gelohnt. Überall konnte man Hasch bekommen, und wir haben mit afghanischen Stämmen Musik gemacht. Das war richtig abgefahren. Aber jetzt ist hier nichts mehr los.«

Er hatte den Erfahrungsschatz eines Entdeckers, gleichzeitig jedoch die Mentalität eines Dauernörglers auf einer Nachbarschaftsversammlung.

»Warum sind Sie dann wieder hergekommen?«

»Ich bin krank, und mir ist alles egal.« Er seufzte. »Ich glaube, ich bleibe zwei Tage und fahre dann zurück. Wirklich grässlich hier. Indien, du musst nach Indien!«

Zood Khun

Der Jeep setzte uns vor *Pamir Serai* ab, dem Gästehaus von Alam Jan und seiner Familie. Seine Frau wartete schon auf uns und begleitete uns mit einem gezwungenen Lächeln zu unserem Schlafplatz. Sie war schön, aber die schweren Lebensbedingungen hatten ihrem Gesicht und ihren Händen und Füßen Härte verliehen.

Unser Schlafraum war etwa zwölf Quadratmeter groß, auf dem Boden lagen dünne Matratzen, ein paar Kissen und einige dicke Wolldecken. Daneben befand sich ein kleinerer, hellerer Essbereich, wo uns ohne jede weitere Frage Kartoffeln mit Spinat serviert wurden.

Ungefähr vierzig Stunden war ich unterwegs gewesen. Ich lehnte mich gegen einen Stapel Decken. Was hatte ich hier eigentlich zu suchen? Mein einziger Reisegefährte war ein deutscher Australier, der jeden Anlass zum Nörgeln freudig wahrnahm.

Ich nahm mein Handy und schrieb einige Dinge auf: »Der deutsche Australier findet alles in dem Buch, das er gerade liest, absolut richtig. Was für ein sauertöpfischer Hippie. Fantastische Jeeptour an den Felsen entlang. Bin ich glücklich?«

Farishta, Alam Jans jüngster Sohn, kam voll kindlicher Unbefangenheit herbeigesprungen. Ich stieß ihm einen Finger in die Seite, hob ihn hoch und spielte in dem kleinen Raum Fangen mit ihm, alles begleitet von dem unzufriedenen Geseufze des Mannes, der auf so brutale Weise in seiner geistigen Erbauung gestört wurde. Dann sah Farishta mein iPhone und hörte abrupt zu spielen auf. Er griff nach dem Gerät und gab es mir dann zurück, weil ich es entsperren sollte. Dann schnappte er es sich wieder und browste mit großem Geschick durch meine Apps: Er wollte auf Facebook, aber hier gab es keinen Empfang. »Angry Birds?«, fragte er als Nächstes. Ich hatte nur Schach. Enttäuscht gab er mir das Handy zurück und rannte nach draußen.

»Früher war das Reisen noch authentisch.« Offensichtlich fand mein Zimmergenosse das Thema interessant genug, um sein Buch wegzulegen. »Ohne Telefon. Ohne Internet. Damals kam man noch wirklich mit den Leuten in Kontakt. Jetzt gibt es nur noch TripAdvisor und *Lonely Planet*. Alle haben schon alles gesehen. Die Leute spielen ständig auf ihren Handys herum, sie reden nicht mehr miteinander.«

»Tatsächlich?« Ich pries ihn für seine außergewöhnlich gut ausgeprägte Wahrnehmungsfähigkeit. *Du übertriffst dich selbst*, dachte ich, sagte aber nichts weiter.

»Das ist doch alles viel zu einfach. Man sucht sich irgendeins von den Top-Hotels, dann schaut man auf Google Maps nach, wie man hinkommt, und dann auf TripAdvisor, wie viel ein Taxi kostet. Man schickt seiner Mutter eine Nachricht, dass man gut angekommen ist, und seinem Schatz, dass man ihn vermisst. Früher war das anders, da musste man bis zur Post in der Hauptstadt. Dort hat man nachgeschaut, ob ein Brief auf einen wartet, und wenn man Glück hatte, konnte man auch mal seine Eltern anrufen, aber nur ganz kurz, denn das war natürlich entsetzlich teuer. Die moderne Technologie hat den Charme des Reisens völlig kaputtgemacht.«

Ich nahm mir einen Moment Zeit, um mir ein Gegenargument zu überlegen. Ich wollte diesem übersteigerten Nostalgiker nicht recht geben. Aber hier, am Arsch der Welt, ohne Internet, ohne Empfang, mit eingeschränkter Elektrizität, begriff ich die Magie. Hier ging das Leben auch einfach weiter. Ich konnte nicht aus Langeweile noch gelangweilter auf Facebook nachschauen, was die Leute so gegessen hatten, ich war nicht mehr über Neuigkeiten informiert, die mich nicht betrafen. Aber ich durfte diesem Mann einfach nicht recht geben.

»Ohne Internet wäre ich wahrscheinlich nie hier gelandet. Und ohne Telefon hätte ich meine Freunde in Karachi nicht erreicht, dann hätte ich in einem Hotel gehockt, und die ganzen Expats hätten mir Angst gemacht, oder die Leute vom Hotel. Dank Google Translate habe ich mit Menschen gesprochen, die ich sonst nur mit Händen und Füßen nach dem Weg hätte fragen können, aber so weiß ich mehr von ihrem Liebesleben, von ihren Träumen über Weltreisen und über die Probleme, die sie hierbleiben lassen.« Und ich konnte ganz einfach Sem anrufen, wenn ich einsam war, aber das sagte ich natürlich nicht. Denn dann würde er erwidern, ich sei feige und würde so nie über sie hinwegkommen, und dann müsste ich ihm recht geben. Das wollte ich unter keinen Umständen.

Er nickte und griff wieder nach seinem Buch.

Weil wir uns mehr als dreitausend Meter über dem Meeresspiegel befanden, wurde es ganz plötzlich zehn Grad kälter, sobald sich eine Wolke vor die Sonne schob. Im Garten des Gästehauses gab es eine mit einem dünnen roten Teppich bedeckte Steinfläche, wo die Dorfbewohner und ihre Angehörigen von Sonnenaufgang bis Sonnenuntergang ihren Tee mit Milch tranken und die alltäglichen Angelegenheiten besprachen. Ich verstand natürlich nichts davon, aber Sikander, Alam Jans ältester Sohn, übersetzte hin und wieder etwas: dass die Kartoffeln geerntet werden mussten zum Beispiel und dass uns bald ein Kamerateam besuchen würde.

Die Filmleute kamen über eine illegale Route direkt aus Afghanistan durch die Berge, um alle Volksmärchen dieses undurchdringlichen Gebiets, des sogenannten Wachankorridors, festzuhalten. Die Wachan-Bevölkerung lebt in dem bergigen Grenzgebiet zwischen Pakistan, Afghanistan, Tadschikistan und China.

Fayeem, der Regisseur, war im Tal groß geworden und hatte dann in Lahore Film studiert. Er war eine Kombination aus modernem Lahore-Hipster und rauem Mann aus den Bergen: schönes langes Haar, voller Bart, tiefgrüne Augen, grobe Ketten mit Knochen und Tierzähnen, bunte altmodische Kleidung ... In einer Scotch-&-Soda-Kampagne wäre er nicht fehl am Platz gewesen.

»Willem, kannst du dich da drüben hinsetzen, zu den Stammältesten?« Da saßen zwei Frauen in roten Kleidern mit bunten, fezartigen Hüten. Der alte Mann, der nur noch zwei Zähne im Mund hatte, trug eine Salwar-Kamiz-Kombination mit einer Jacke darüber und eine runde Wollmütze, die an ein Barett erinnerte. Mit meinen grünen Augen und dem braunen Haar passte ich wunderbar dazu. Farishta kletterte auf das Mäuerchen hinter mir. Über unseren Köpfen hing ein großer Schraubenziegenschädel.

Der Mann erzählte eine Geschichte. Die beiden Frauen lauschten schweigend. Nur Farishta lachte hin und wieder ein wenig. Nachdem der Alte fertig erzählt hatte, berichtete uns Fayeem, worum es ging.

König Kukron hatte drei Söhne. In seinem Königreich gab es vier Täler. Der König sagte zu seinen Söhnen, sie dürften im vierten Tal nicht jagen, denn das sei verhext. Der älteste Sohn schlug den Rat seines Vaters in den Wind und jagte trotzdem dort. Vor einer Grotte sah er eine schöne Frau sitzen. Als er näher kam, sagte sie: »Was wollt Ihr hier? Gleich kommt mein Mann zurück, und dann bringt er Euch um.« Kaum hatte sie diese Worte gesprochen, erschien ein Mann auf einem Esel. Er fragte: »Was sucht Ihr hier?«

»Ich bin hier, um zu jagen«, gab der Königssohn zurück.

Der Mann auf dem Esel sagte: »Ihr dürft hier jagen, unter einer Bedingung: Morgen gehe ich beten, und wenn ich von meinem Gebet zurückkehre, müsst Ihr allen Eseldreck weggeräumt haben. Gelingt Euch das nicht, steche ich Euch die Augen aus, aber wenn Ihr es vermögt, dürft Ihr mir die Augen ausstechen.« Der Königssohn willigte ein. Am folgenden Tag brach der Mann zu seinem Gebet auf, und der Königssohn ging zu dem Esel. Bis zur Taille versank er in Exkrementen. Es gelang ihm kaum, sich zu befreien. Als ihm das endlich gelungen war, blieb ihm nicht mehr genug Zeit, den Dreck wegzuräumen. Als dann der Mann vom Gebet zurückkehrte, stach er dem Königssohn ohne ein Wort die Augen aus und warf die Leiche in einen Brunnen.

Die beiden übrig gebliebenen Söhne wurden unruhig, weil ihr Bruder nicht zurückgekehrt war. »Wir können doch unseren Bruder nicht einfach im Stich lassen«, sprach der zweite Sohn. »Wir müssen ihn suchen.« Der jüngste Sohn erwiderte: »Denk daran, was Vater gesagt hat. Wir dürfen nicht in dieses Tal, es ist verhext.«

Der mittlere Bruder gab zurück: »Wenn uns eine Geiß abhandenkommt, suchen wir sie, wenn aber unser schöner Bruder verschwindet, sollen wir das nicht tun?« Der mittlere Bruder machte sich allein auf den Weg und gelangte zu der Grotte. Wieder warnte die Frau den Königssohn, und wieder erschien der Mann mit dem Esel und stellte dieselbe Bedingung. Der zweite Königssohn versank nicht in den Exkrementen, es gelang ihm aber nur, die Hälfte davon zu beseitigen. Auch ihm wurden die Augen ausgestochen, und auch seine Leiche landete im Brunnen.

Da sagte der jüngste Königssohn zu seinem Vater: »Meine beiden Brüder sind verschollen. Wenn uns eine Geiß abhandenkommt, suchen wir sie, aber wenn meine schönen Brüder weg sind, sollen wir das nicht tun?«

Er langte bei der Grotte an. Wieder warnte ihn die Frau, und wieder erschien der Mann auf dem Esel. Der dritte Bruder hatte einen Plan. Sobald der Mann zum Gebet aufgebrochen war, nähte er dem Esel den Hintern zu, sodass kein Dreck herauskonnte. Als der Eselreiter zurückkehrte, lag nirgendwo Dreck. Er fiel vor dem Königssohn auf die Knie und flehte um Vergebung: »Lasst mich am Leben, ich werde auch Eure Brüder wieder zum Leben erwecken.«

Er nahm die Augen und warf sie in den Brunnen, und mit einem Mal stiegen die Königssöhne lebendig aus dem Fluss. Zusammen kehrten die drei nach Hause zurück und lebten glücklich bis ans Ende ihrer Tage.

Eine unterhaltsame Geschichte – was konnte man daraus lernen? Eine Moral gehörte doch zu solchen Volksmärchen, oder? Fürchte fremde Länder, höre auf schöne Frauen, halte dich von Eseln fern. Und entscheide dich nicht für die Vergeltung, sondern für die Versöhnung. Die Geschichte weckte sowieso das Verlangen in einem, ein anderes Tal zu entdecken. Zood Khun war das letzte Dorf, danach begann das alles verzehrende Niemandsland.

Bevor ich irgendetwas entdecken konnte, wurde ich von heftigen Bauchschmerzen geweckt. Irgendwann musste das ja so kommen. Je weiter ich mich von der Zivilisation entfernte, desto schwieriger war es, Trinkwasser in Flaschen zu kaufen. In Restaurants wurde immer eine Kanne mit Wasser auf den Tisch gestellt. Aber kein San Pellegrino mit schönen Blubberblasen. Einfach normales Wasser. Die Einheimischen wurden davon nicht krank, giftig konnte es also nicht sein. Vielleicht musste sich mein Körper ja an die Bakterien gewöhnen, und wenn das erst einmal passiert war, konnte ich immer Leitungswasser trinken. So würde ich Geld, Plastik und Suchzeit sparen.

Ich war dankbar, dass mich mein Körper rechtzeitig vorgewarnt hatte. Mithilfe des Mondlichts fand ich stolpernd den Weg zum WC. Das war ein Loch im Boden mit zwei Betonblöcken an den Seiten, auf die man sich hocken konnte. Ich hatte üblen Durchfall. Noch schlimmer war, dass ich gleich noch eine neue Fertigkeit erwerben musste: mir mit bloßen Händen den Hintern abwischen. Für diejenigen unter meinen Lesern, die sich immer schon gefragt haben, wie das funktioniert, werde ich es so gut wie möglich versuchen zu beschreiben. Wenn ihr jemals in diese

Situation kommt, könnt ihr dann denken: »Ach ja, Willem, der Typ mit den Pfannkuchen, der hat sich auf die Füße geschissen – darauf haben wir keine Lust.«

Also: Man füllt einen Eimer mit Wasser (dafür hatte ich natürlich keine Zeit, deswegen tat ich das später), dann hockt man sich über das Loch im Boden. Man darf natürlich nicht vergessen, erst Hose und Unterhose herunterzuziehen (das schaffte ich gerade noch rechtzeitig), und man muss gut das Gleichgewicht halten (vor allem bei Durchfall ist das sehr wichtig). Der Rest geht eigentlich wie von selbst. Dass es wie von selbst geht, bedeutet aber nicht, dass es ein angenehmes Gefühl ist. Die Eingeweide krampfen sich zusammen, der Anus ist schnell wund von dem vorbeirasenden sauren Strom. Wenn man kein trainierter Yogi ist, sind die Krämpfe in den Waden und Schenkeln wahrscheinlich das Schlimmste an der Sache. Man will aus einem Reflex heraus aufstehen und wird sofort von seinen Eingeweiden bestraft, die einen neuen Strom sauren Regen aus einem herauspressen. Also geht man wieder in die Hocke und versucht, sich mit den Händen an der Wand hinter sich abzustützen oder sich an etwas festzuhalten, das sich vor einem befindet. So geht das eine Weile weiter. Die Leute, die vom Stöhnen wach geworden sind, wahren sichere Distanz.

Wenn man endlich fertig ist, also wenn der Körper keine Flüssigkeit mehr enthält, die er herauspressen könnte, nimmt man eine Art Plastikstieltopf aus dem Eimer. Man formt die Hand zu einer Schale, sodass Wasser darin aufgefangen wird, und wirft sich das zwischen die Pobacken. Mit dem Mittelfinger fährt man vorsichtig dazwischen hin und her. Und dann leert man den Stieltopf in die Grube und füllt ihn erneut, taucht wieder die Hand hinein. Beim Wischen muss man gut aufpassen, dass die Scheiße nicht unter den Nägeln landet, denn dann dauert es länger, bis man den Geruch wieder los ist. Wenn man meint, alles wäre sauber, schüttet man das ganze Wasser aus dem Eimer in die Grube, und wenn man Glück hat, kann man sich dann mit Seife die Hände waschen. Was das Sauberwischen angeht, bin ich Autodidakt, denn es gibt natürlich auch nur selten jemanden, der einem in dieser Sache Unterricht erteilt.

In Asien gibt es in allen Häusern der bürgerlichen Mittelschicht eine kleine Duschfontäne in der Toilette. Die fand ich am besten. So hat man nämlich den Vorteil, dass der Hintern wirklich sauber wird. Mit Toilettenpapier wischt man ihn nämlich nur ein bisschen sauber. Ein weiterer großer Vorteil besteht darin, dass man den eigenen Hintern nicht anfasst; es ist also auch noch viel hygienischer als Toilettenpapier. Denn das müssen wir zugeben: Auch wir wischen uns mit den Händen den Hintern sauber, nur ist bei uns noch ein Stück Toilettenpapier mit fröhlichen rosa Hündchen dazwischen. Ich gewöhnte mich so sehr an die Fontäne, dass ich die westliche Methode des Sauberwischens irgendwann schmutzig fand. Es ist doch verrückt, dass wir so großen Wert auf Hygiene legen und gleichzeitig alle mit einem halb schmutzigen Hintern herumrennen.

Übers Scheißen habe ich schon in einem früheren Kapitel geschrieben. Das liegt daran, dass auf Reisen auch die grundlegenden Dinge nicht mehr selbstverständlich sind: Essgewohnheiten, soziale Normen, die eigene Privatsphäre, Schlafbedingungen und eben auch der Toilettengang. Am besten akzeptiert man diese Dinge so schnell wie möglich – schließlich weiß man nie, wann man sich das nächste Mal mitten in der Nacht auf die eigenen Füße scheißt und sich mit der Hand den Hintern abwischen muss, wann man auf dem Boden schläft und zum Frühstück trockenes Brot und salzigen Tee bekommt. Wenn man sich beschweren möchte, gibt es niemanden, der einen versteht oder das Problem nachvollziehen kann.

Die nächsten Tage verbrachte ich vor allem damit, zu lesen und die Berge zu erkunden. Der Reiseveteran hatte sich auf die vierzigstündige Reise zurück nach Islamabad gemacht. Vorher hatte er mir noch einen Streifen Durchfalltabletten geschenkt. Ich half Sikander bei der Kartoffelernte für den Winter, lernte Traktorfahren und verlief mich in den Bergen, die aus einigem Abstand immer weniger undurchdringlich erschienen, als wenn man sie tatsächlich bestieg.

Am Ende des Dorfes hatte man ein Mäuerchen aus losen Steinen errichtet. Nicht-Pakistanern war es verboten, diese Grenze zu überschreiten. Hier endete die Zivilisation. Das ließ es natürlich besonders interessant erscheinen, eine Grenzübertretung zu wagen – ins offizielle Niemandsland.

Dort sollte es einen schönen Gletscher geben, und da wollte ich hin. Wenn ich ein Ziel für mich formulierte, musste ich es auch erreichen. So hatte es mir mein Vater beigebracht. Ich sah den Berg und war fest entschlossen, es auf den ersten Gipfel zu schaffen. Aber als ich glaubte, ihn fast erreicht zu haben, stellte sich heraus, dass sich ein weiterer Gipfel davor befand. Jedes Mal wieder. Weil ich bereits so viel Energie investiert hatte, konnte ich unmöglich unverrichteter Dinge umkehren.

Desillusioniert stellte ich fest, wie wenig ich vorangekommen war. Beim vierten höheren Plateau, das aus dem Nichts vor mir auftauchte, gab ich die Sache auf.

Mit einem scharfen Stein kerbte ich Sems Namen in einen Felsen, setzte mich darauf und nahm eine Sprachnachricht für sie auf. Darin erzählte ich ihr, wie sich hier die Berggipfel übereinanderstapelten, sprach von einem duftenden Kraut, das ganz bestimmt Superheilkräfte besaß, und berichtete von dieser Stelle, an der so vollkommene Stille herrschte. Man hörte nur das Zwitschern eines kleinen Vogels und das Plätschern des Baches. Dann erzählte ich noch, dass ich über mir einen großen Adler kreisen sah und dass ich Angst hatte, für ein Kaninchen gehalten zu werden. Ich trug zwar ein knallrotes Shirt, aber Bergadler geben nicht viel auf Mode. Ich fühlte mich einsam. Das wurde noch dadurch verstärkt, dass ich wusste, ich würde gleich wieder von Menschen umringt sein, mit denen ich meine Gedanken nicht teilen konnte. »Die Leute sind so freundlich. Und so ruhig«, sprach ich in mein Telefon, »aber ich vermisse jemanden wie dich, der sich zu mir setzt und sagt, dass alles gut wird.«

Wie lange hatte ich jetzt eigentlich hier gesessen? Ich musste mich in einem Tagtraum verloren haben. Die Sonne hatte die westliche Bergwand schon berührt, und das bedeutete, es würde innerhalb einer Stunde dunkel werden. Ich würde mich auf dem Weg nach unten beeilen müssen, aber durch die losen Steine war eine schnelle Rückkehr eine Herausforderung. Ich ließ mich nach unten rutschen und riss mir dabei die Hände und das Hemd auf. Mit dem Rücken warf ich mich gegen die Felsen, um meinen Fall zu stoppen. Ich war so auf meinen Gipfelbestieg konzentriert gewesen, dass ich einen Sturz gar nicht in Betracht gezogen hatte. Man darf sich nicht zu sehr auf das Erreichen des Gipfels konzentrieren – eine kluge Lektion für die Zeit zu Hause. Jetzt musste ich erst mal rechtzeitig nach unten. An einer Stelle sprang ich notgedrungen eine kleines Stück hinab und verstauchte mir dabei den Knöchel. Die Sonne war bereits in den Bergen verschwunden und ließ eine beißende Kälte zurück. Ich erreichte den letzten Teil des Berges, einen ehemaligen Gletscher und steilen Hang mit losen Steinen. Im Zickzack bewegte ich mich nach unten, wie ich das in meiner ersten Skistunde gelernt hatte. Wie weit es noch war, konnte ich nicht im Geringsten einschätzen.

Als ich unten ankam, war es fast dunkel, und bei meiner Ankunft in Pamir Serail war überhaupt nichts mehr zu sehen. In meiner Erleichterung vergaß ich sofort, dass die ganze Sache auch anders hätte ausgehen können. Die Augen von Alam Jans Frau flehten mich an, so etwas nie wieder zu tun. Sikander meinte, ich dürfe nicht mehr in die Berge, wenn ich den Weg nicht kannte. Er zeigte mir einen anderen Berg, auf den man leichter klettern konnte.

Ich hätte mich gefreut, wenn Alam Jan nach Hause gekommen wäre, damit wir ein tiefgründiges Gespräch hätten führen und er mich mit seinen Bergweisheiten hätte erleuchten können. Aber ich landete allein mit einem Buch in meinem Zimmer.

Birthday Pancakes

Mein achtundzwanzigster Geburtstag: Die Anmeldefrist für die Mitgliedschaft im angesehenen Club 27 war abgelaufen, eine Feier würde es in diesem Jahr wohl nicht geben, ich fühlte mich einsam und allein. Während ich einen Salzklumpen in meinen Tee tunkte, dachte ich an all die Menschen, die mir Glückwünsche schicken würden, von denen ich aber keinen würde lesen können, weil ich mich hier im Niemandsland befand. In einem schmalen Streifen Zivilisation zwischen unbewohnten Bergen.

Es stand nicht gut um mich. Mit zitternden Händen trank ich meinen Tee. Ich nahm mein Handy, stellte den Flugzeugmodus an und aus, während ich darauf hoffte, ein Sendemast würde mir als Geburtstagsgeschenk ein kleines Empfangsfenster gewähren. Ich war froh, dass der Veteran bereits weitergezogen war. Jetzt hatte er recht bekommen: Ich war süchtig nach oberflächlichen Lebenszeichen. Nur durch dieses Scheißtelefon war ich quasi noch mit einem Fuß zu Hause. Viel zu leicht konnte ich Sem anrufen, wenn ich mich einsam fühlte, oder meine Eltern, wenn ich einen weisen Rat brauchte. Nur gut, dass ich hier in den kalten Entzug geworfen wurde. Das war das letzte Aufbäumen. Warum maß ich meinem Geburtstag überhaupt so große Bedeutung bei? Hier feierten die Leute ihren Geburtstag nicht einmal. Weil mir von meinen Lieben zu Hause niemand gratulierte, versuchte ich während des Morgentees Selim, dem Bruder von Alam Jan, einen Glückwunsch abzuluchsen.

»Wir haben zu viel zu tun, um unseren Geburtstag zu feiern«, gab Selim zurück. Ich stellte mich nicht nur an, ich war auch noch fürchterlich privilegiert, weil ich aus einem Land kam, in dem man sich den Luxus eines Geburtstags leisten konnte.

»Woher weiß man dann, wie alt man ist?«

»Wir bemessen unsere Lebenszeit an wichtigen Ereignissen.« Er deutete auf die alte Frau, die neben uns saß. »Sie ist etwa neunzig. Sie kann dir alles darüber erzählen, wie es hier mit den Engländern war.«

Dass man zu Ehren des eigenen Geburtstags ein Fest feierte, hatte etwas Exzentrisches. Aber wenn man für Leute, die selbst noch nie einen Geburtstag begangen hatten, den eigenen feiern wollte, stellte das das größte Maß an Selbstbefleckung dar. Vielleicht war ich ja ein entsetzlicher Kulturbanause, aber weil ich mein Heimweh zu bekämpfen versuchte, wollte ich ein Fest feiern. Keinen Umtrunk für die älteren Männer, die noch nie eine Geburtstagsfeier erlebt hatten, sondern ein Kinderfest für Farishta und seine Freunde. Mit Pfannkuchen, so wie früher.

»Was brauchst du denn für deine Pfannkuchen?«, wollte Sikander wissen.

»Einen Liter Milch.«

»Den nehmen wir von unserer Kuh.«

»Mehl?«

»Hier gibt es eine Mühle, die Mehl herstellt.« Er deutete auf ein kleines weißes Gebäude in einigen Hundert Metern Entfernung. »Aber wir haben auch noch welches hier.«

»Und Eier?«

»Die musst du dir bei jemand anderem besorgen. Farishta geht mit dir.«

Er rief Farishta herbei und erklärte ihm meinen Plan. »Ein Fest! Tanzen, Singen, Musik.« Er machte kurz vor, wie das aussehen würde.

»*And pancakes*«, fügte ich hinzu.

»*Cake?!*« Farishta schrie hell auf und rannte aufgeregt im Kreis herum.

Wenn ich vorher gewusst hätte, dass das die erste Geburtstagsfeier in der Geschichte des Dorfes werden würde, hätte ich schöne Einladungen angefertigt, Luftschlangen aufgehängt und sorgfältig Tüten mit Süßigkeiten zusammengestellt. Nicht wegen meines Geburtstags, sondern zu Ehren des Geburtstagsfeierns an sich. Pfannkuchen waren ein guter Anfang.

Hier gab es kein Internet, nur sechs Stunden Elektrizität am Tag und keine nennenswerte Infrastruktur, aber alle Zutaten für ein glückliches Leben. Das Eiersammeln fühlte sich an wie Ostern; sie waren im ganzen Dorf verstreut. Im ersten Haus konnten wir für fünfzig Rupien drei Eier kaufen. Ich hatte nur einen Tausend-Rupien-Schein dabei. Wir mussten zu dem kleinen Kramladen, wo ich Schokolade kaufte, damit ich genug Wechselgeld hatte, um die Eier erwerben zu können. Für den Rest mussten wir bei drei anderen Leuten vorbei. Wenn man sich selbst versorgt, bedeutete das nicht, dass alles im Überfluss da ist. Weil wir nicht ausreichend Butter hatten, backten wir die Pfannkuchen in synthetischem Baumwollsaatöl aus China. Aber der Belag war superbiologisch, aus der unmittelbaren Region und fair gehandelt.

Die Neuigkeit von dem Fest hatte sich wie ein Lauffeuer im Dorf verbreitet. Um drei Uhr kamen etwa zehn Altersgenossen von Farishta zusammen, außerdem ein paar ältere Männer, ein aufgeweckter Lehrer und Sikander, der sich um die Musik kümmerte.

Ich hockte auf dem Boden und backte mit meinem Gaskocher Pfannkuchen, während meine Gäste brav abwarteten, dass sich das Spektakel einer Feier entfaltete. Ich war der wichtigste Unterhaltungsfaktor, hatte aber absolut keine Zeit, für Atmosphäre zu sorgen. Ich hatte Stress mit den Pfannkuchen, die nur langsam fest wurden, und die Schokolade musste ich mir auf einem Stein zurechtklopfen. Zwanzig Augenpaare waren auf mich gerichtet, und alle warteten darauf, dass etwas Aufregendes passierte. Wenn ich nicht aufpasste, würde das ganze Fest als Katastrophe enden.

Ich fragte Sikander, ob er schon mal für Musik sorgen könnte, und sagte auch, die Leute sollten nicht so brav herumsitzen und warten – tanzen sollten sie und singen. Dann kümmerte ich mich wieder ums Pfannkuchenbacken.

Traditionelle Wakhi-Musik, mit Flöten und Trommeln, erklang aus den alten Lautsprechern. Sofort sprangen die Jungen auf und sprangen jauchzend herum. Die alten Männer blieben ruhig sitzen. Sie wollten keine Pfannkuchen. Sie nahmen sich nur trockenes Brot aus der Schale und tunkten es in ihren Tee. Zwei Jungen zogen mich hoch. Der Lehrer beteiligte sich an der Feier und erklärte mir, wie man diesen Tanz tanzte.

»Das ist der beste Geburtstag, den wir je hatten«, verkündete ein Junge höflich in perfektem Englisch. Der Allerbeste ... Der Einzige.

Der Lehrer erklärte mir, dass im Chapursantal sehr viele Menschen lesen und schreiben konnten. Weil es sich um eine Gemeinschaft mit engem Zusammenhalt handelte, gab es nur wenig Korruption. Spendengelder kamen hier ohne Abwege den Menschen zugute, die es brauchten. »Niemand hier hat das Bedürfnis, wirklich reich zu sein, denn das nutzt einem hier kaum etwas.«

Ein kleiner Junge unterbrach unser Gespräch. Auf Wachi fragte er den Lehrer etwas. Der fing an zu lachen. »Er möchte wissen, ob du nicht jede Woche deinen Geburtstag hier feiern willst.«

Von dem Drang, auf mein Handy zu schauen, war ich geheilt. Darum war ich hier. Diesen Augenblick konnte ich nur mit den Menschen um mich herum teilen. Das war wertvoller als die anonymen Freunde auf Instagram, die einem nur oberflächliche Bestätigung gaben. Dieses Leben war entscheidend. Bald würde ich als verspätetes Geschenk die Nachrichten aus geballten zwei Wochen Funkloch zu sehen bekommen, aber die wären dann nicht mehr relevant. Alles löst sich von selbst. Hier und jetzt und bis in alle Ewigkeit.

Herzstechen und meine eigenen mühsamen Atemzüge rissen mich aus dem Schlaf. Schon nach zwei Schritten in Richtung WC war ich außer Atem. Weil mir keine Internetverbindung zur Verfügung stand, konnte ich nicht nachschauen, welche Krankheit ich hatte. Trotzdem war ich mir fast sicher, ich würde gleich einen Herzanfall bekommen. Aber ich musste ruhig bleiben. Stress war nicht gut fürs Herz. Für diese Erkenntnis brauchte ich keinen Arzttermin.

Doch bis die Sonne wieder ins Tal schien, hatte ich die dramatische Situation analysiert und beschlossen, ich würde keinen Herzanfall bekommen. Ich war viel zu jung und zu gesund für einen solchen Unsinn. Es lag an der Höhenkrankheit, entschied ich. Immerhin befand ich mich mehr als dreitausend Meter über dem Meeresspiegel.

Im Dorf gab es keinen Arzt. Das nächste Krankenhaus war vierzig Stunden Fahrt in einem unbequemen Bus entfernt. Ich konnte nicht einmal meine Eltern anrufen, um ihnen mitzuteilen, dass ich hier am Ende der Welt krepierte. Die ganze Romantik des einfachen Lebens war verflogen. Ein einfaches Leben hat seinen Reiz, aber nur, wenn es Menschen in der Nähe gibt, die ein zehnjähriges Medizinstudium absolviert und schlaue Apparate zur Verfügung haben.

Einige Stunden würde ich es noch aushalten müssen. Der Jeep zurück nach Sost fuhr nur einmal am Tag, ganz früh am Abend.

Die Rückfahrt war weniger extrem als die Hinfahrt. Nachts mussten wir ein paar Stunden warten, bis wir in einem Konvoi durch die Berge gelotst werden konnten. Es gab eine hohe Bedrohung durch Rebellen, die sich dort versteckt hielten. Ich fand das fürchterlich aufregend. Für die anderen war es *business as usual*.

Mit jedem Kilometer, den ich mich Islamabad näherte, wurden die Herzstiche weniger und meine Atemzüge leichter.

Islamabad

Es war noch früh, als uns der Bus in Rawalpindi absetzte. Von dort aus ging ich zu Fuß zu meinem neuen Couchsurfing-Gastgeber Kamran.

Ich musste eine halbe Stunde laufen, aber es war ein schöner Tag. In Pakistan hatte ich schon viele großartige Menschen kennengelernt, und dieser Eindruck bestätigte sich, als neben mir ein Polizeiauto langsamer wurde. Ich drehte mich um. Der Beamte hielt an und fuhr das Fenster herunter. Er fragte, ob ich mitwolle. Ich warf mein Gepäck auf den Rücksitz und setzte mich neben ihn. Dann spulte ich die üblichen Informationen ab: »Aus den Niederlanden«, »Ja, ich bin Christ«, »Ja, allein, meine Familie ist zu Hause geblieben« und »Nein, ich bin nicht verheiratet«. Beim letzten Satz lachte mich der Beamte ein wenig zu aufmunternd an. Er unterstrich seine guten Absichten, indem er mir mit einer Hand über den Oberschenkel strich. Ich lächelte, nicht aus Geselligkeit, sondern als Zeichen der freundlichen Abwehr. Doch er fasste es offensichtlich als Zustimmung auf und ließ seine Hand unter mein Hemd gleiten. Ich schaute ihn fragend an. Er lachte, machte aber keine Anstalten, die Hand wieder wegzunehmen.

Wir hielten an einer Tankstelle. Ich hätte aussteigen und wegrennen können, aber meine Erfahrung mit Irakli in Georgien hatte mich gelehrt, ruhig sitzen zu bleiben. Ich schickte Kamran eine SMS, damit er wusste, dass ich mich gerade in einer unguten Situation befand. »Kein Problem, bis gleich«, schrieb er zurück.

»Ja, hoffentlich ...«

Als wir weiterfuhren, legte mir der Beamte eine Hand zwi-

schen die Beine. »Ich liebe dich«, sagte er mit einem hoffnungs-
vollen Lächeln.

»Ich glaube, Sie verstehen mich falsch.«

»Wirklich, ich liebe dich und will dich mit nach Hause nehmen und Sex mit dir haben.« Er lächelte weiter und rieb mir über
den Bauch.

»Sind Sie verheiratet?«

»Ja«, gab er zurück. Ich schob seine Hand sanft unter meinem
Hemd weg.

»Kinder?«

»Ja, zwei. Lass uns zu mir nach Hause fahren und Sex haben.«

»Wie alt sind denn Ihre Kinder?«

»Dreiundzwanzig und sechsundzwanzig. Ich liebe dich.«

»Dann sind Ihre Kinder fast so alt wie ich.« Ich versuchte ihn
so lässig wie möglich darauf zu stoßen, dass es besser wäre, wenn
er mich bei Kamran absetzte, statt mich in eine Gefängniszelle zu
stecken, wo mich niemand würde schreien hören.

»Ich bin mit einem Freund verabredet, und er rechnet jede
Minute mit mir. Ich frage ihn kurz nach der Adresse.«

Der Polizist ließ eine Hand auf meinem Oberschenkel liegen
und fuhr mich zu Kamran.

Kamran wohnte in einem großen Haus voller Souvenirs aus
der ganzen Welt. Direkt bei meiner Ankunft gab er mir sein
WLAN-Passwort. Ich hatte fünfhundertvierzig ungelesene Whats-
App-Nachrichten und siebzig Geburtstagsglückwünsche auf Facebook. *Ich war zurück.*

Kamran war schon viel gereist und bekam häufig Besuch von
Couchsurfern. Er wusste, wie er es einem Europäer angenehm
machen konnte. Es war herrlich, einfach auf einem Stuhl an
einem Tisch ein klebriges Stück Brot mit Erdnussbutter zu essen
und ohne Sprachbarriere ein Gespräch führen zu können.

»Und du glaubst nicht an Gott, nehme ich an?« Kamran hatte

schon genug Westeuropäer getroffen. Ich zuckte die Schultern und lachte verlegen.

»Meiner Erfahrung nach sind die meisten Reisenden aus dem Westen Atheisten.«

Ich lieferte eine abgemilderte Version von Antwort C.) ab – dass die Frage zu groß war, als dass man eine befriedigende Antwort darauf hätte geben können. Kamran wurde nicht böse, sondern blieb ganz ruhig. »Das ist doch witzig, wir verstehen uns offensichtlich in vielen Punkten gut, außer was diesen einen betrifft. Ich finde nämlich, dass die pakistanischen Behörden immer noch ein bisschen zu viel Milde walten lassen. Pakistan basiert auf den Gesetzen des Koran. Darum essen wir kein Schweinefleisch und trinken keinen Alkohol. Aber was die Frauenrechte betrifft, werden dann wieder Zugeständnisse gemacht.« Er trank einen Schluck Tee und fuhr fort, wobei er seine Worte sorgfältig wählte, wie ein Politiker: »Letztes Jahr hat man die Todesstrafe wieder eingeführt, aber nicht für Frauen, obwohl im Koran ganz eindeutig steht, dass Frauen, die Unzucht begehen, mit dem Tod bestraft werden müssen.«

Ich protestierte heftig. Gegen die Todesstrafe war ich sowieso, und dann schon gleich wegen so etwas Harmlosem wie Fremdgehen. Kamran warf mir einen zufriedenen Blick zu, als wollte er sagen: »Diese Antwort habe ich mir schon häufiger mit viel Freude angehört.« Um ihm entgegenzukommen – oder um ihn zu provozieren –, erzählte ich ihm von meiner komplizierten Beziehung zu Sem.

»Siehst du«, gab er fröhlich zurück, »wenn man Frauen bei euch öffentlich hinrichten könnte, wäre dir dieses ganze Leid erspart geblieben.«

Am Abend nahm mich Kamran mit ins Serena Hotel. Hier versteckten sich alle Expats. Um mit dem Auto in die Nähe zu kommen, mussten wir im Slalom durch Betonblöcke mit einigen dazwischen verstreuten Polizeiposten fahren. Einer der Security-Leute schaute mit einem konvexen Spiegel an einem Stock unter das Auto und nahm Kamrans Papiere entgegen. Nachdem man uns den Weg freigemacht hatte, fuhren wir über einen sich schlängelnden Weg hoch zu einem Parkplatz, wo das Auto nochmals kontrolliert wurde.

Vor zwei Tagen hatte ich noch in einer Hütte aus Beton auf dem Boden geschlafen, wo die Menschen hart arbeiteten, um genug Essen für den Winter zusammenzubekommen. Jetzt stand ich in einer Halle, in der dicke Marmorsäulen eine hohe Decke mit großen Kronleuchtern abstützten. Alles war geräumig und blitzsauber. Kurz kam es mir vor, als wäre ich wieder in Dubai.

Wir gingen in einen Saal, der zur Hälfte mit Pakistanern und zur anderen Hälfte mit Expats gefüllt war. Ein Mann berichtete von seinem Projekt, einem Buch über die Geschichte eines Edelmannes aus Punjab. Begleitet wurde der Vortrag von einer langweiligen PowerPoint-Präsentation. Ich hoffte, am Schluss würden Bier oder Wein serviert.

Pech gehabt. Mit einem Weinglas voll Cola stand ich unbehaglich bei einem Grüppchen Diplomaten. Eine vornehme Amerikanerin erzählte mir, dieses Hotel sei der einzige Zufluchtsort für Expats, und es gebe in Pakistan sonst nichts zu tun. Von einem älteren Mann erfuhr ich, dass der letzte Vortrag, eine Einführung über Mineralien im Himalaja, auch sehr interessant gewesen sei und dass er gerne einmal in den Norden von Pakistan reisen würde, was jedoch viel zu gefährlich sei. Ich nickte. Gerade, als ich von der Schönheit der Berge berichten wollte, erschien Kamran mit einem hochgewachsenen jungen Mann, der das Durchschnittsalter der Anwesenden mehr in meine Richtung verlegte. »Das hier ist Roshaan. Ihr müsst euch unbedingt unterhalten, er reist auch gern und tut viel Gutes.«

Roshaan war Pakistaner und reiste viel. Er trug ein weites Polohemd. Vor allem redete er gerne über sich selbst. Irgendwann sagte er: »Du siehst mir ganz so aus, als könntest du ein Bier gebrauchen.«

Ich schaute ihn hoffnungsvoll an. Er lächelte und stieß Kamran an. Auf Englisch sagte er: »Ich glaube, der ist interessant. Ich nehme ihn.«

Sie besprachen, wie man meinen Rucksack von Kamran zu Roshaan bekommen würde, und die Transaktion war vollzogen. Durch unseren Aufbruch pendelte sich das Durchschnittsalter wieder in Richtung der Leute mit Rentenanspruch ein.

Vor einem abgelegenen Gebäude standen Männer Schlange. An einem Loch in der Mauer wurde der Deal geschlossen. Roshaan legte einige Banknoten in eine Hand, die aus dem Loch herausschaute. Daraufhin erhielt er eine Plastiktüte mit Bierflaschen. Gebraut war das Bier in Rawalpindi. Topqualität. In Pakistan durfte man Bier brauen, aber nicht verkaufen. Genau umgekehrt wie in den Niederlanden.

In einer abgelegenen kleinen Straße öffneten wir die Flaschen und stießen auf unsere neue Freundschaft an.

»Trink aus, wir müssen weiter.« In dieser Stadt durfte man ganz offensichtlich keine Zeit verlieren.

Plötzlich wurde mir klar, dass man in Pakistan nie einen Glücksmoment mit einem kalten Bier auf einer sonnenüberfluteten Terrasse erleben konnte. Womit vertrieben sich die Menschen hier wohl die Zeit?

Wir erreichten den Zaun von Roshaans Grundstück und fuhren an Tennisplätzen, Schwimmbädern und Autos vorbei, bis wir schließlich vor einem großen Landhaus im postkolonialen Stil anhielten. Diener, Köche: Alles gab es hier. Roshaans Vater war der CEO einer großen Ölgesellschaft.

»Morgen feiern wir Eid al-Adha im Dorf meiner Familie, das ist in der Nähe von Peshawar«, sagte er, als wir hineingegangen waren. »Du kommst mit, oder? Natürlich kommst du mit. Als Reisender muss man so etwas erlebt haben. Im ganzen Dorf werden Ziegen, Kühe und Kamele geschlachtet. Alles durch und durch am Islam orientiert. Frauen in Burkas mit diesen Gittern vor den Augen.« Roshaan verzog angewidert das Gesicht. »In Peshawar hatten die Taliban noch sehr lange das Sagen. Wenn man im Auto saß und das Radio angestellt hatte, haben sie einen rausgezerrt und zusammengeschlagen, als Warnung. Mir sagt dieser ganze Glaubenskram nichts.«

Erstaunt sah ich ihn an. Gotteslästerung galt hier als größeres Verbrechen als Vergewaltigung oder Mord, ein Vergehen, auf das die Todesstrafe stand. Offensichtlich war Roshaan reich genug und hatte ausreichend Einfluss, dass ihm das egal sein konnte.

Eid Mubarak

Roshaan bremste vor dem großen Holztor des zweiten Hauses seiner Familie und hupte. Nichts passierte. Ungeduldig hupte er noch einmal. »Verdammt, ich glaube, er schläft noch.«

»Ich kann doch aufmachen.« Ich öffnete meinen Gurt.

»Nichts da, du bleibst sitzen. Er muss einfach nur das Scheiß-tor aufmachen, das ist seine einzige Aufgabe.« Er hupte dreimal hintereinander und ließ beim letzten Mal ganz lange nicht los. Langsam setzte sich das schwere Tor in Bewegung. Dann erschien ein buckliges altes Männlein in der Öffnung. Schläfrig winkte es uns nach drinnen.

»Aber hör mal, das hätte ich doch auch machen können?«

»In unserer Kultur funktioniert das einfach anders«, verkün-dete er lässig. »Wir sorgen für seine Familie. Und als Gegenleis-tung erledigen diese Leute Arbeiten, die im Haus anfallen.«

Roshaans Großvater saß in einem bequemen Sessel, umringt von seinen Verwandten. »Willem, hör zu, ich will dir etwas erzählen.« Er winkte mich heran, weil ich mich näher zu ihm setzen sollte. »Das hier ist meine Familie.« Er deutete auf die Menschen um sich herum. »Mein Sohn ist der Geschäftsführer einer großen Öl-gesellschaft. Fizal, mein ältester Enkel, ist Arzt.« Er ging all seine Angehörigen durch. Jeder in der Familie arbeitete, um eine bes-sere Welt zu schaffen. »Und dann Roshaan.« Wohlwollend nickte er ihm zu. »Es ist ein großes Glück, dass du ihm begegnet bist. Er ist Dokumentarfilmer geworden, um das Unrecht in Pakistan anzuprangern. Es gibt so viel Ungleichheit hier, einfach schrecklich ist das. An deiner Stelle wäre ich froh, dass du nun bei einer so guten Familie gelandet bist.«

Ich nickte zurückhaltend.

»Und was tust du?«

Ich berichtete von meinem Reiseplan. Er unterbrach mich.

»Warum willst du eigentlich nach China?«

»Ich habe auf die Karte geschaut, und ich habe vor, von West nach Ost zu reisen, so einfach war das.«

»Aber was erhoffst du dir von einer Reise durch China? Was hast du dort vor?«

In fünf Monaten war er der Erste, der mir diese Frage stellte. Indem ich China zu meinem letzten Ziel erklärt hatte, machte ich alle Länder zwischen den Niederlanden und dort zu bloßen Zwischenstationen. Ich focht einen Kampf mit mir selbst aus. *Soll ich es sagen? Bitte lass mich das nicht sagen. Nein. Nicht ...* »Für mich ist die Reise an sich wichtiger als das Ziel«, sagte ich, als würde ich eine originelle Lebensweise verkünden. Ich erschauderte beim Klang meiner eigenen Worte.

»Es ist doch wichtig, dass man einen Unterschied macht auf der Welt. Meine Kinder tun alle etwas, damit die Welt ein besserer Ort wird. Was genau tust du?«

»Willem ist Vegetarier«, erklärte Roshaan seinem Großvater fröhlich.

»Dann wünsche ich dir morgen viel Spaß«, antwortete der lachend.

»Und er backt Pfannkuchen«, fügte Roshaan hinzu.

Nach der Diät aus Kartoffeln und Spinat bei meinen letzten Gastgebern wurde ich nun mit verschiedenen Gebäcksorten und Brötchen vollgestopft. Es wäre fast unmöglich gewesen, für diese Menschen auch noch Pfannkuchen zu backen. Roshaans Mutter teilte diese Auffassung allerdings nicht. »Wenn ich gewusst hätte, dass der große Pfannkuchenbäcker bei mir zu Gast sein würde, hätten wir schnell ein Fest organisieren können!«

Am nächsten Tag zogen wir durch die engen Straßen des Dorfes und besuchten diverse Familienmitglieder. Der Ort sah so aus, wie sich die meisten Leute Pakistan vorstellen: mit engen Gassen, in denen hin und wieder Frauen in Burkas wie Gespenster herumschwebten. Das einundzwanzigste Jahrhundert fand hinter den sandigen Mauern und den schwarzen Metalltoren statt. Eines dieser Tore stand offen.

Vier Männer umringten eine auf dem Rücken liegende tote Kuh. Einer von ihnen hielt den Huf des Tieres fest und zog ihm das Fell ab.

»Willst du zuschauen?«, fragte Roshaan. Seinen Gesten und seiner Intonation entnahm ich, dass er zu den Männern sagte, ich sei ein Reisender aus den Niederlanden und mache Dokumentarfilme über die großartige pakistanische Schlachtkultur. Die Männer fühlten sich geehrt. Einer zeigte mir stolz das blutige Messer, mit dem er dem armen Tier die Kehle durchgeschnitten hatte.

Wir folgten einem Rinnsal aus Blut, das in den Gärten vergossen und dann in den Rinnstein gespült wurde. »Im Haus meines Onkels wird gleich eine Kuh geschlachtet, da kannst du zuschauen.« Ich runzelte die Stirn. »Du willst doch die pakistanische Kultur entdecken? Wenn ich respektiere, dass du Vegetarier bist, musst du auch respektieren, dass wir Tieren die Kehle durchschneiden.« Er klopfte mir freundschaftlich auf die Schulter. Ob ich auch der öffentlichen Hinrichtung einer Ehebrecherin beiwohnen würde? Aus purem Respekt für die Kultur?

Im Garten von Roshaans Onkel stand eine Kuh und käute ahnungslos ihr letztes Abendmahl wieder. Auf ihrer rechten Seite, bei dem blauen Metalltor, wartete ihr Schlächter mit einem Tau in der Hand, sein Salwar-Kamiz-Hemd war mit getrockneten Blutflecken von der letzten Schlachtung beschmiert. Der Assistent hockte unter einem Vordach in der Ecke bei dem blauen Metalltor.

Er schliff ein großes Fleischermeister auf einem Stein, der eine rotbraune Flüssigkeit abgab.

»Im Westen halten die Leute Halal-Schlachtungen für tierfeindlich«, sagte Roshaan spöttisch, »aber schau doch nur, wie fachkundig das Messer geschliffen wird. Man muss dem Tier die Kehle in einer einzigen geschickten Bewegung durchschneiden, sodass alle Nervenverbindungen zum Kopf direkt zerschnitten werden. Das Tier ist sofort tot. Eigentlich viel humaner, als es erst ein paar Jahre lang in einem riesigen Stall zu quälen, bis es einen Bolzen durch den Kopf kriegt.«

Man hatte der Kuh Seile um die Füße gebunden. Nun wurden sie angezogen, wodurch sie das Gleichgewicht verlor und umfiel. Zwei Männer kletterten auf das Tier und hielten ihm die Beine fest.

Aus seinem Blick schrie mir die Angst entgegen. Ich versuchte es zu beruhigen. »Es wird alles gut. Gleich ist es vorbei, und dann wirst du als Kuh in Indien wiedergeboren.«

Der Assistent zog den Kopf weit nach hinten, und der Schlächter schnitt in einer raschen Bewegung die Kehle durch. Der Hals der Kuh verwandelte sich in eine Blutfontäne. Der Schlächter zog den Kopf weiter nach hinten, sodass das ganze Blut aus den Adern der Kuh strömen konnte.

»Sie bewegt sich ja noch«, sagte ich schockiert.

»Das sind nur letzte Zuckungen«, erklärte mir Roshaan lachend. Eine davon löste eine neue Blutfontäne aus, sodass einer der Jungen, die auf der Kuh saßen, einen roten Schwall auf sein einst sauberes Salwar-Kamiz-Hemd bekam. Die Umstehenden jauchzten. *Eid Mubarak, ein fröhliches Opferfest euch allen.*

»Ihr wisst wenigstens noch, wo euer Fleisch herkommt«, sagte ich. »In den Niederlanden verschließen die Menschen ganz oft die Augen davor. Jeder, der Fleisch isst, müsste eigentlich erst einer Schlachtung beiwohnen, um zu sehen, welches Leid hinter ihrem Genuss steckt.«

»Leid? Welches Leid denn?« Roshaan legte mir einen Arm um die Schulter und lachte wieder. »Komm, jetzt jagen wir Wachteln.«

Kein Geld, kein Problem

Der Geldautomat in Peschawar funktionierte nicht. Ich hatte noch hundert Rupien in bar und entschied kurzerhand, sie in ein Snickers zu investieren. Mir war zwar bewusst, dass ich für den Preis auch eine vollständige Mahlzeit bekommen konnte, aber trotzdem zweifelte ich keine Sekunde. Ich würde einfach Geld abheben, sobald ich in Lahore ankam.

An der Busstation von Lahore gab es zwei Geldautomaten, einen blauen und einen grünen. Der grüne zeigte in freundlichen Buchstaben »*CARD NOT ACCEPTED PLEASE TRY AGAIN*« an. Ich versuchte es noch ein paar Mal und ging dann zu dem blauen Automaten. »*INVALID CARD*«. Nur an internationalen Geldautomaten konnte man Geld abheben; vielleicht waren diese beiden einfach durch und durch einheimisch.

Ich ging zu einem Einkaufszentrum, das gut in einen postapokalyptischen Film gepasst hätte, in dem sich die Überlebenden vor Zombies verstecken. Vielleicht hatte man auch genau deshalb einen etwa dreißigjährigen freundlichen Security-Mann dort postiert.

»Ich suche einen Geldautomaten«, sagte ich.

»Hier gibt's keinen«, antwortete der junge Mann. »Das Einkaufszentrum ist geschlossen.«

Ich war müde und hatte mein letztes Geld für ein Snickers auf den Kopf gehauen, das mir aber immer noch jede einzelne Rupie wert schien. Wo sollte ich schlafen, was sollte ich essen? War jetzt der Zeitpunkt gekommen, ab dem ich mit Isomatte und Schlafsack in einem Park würde übernachten müssen? Der junge

Mann, der sich direkt als Mohammed vorstellte, konnte sich gut in meine Situation hineinversetzen. Vielleicht sogar besser als ich selbst. Ich war ohne Angehörige hier, ohne soziale Kontakte, ohne Geld. Er rief einem anderen Mann in Security-Uniform etwas zu. Der lag auf einem Feldbett. Mohammed bat ihn, aufzustehen und auf meinen Rucksack aufzupassen.

Nach einem Rundgang auf der Suche nach Geldautomaten kamen wir wieder am Einkaufszentrum an. Mohammed deutete auf einen Stuhl. Etwas später erschien er mit einer Flasche Cola und einer Pizza. »Ich weiß schon, was ihr aus dem Westen essen wollt.« Erwartungsvoll sah er zu, wie ich den Pizzakarton öffnete.

Ich konnte ihm natürlich nicht sagen, dass ich das pakistanische Essen deutlich leckerer fand als eine Pizza, die nach ihrer eigenen Verpackung schmeckte. Für ihn war es eine teure Mahlzeit. Er verwöhnte mich wirklich. Ich strengte mich sehr an, die Pizza zu genießen.

»Du kannst heute Nacht hier schlafen. Wir bewachen dich.« Mohammed lächelte. »Du musst nur dafür sorgen, dass du vor sieben Uhr verschwunden bist, dann kommen die ersten Leute.«

Ich rollte Matte und Schlafsack aus.

Als ich aufwachte, war Mohammed schon weg. Er hatte mir nicht die Chance gegeben, mich bei ihm zu bedanken. Das Einkaufszentrum war noch geschlossen. Über die stillstehende Rolltreppe ging ich zu den WCs und machte mich frisch. Danach lief ich zur Busstation, wo es Gratis-WLAN gab. Ich rief bei meiner Bank an. Man würde Geld zu einer Western-Union-Filiale überweisen. Danach machte ich mich auf den Weg zum Lahore Backpackers, dem einzigen Hostel in Pakistan.

Lahore Backpackers

Das Lahore Backpackers war keine gewöhnliche Absteige: Es war ein pakistanisches Hostel und ganz anders als die Backpacker- hotspots in Südostasien oder in Zentralamerika. Der Manager war kein australischer oder amerikanischer Aussteiger, dem es gut gefiel, in einem Land mit billigem Bier und willigen Frauen in einem Hostel zu arbeiten. Der Geschäftsführer des Lahore Back- packers hieß Sajjad und wirkte wie ein Büromanager aus den Achtzigerjahren: Er trug einen zu großen braunen Anzug, hatte einen dicken Schnurrbart und gemein wirkende kleine Augen. In seinem Büro hingen keine netten Fotos von Gruppen mit ent- husiastischen Backpackern in Bikini oder Badehose: Da standen nur ein Schreibtisch mit zwei großen Telefonapparaten und ein abgewetzter Bürostuhl aus Kunstleder. Statt einer Kneipentour oder einem Trip durch den Dschungel bot das Lahore Backpa- ckers den Besuch eines »Ladyboy-Festivals« an, wie Sajjad das nannte.

Die Behörden bezeichnen die »Ladyboys« als *Hijras* oder Eunuchen, und sie selbst hörten den Begriff *khwaja sari* am liebsten. Aber das war so schwierig auszusprechen – »Ladyboys« begriff ich zumindest. Ladyboys begegnet man überall in Süd- asien. Aber in Pakistan war die Menge schon sehr auffällig. Aus einer westlichen Perspektive betrachtet man Transgendering und Crossdressing als etwas Liberales. Die Allgegenwärtigkeit dieser Gruppe in einer konservativen islamischen Kultur faszi- nierte mich. Man stelle sich vor, eine Dragqueen käme in eine konservative Kirchengemeinde in den Niederlanden. Schon allein der Gedanke! Für diese Gruppe wollte ich mein viertes *Pancake Adventure* organisieren.

Sajjan stellte mich Haroon vor. Das war unser Begleiter für diesen Tag. »Aber nenn mich einfach Lady Diamond«, begrüßte er mich mit exaltierten Handbewegungen. Lady Diamond war ein Teilzeittänzer. Im Moment sah er aus wie ein typischer Pakistaner, in einem weißen Salwar-Kamiz-Gewand und mit dunklen Locken. Ein gut aussehender Mann um die vierzig, nahm ich an. »Vierzig?!«, kreischte er. »Jetzt fühle ich mich aber geschmeichelt, ich bin schon fast fünfzig!« Er hatte eine Frau und zwei Kinder und liebte sie alle heiß und innig. Außerdem liebte er es, sich als Frau zu verkleiden und sich von wollüstigen, sexuell unterdrückten Männern nehmen zu lassen.

Nach einer zweistündigen Busfahrt erreichten wir ein dünn besiedeltes Gebiet, von dem aus es einen Rikscha-Shuttle zum Festivalgelände gab. Das Gefährt war zum Bersten gefüllt, aber die Regel lautete: Voll ist die Rikscha erst, wenn niemand mehr mitmuss. Auf dem Dach war noch ein einziges Stück Metall frei, an dem Lady Diamond und ich uns festhalten konnten. Sajjad hing mit einem Fuß in der Luft hintendran. Bei einem Höchsttempo von fünfzehn Stundenkilometern wirkten auf die Rikscha vielleicht geringere G-Kräfte ein als auf eine Achterbahn, aber weil es keine Federung gab, kam mir die Fahrt über einen holprigen Acker recht abenteuerlich vor.

Das Festivalgelände befand sich in der Nähe eines Bauernhofs mit fünf Häusern, einem Laden und einer kleinen Moschee. Es war von Äckern mit tonhaltiger Erde umgeben. Auf einem der drei Felder standen Zelte. In einem anderen Teil spielten Leute eine Runde *Kabdadi*, eine Kombination aus Rugby, Ringkampf und Fangen, und ich begriff die Regeln einfach nicht. Ein alter Sufi-Guru mit Perlen, Dreadlocks und dicken Ketten um den Hals irrte über das Spielfeld. Niemand hielt ihn zurück.

»Komm, wir gehen. Das Spiel ist doch langweilig.« Lady Diamond zog mich hinter sich her, Sajjad lief uns mehr oder weniger nach, wie ein kleiner Bruder, der überall hin mitmusste, weil man sich nicht rechtzeitig um einen Babysitter gekümmert hatte. Ich hatte für diese Tour fünfzig Euro bezahlt und fragte mich, wie viel Sajjad davon wohl Lady Diamond gegeben und wie viel er selbst behalten hatte.

Die Moschee bestand aus nichts weiter als einem Betonzaun und einem Turm. »Los, zieh die Schuhe aus, wir müssen beten.« Ich hatte Zweifel und muss erschrocken dreingeschaut haben. »Jetzt stell dich nicht so an. Mach mir einfach alles nach, dann klappt das schon.« Ich zog Schuhe und Socken aus und wusch mir die Füße. Der Imam hatte seinen Bart mit Henna orange gefärbt. Das hatte ich schon häufiger gesehen, aber nie den Grund dafür begriffen. »Sie haben Angst davor, alt zu werden«, erklärte mir Lady Diamond lachend. »Der Prophet Mohammed ist auch immer jung geblieben. Die meisten Imame sind noch eitler als ich.«

Ich war noch dabei, mir die Moschee genau anzusehen, merkte aber, dass die anderen schon angefangen hatten. Schnell stellte ich mich neben Lady Diamond und hob die Hände zu beiden Seiten des Kopfes, als wollte ich mir Segelohren verpassen. In den Gebeten erkannte ich nur »Allah hu Akbar«, von verschiedenen Terroranschlägen. Zum ersten Mal in meinem ganzen Leben nahm ich an einem Freitagsgebet teil. Ich kreuzte die Arme vor der Brust und sah dann, dass alle anderen schon zur nächsten Position übergegangen waren, einer Verbeugung. Schnell tat ich dasselbe, und als ich wieder aufrecht dastand, waren sie erneut einen Schritt weiter. Ich kniete mich hin, schaute nach rechts und schlug die Hände vors Gesicht. Dabei brabbelte ich etwas auf Niederländisch, das wie Arabisch klingen sollte. Als ich für den nächsten Schritt wieder nach rechts schaute, sah ich, dass alle anderen schon standen. Ich fühlte mich wie ein Babyelefant, der den Anschluss an die Herde verloren hatte und tollpatschig hinterherrannte.

»Aber natürlich!«, beantwortete Lady Diamond meine Frage, ob Ladyboys und der Islam zusammenpassten. »Homosexualität ist verboten, aber die *Hijras* sind weder Mann noch Frau. Deswegen gelten für sie andere Regeln. Außerdem gab es schon zu Zeiten des Propheten Mohammed Ladyboys, und er hat gesagt, besser man akzeptiert sie und lässt sie in ihrer eigenen Stadt wohnen, als dass sie vom Glauben abfallen. Auch sie sind Geschöpfe Gottes.«

Es schien, als könne jeder alles mit dem Verweis auf Mohammed begründen. Ich hatte mich rasch eingelesen, bevor wir zum Festival aufbrachen, und so erfahren, dass die Kultur der *Hijras* etwa aus dem sechzehnten Jahrhundert stammte, aber ich fragte nicht weiter nach. Diese Geschichte fand ich schöner.

Lady Diamond distanzierte sich nachdrücklich von dieser Gruppe. Er war kein *Hijra*, sondern einfach ein Teilzeittänzer. Er betrachtete sich als Mann, und er hatte eine Familie. Zufällig liebte er diese Subkultur nur sehr. Und er liebte die Aufmerksamkeit von Männern. Wenn er als Frau verkleidet war, war er auch für kurze Zeit eine Frau, und dann durfte er auch mit Männern ins Bett gehen.

Abgesehen von ein paar altmodischen elektronischen Anlagen vermittelte mir das Festivalgelände den Eindruck, ich wäre ein paar Hundert Jahre in die Vergangenheit zurückgereist. In einer Ecke saß ein Schlangenbeschwörer auf einem Plastikteppich. Über ihm hing eine Energiesparlampe, die von Fliegen umschwirrt und durch einen summenden kleinen Generator am Leuchten gehalten wurde. Der Mann spielte auf einer Flöte, und eine Kobra erhob sich in einem eleganten Tanz aus dem geflochtenen Korb. Hier ging es nicht um die Touristen aus dem Westen; hier liefen fast nur Analphabeten mit dicken Schnurrbärten in schmutzigen Salwar-Kamiz-Gewändern herum.

Man spielte eine Art Twister mit Ziffern auf knallgelben Flächen. Am Stand daneben sprach ein Mann schrill verzerrt durch ein Mikrofon. Auf dem Tisch vor ihm lag eine Reihe Eidechsen mit aufgeschnittenen Bäuchen auf dem Rücken. Manche gaben noch widerwillig ein Lebenszeichen von sich, wenn er ihnen mit einer Art Stricknadel in die Eingeweide stach. Hinter den Eidechsen standen allerlei Tiegel, in denen er die Körperflüssigkeit der Tiere aufbewahrte. »Das hilft gegen Erektionsprobleme«, erklärte Lady Diamond fröhlich.

Wir gingen zu einem kleinen Zirkuszelt und gelangten hinter die Kulissen der Veranstaltung. Drei Männer verwandelten sich langsam in Frauen. Dicke Lagen weißer Foundation, falsche Wimpern und Perücken wurden angebracht. Es war herrlich anzusehen.

Ein Mann, der abgesehen von seinem Sarong noch völlig wie ein Mann aussah, lachte mich herzlich an. Dann rief er mir etwas zu. Lady Diamond legte mir eine Hand auf die Schulter. »Du musst aufpassen, hörst du? Sie wollen dich alle haben, so einen attraktiven Europäer.«

Vor dem Zirkuszelt hatten sich die schnurrbärtigen Männer versammelt. Sie warteten an der »Arena«, einem von einem Tau umrahmten Acker. Auch hier hingen einige Energiesparlampen an Drähten. Die Fliegen, die das Licht umtanzten, machten es zu einer Art Discobeleuchtung. Durch uralte lange Lautsprecher, die wie Posaunen aussahen, kündigte der Ansager die erste Tänzerin an. Dann durchbohrte schrille indische Musik mein Trommelfell.

Eine hübsche Tänzerin kam mit eleganten Bewegungen aus dem Zirkuszelt stolziert, so als bewege sie sich über einen Catwalk. Mit einer graziösen Geste strich sie sich das Haar über die Schulter, wie in einer schlechten Shampooreklame. Sie gab sich keine Mühe, eine Pirouette zu vollenden. Stattdessen hopste sie von einem Bein aufs andere, um danach wieder den Trick mit ihrem Haar zu vollführen. Einige der Männer hinter dem Zaun wedelten lakonisch mit Banknoten, die anmutig, aber gleichgültig in Empfang genommen wurden. Was das anging, wirkte das Ganze eigentlich wie ein Striplokal, nur ohne Strippen, Gejohle oder Alkohol. Aber authentisch war es schon. Inzwischen hatten auch die anderen Tänzerinnen die Arena betreten. Sie bewegten sich zum Klang der Musik wie Äste bei Windstärke drei. Die Männer hinter dem Tau warteten darauf, dass etwas passierte, und die Tänzerinnen darauf, dass es vorbei wäre. Die gelangweilte Darbietung der Ladyboys stimmte mich traurig. Mein begeisterter Freund bemerkte das sofort.

»Ein schönes Leben ist das nicht. Diese Mädchen leben in Gettos.« Lady Diamond schaute ernst drein. »Die Ladyboys gehen in Armenviertel. Da klopfen sie bei Familien mit kleinen Jungen an und sagen: ›Ach, ich spüre es, auf Ihrem Sohn liegt ein Fluch. Besser, Sie geben ihn uns mit, dann sorgen wir dafür, dass es ihm gut geht.‹ Die Jungen trainiert man dann für tanzen, betteln und Blowjobs.«

Ich betrachte die Tänzerinnen in der Arena. Wenn sie genauso gut bettelten und Blowjobs erledigten, wie sie tanzten, hatten sie noch eine ganze Menge Arbeit vor sich. »Sie alle sind Mitglieder derselben Gemeinschaft. Der Leiter einer solchen Gemeinschaft heißt Guru. Man kann nicht einfach Guru werden. Man muss sich hocharbeiten. Damit man ein richtiger Guru wird, muss man sich dem Nirvan unterziehen, einem Ritual, bei dem einem der Schwanz und die Eier abgeschnitten werden.« Lady Diamond lachte über mein entsetztes Gesicht. Instinktiv hatte ich nach meinen eigenen Eiern gegriffen, um sicherzustellen, dass sie noch da waren. »Weil sie für einen solchen Eingriff nicht in ein Krankenhaus können, führen ihn andere Gurus durch. Die einzigen Kenntnisse, über die sie verfügen, sind von Generation zu Generation von einem auf den anderen übertragen worden. Eine solche Operation wird in den Slums durchgeführt, auf einem Holztisch. Neunzig Prozent überleben sie nicht.«

Traurig schaute ich mir das Schauspiel weiter an.

»Komm, wir gehen zu einer anderen Arena«, sagte Sajjad. Ich hatte ihn und sein widerliches Grinsen völlig vergessen. »Da ist es viel besser. Da gibt's echte Frauen.«

Wir gingen in ein eingezäuntes Gebiet, das man nicht ohne Weiteres betreten konnte. Spannend klang das Ganze schon. Es gab noch genau zwei Plastikstühle für uns. Um eine kleine Bühne hatte man eine Art Burggraben gezogen, mit einem Holzbrett als Brücke. Wieder ertönte eine schrille Stimme durch die antiken Lautsprecher. Sechs Mädchen von etwa siebzehn Jahren erschienen auf der Bühne. In ihren schönen langen Kleidern mit Plastikglitter sahen sie wunderschön aus. Ich fühlte mich schrecklich. Diese jungen Mädchen standen vor einem Erschießungskommando sexuell frustrierter Männer. Sie bewegten sich kaum. Eine rieb sich nervös über den Arm, eine andere schaute in die Ferne, so weit weg wie möglich. Das Mädchen in dem schwarzen Salwar-Kamiz-Kleid besaß als Einzige ein gewisses Selbstbewusstsein, als hätte sie sich selbst davon überzeugt, sie könnte hier über ihr ursprüngliches Milieu hinauskommen. Als die Musik einsetzte, bewegten die sechs ein wenig unbehaglich ihre Gliedmaßen. Sajjad streckte einen Fünfzig-Rupien-Schein in die Luft und deutete auf das schöne Mädchen in Schwarz. Gehorsam kam sie über das Laufbrett und stellte sich vor uns. Sie schüttelte Sajjad die Hand. Herablassend starrte er sie an, als hätte er ein Anrecht auf Sex, weil er dafür bezahlt hatte. Sie bewegte die Schultern vor und zurück, spielte mit ihrem Haar und nahm das Geld entgegen. Sajjad hielt den Schein einen winzigen Moment zu lange fest, was ihm einen entnervten Blick eintrug.

Unmotiviert trottete sie über das Brett zurück zum Schafott. Nach einer Viertelstunde verließen die Mädchen die Bühne wieder. Ich fragte mich, wo sie wohl hingingen. Der Gedanke beschäftigte mich, aber ich hatte auch Mitleid mit den meisten Männern, mit ihrer angestauten Lust, für die es kein anderes Ventil gab. War das hier das Beste, auf das sie hoffen durften? Für viele dieser Männer bedeutete es vielleicht schon eine ganze Menge, dass sie ein Mädchen außerhalb ihrer Familie so schön zurechtgemacht sahen.

Wir waren wieder bei der *Hijra*-Arena. Die Tänzerinnen bewegten sich noch immer ohne jede Leidenschaft zur schrillen Musik. Ein Mann, der mir hinter der Bühne freundlich zugelacht hatte, hatte sich inzwischen völlig in eine Frau verwandelt. Sie schien als Einzige Freude am Tanzen zu haben und bewegte sich geschmeidig. Dann winkte sie mich zu sich. Ich zweifelte: Sollte ich es wagen? Vielleicht wäre es ja eine interessante Erfahrung ... Ich bezwang meinen Impuls. Natürlich konnte ich nicht einfach so in die Arena klettern und vor den Augen all dieser Männer einen Tanz aufführen. Sie bemerkte meinen inneren Kampf und winkte mir ermutigend zu. Lachend schüttelte ich den Kopf. Sie winkte mir nochmals zu und schickte ein paar Küsschen in meine Richtung. Manchmal muss man seine Hemmungen einfach überwinden.

Hier, inmitten all der grauen Gewänder, dicken Schnurrbärte und der beklemmenden Abwesenheit von Sex erschien es mir eine gute Idee, mit einem Ladyboy zu tanzen. Ohne länger nachzudenken, kletterte ich unter dem Tau hindurch. Mit ausgestreckten Armen hieß mich die Frau willkommen, und ich zog sie an mich. Wir probierten ein paar Charleston-Schritte, wie in einer Tanzhalle, und ein paar nicht einzuordnende spontane Bewegungen. Lady Diamond überschüttete uns fröhlich mit Geldscheinen. Die knurrigen Schnurrbärte zeigten lachend auf uns. Endlich tat sich etwas. Wir tanzten die Sterne vom Himmel. Ich gab ihr einen Kuss.

Plötzlich zog jemand an mir. »Wir müssen verschwinden«,

zischte Lady Diamond. »Du hast viel zu viel Aufmerksamkeit auf dich gezogen. Jetzt sind alle scharf auf dich, weil du so ein attraktiver Europäer bist.« Schnell liefen wir ins Zirkuszelt, verließen es durch den Hinterausgang und rannten hinter den Männern, die zur Arena hinschauten, zur Straße zurück.

Maulend kam uns Sajjad hinterher. Er wollte noch lange nicht gehen, sondern noch mehr unanständige Dinge sehen.

Auf dem Rückweg erzählte ich Lady Diamond, dass ich Pfannkuchen für die Gruppe backen wollte.

»Das wird schwierig.«

»Wieso denn?«

»Es ist sehr gefährlich. Und außerdem ...« Er schaute kurz zu Sajjad hin. »Außerdem ist es schlecht für ihr Make-up.« Diese Erklärung fand ich so rätselhaft, dass ich keinen Einwand erheben konnte.

Ich fragte ihn nach seiner Telefonnummer, aber auch das erwies sich als schwierig. Die Tour kostete fünfzig Euro, aber wenn ich wirklich in das Dorf wollte, um mit den Ladyboys zu sprechen, würde mich das zweihundertfünfzig Euro kosten. Und Sajjad wollte sich das Geld nicht entgehen lassen. Mir ging es nicht um eine Freak Show, sondern um Kontakt mit den Leuten. Wenn ich jemanden bezahlen wollte, dann diese Tänzerinnen, nicht meinen gierigen Führer, der überhaupt nichts beitrug.

Desillusioniert verließ ich am nächsten Tag das Hostel und reiste nach Indien weiter.

Grenzübergang

In Wagah befindet sich der einzige noch geöffnete Grenzübergang zwischen Pakistan und Indien. Seit der Unabhängigkeit von England liegen die beiden Länder miteinander im Konflikt. Jeden Abend wird das Zerwürfnis mit einer Parade gefeiert. Wie diese Zeremonie ausfällt, hängt von den aktuellen Spannungen zwischen den beiden Ländern ab. Seit der Unabhängigkeit sieht sich Indien in der Rolle des weisen älteren Bruders, der Frieden will, und Pakistan als den rebellischen jüngeren, der Vergeltung fordert. Während meines Aufenthalts in Pakistan hatte ich nichts davon bemerkt. Die Pakistaner betrachteten die Inder als Brüder und hofften, irgendwann einmal nach Indien reisen zu können. Die Behörden führten Krieg, nicht sie. Dasselbe hatten die Georgier über die Russen und die Iraner über die Amerikaner gesagt.

Mit jedem Kilometer, den ich mich dem Grenzübergang näherte, wurde ich unruhiger und fragte mich, ob auch wirklich alles gut gehen würde. Dieses unheimliche Gefühl sollte sich zwei Wochen später bestätigen, als ein Bombenanschlag an einem Kontrollpunkt verübt wurde, den ich passiert hatte.

Am Grenzübergang begegnete ich einem deutschen Paar, das in seinem Jeep um die Welt reiste. Von Pakistan hatten die beiden nur wenig gesehen.

»Aber das liegt daran, dass wir ständig ein Patrouillenauto bei uns hatten und die normalen Straßen nicht verlassen durften«, erklärte die Frau.

»Und dann der Preis, den man dafür bezahlt ... Ein Skandal«, fügte der Mann hinzu.

»Brauchtest du einen Begleiter?«, fragte die Frau.

Ich verneinte das. Ich hatte die pakistanische Botschaft in Den Haag mit nichts als meinem Pass und meiner Begeisterung betreten. Der zuständige Mitarbeiter hatte mich seltsam angeschaut und dann gesagt: »Wenn Sie mir einen Brief schreiben und erklären, warum Sie nach Pakistan reisen wollen, reicht das.«

Wie hätte ich das Land wohl ohne die Freiheit erlebt, die mir zugestanden wurde? Ich hätte die schönsten Erfahrungen in Pakistan verpasst. Dann hätte ich nie an der verlassenen pakistanischen Riviera Alkohol getrunken, nie in einem abgelegenen Bergdorf gewohnt und auch nie mit den *Hijras* getanzt.

Trotz der Spannungen zwischen den beiden Ländern verlief der Grenzübertritt ohne jede Schwierigkeit. Die Zöllner stellten keine lästigen Fragen und unterzogen mich auch keiner Leibesvisitation. Vielleicht lag es daran, dass ich als Niederländer nur wenig Interesse daran hatte, in Indien einen Anschlag zu verüben.

Die ersten Polizeibeamten mit Turban und Bart bestätigten meinen Eindruck, dass ich ein ganz anderes Land betreten hatte. Ich ging an den Ort, wo die Zeremonie stattfinden sollte. Die Ausländer hatten ihre eigene Loge mit den besten Plätzen direkt am Grenzübergang. Fast wehmütig schaute ich zu den Pakistanern hinüber. Ich fühlte mich wie ein Verräter, weil ich jetzt beim indischen Team saß. Den Unterschied zwischen beiden Kulturen hätte man gar nicht deutlicher zum Ausdruck bringen können. Sie saßen da in ihrer eintönigen Kleidung, wir bildeten ein knallbuntes Chaos aus Turbanen und Saris.

Wie kam es nur, dass ich Pakistan so sehr in mein Herz geschlossen hatte? Außer den Bergen und Lahore gab es kaum lohnenswerte Sehenswürdigkeiten, und die Mahlzeiten waren nicht besonders interessant, wenn man kein Fleisch aß. Die Menschen?

Ja, die hatte ich als gastfreundlich und nett erlebt. Vielleicht war es ihre ruhige Art, die dafür sorgte, dass ich mich entspannen konnte. Aber vor allem hatte sich alles Erlebte angefühlt wie das Kennenlernen einer noch unbekannten Kultur.

Neben mir saß eine Gruppe junger Reisender mit großen Fotoapparaten. Sie waren blond, hochgewachsen und stämmig. Das Mädchen, das mir am nächsten saß, passte nicht zu ihnen. Sie war klein und zart, hatte dunkles Haar und leuchtende Augen. Umwerfend sah sie aus. Immer öfter und immer länger verirrte sich mein Blick in ihre Richtung. Dieses Hin- und Wegsehen wurde erst von dem Ruf eines indischen Militärs unterbrochen, gefolgt von dem eines pakistanischen auf der anderen Seite des Zauns. Darauf folgte langes und lautes Trommeln. Trompetenschall, Gejohle auf beiden Seiten. Ich wusste nicht, ob ich Pakistan oder Indien zujubeln sollte.

Jetzt erschienen Militärs mit hohen Federn auf den Kopfbedeckungen. Beim Marschieren versuchten sie mit dem eigenen Fuß die Stirn zu berühren. Es war die perfekte Darstellung von Gockelverhalten. Sobald es kurz still wurde, musste ich etwas zu dem Mädchen neben mir sagen. Diese Aufgabe hatte ich mir selbst gestellt. Sie ließ mich erzittern.

Die Trompeten verstummten, die Trommeln schwiegen kurz, und geschrien wurde auch nicht mehr. Jetzt musste ich etwas sagen. Aber was? *Was nur?* So schwierig konnte das doch nicht sein. Ich brauchte sie einfach nur zu fragen, woher sie kam. Tief holte ich Luft.

In diesem Moment setzte das Geschrei erneut ein, deswegen wartete ich bis zum nächsten ruhigen Augenblick.

»Was hältst du von der Zeremonie?«, fragte ich dann ohne jede Einleitung.

Sie wandte sich mir zu, als hätte sie auf diese Frage gewartet: »Grässlich, das Ganze, wirklich grässlich. Die schwenken einfach ein bisschen ihre Gewehre, um ihre kleinen Schwänze zu kompensieren, und dann dieser verrückte Patriotismus. Wirklich dumm, das Ganze.« Sie hatte eine sanfte, intelligent wirkende Stimme mit einem Akzent, den ich nicht einordnen konnte. Beim Lächeln zeigte sie mir ihre großen weißen Zähne. Dann fügte sie hinzu: »Ich finde Krieg einfach nur grauenvoll.«

Mir fiel keine angebrachte Reaktion ein, deswegen fragte ich: »Woher kommst du?« Die lahmste Frage im Backpackerland.

»Aus Italien«, sagte sie. »Wieso?«

»Nur so, einfach so«, stammelte ich. »Das hört man gar nicht an deinem Akzent. Ich kenne überhaupt keine Italiener, die fließend Englisch sprechen.« Das war natürlich gleichzeitig eine Beleidigung und ein Kompliment. Sie konnte sich aussuchen, wie sie es auffasste.

»Ja. So ist das nun mal.«

»Sind das da deine Freunde?« Noch so eine Scheißfrage. Ich fühlte mich wie ein Onkel, der von seiner Nichte wissen will, ob ihr die Schule Spaß macht, obwohl die Nichte dafür schon zu alt ist.

»Na ja, Freunde ... Das sind englische Freelance-Fotografen, aber eigentlich sehe ich sie öfter saufen als Fotos machen.« Sie grinste spöttisch.

Ich lachte unsicher. Bisher hatte ich nichts Interessantes von mir gegeben. Die Italienerin stellte sich als Airin vor. Sie kam aus Triest und erzählte mir, dass sie allein durch Indien reiste und dass deswegen ständig alle in Panik gerieten. Bisher waren ihr jedoch nur nette Leute begegnet. Ich nickte, lächelte und ließ sie weiter von ihren Reiseerlebnissen erzählen. Der pakistanische und der indische Militär tauschten als Zeichen der Brüderlichkeit Flaggen aus.

Wenig später saßen wir eng aneinandergepresst im übervollen Minibus nach Amritsar. Airin wollte wissen, warum ich mich nicht um die Rückfahrt gekümmert hatte. Das war ihre erste Frage an mich, und das traf sich gut. Jetzt konnte ich ganz beiläufig berichten, dass ich aus Pakistan gekommen war. »Was? Ist Pakistan nicht supergefährlich?«

»Gar nicht«, erwiderte ich so lässig wie möglich. »Das erzählen sie einem nur immer in den Medien. Die Leute da sind sehr gastfreundlich.« Ich gab wirklich mein Bestes.

»Ich bin mit einem Freund verabredet, willst du mitkommen?«, fragte ich, als wir Amritsar erreicht hatten. Blind liefen wir den englischen Freelancern hinterher, die gerade eine Domino's Pizzeria betreten wollten.

»Dann muss ich mir aber eine Ausrede einfallen lassen«, meinte sie.

»Du brauchst doch keine Ausrede, wenn du nicht zu Domino's gehen willst?«

Airin schaute mich zweifelnd an. »Und was soll ich jetzt machen?«

Sie ging in die Pizzeria. Durch die Reklameaufkleber auf den Fensterscheiben sah ich, wie sie mit italienischen Gesten eine für mich nicht nachvollziehbare Geschichte erzählte. Die Engländer schauten prüfend in meine Richtung. Airin entschuldigte sich noch einmal und sagte dann wohl, man werde sich später im Goldenen Tempel sehen und über Facebook in Kontakt bleiben und sie sei schon sehr gespannt auf die Fotos. *Typisch Airin*, dachte ich.

Als sie aus dem Domino's kam, hatte ich ein Lächeln im Gesicht, das ich wohl so schnell nicht loswerden würde.

»Warum lachst du denn die ganze Zeit?«, wollte sie wissen, als wir durch die Straßen gingen.

»Es ist ungefähr einen Monat her, dass ich ein Mädchen von so nah gesehen habe.« Was taten sich die Pakistaner mit ihrer strengen Sexualmoral nur an? Für mich lag der letzte Kontakt erst wenige Wochen zurück, und ich war sofort bereit, alles für Airin aufzugeben.

»Okay, dann sollte ich mir wohl ein bisschen Sorgen machen«, sagte sie mit gespieltem Argwohn.

»Bist du verheiratet?« Diese Standardfrage, die mir beinahe täglich gestellt wurde, übernahm ich jetzt spaßeshalber.

»Nein! Um Gottes willen, nein! Aber meine Schwester hat gerade geheiratet.« Hätte sie einen Freund gehabt, hätte sie geantwortet: »Nein, aber ich habe einen Freund.« Das entwickelte sich also schon mal positiv.

»Wer ist dieser Freund von dir eigentlich genau?«, erkundigte sie sich.

»Das weiß ich auch nicht richtig, ich habe gerade seinen Namen nicht parat.« Ich schaute auf mein Smartphone. Um zu verhindern, dass sie mich für oberflächlich hielt und glaubte, ich würde alle flüchtigen Bekannten als Freunde bezeichnen, fügte ich hinzu, uns hätte jemand aus Dubai miteinander bekannt gemacht. Mein Freund hieß Gurjit Singh.

Gurjit hatte vorgeschlagen, wir sollten uns bei Domino's treffen, aber ich hatte ihm gesagt, wir würden bei dem Restaurant warten, an dessen Fassade man ein zehn Meter langes Banner mit der Aufschrift »#1 CHOICE TRIPADVISOR!! TOP CHOICE IN LONELY PLANET!!!« befestigt hatte.

Zusammen mit einem Freund betrat Gurjit das Lokal. Beide waren imposante Erscheinungen und kamen herein, als beträten sie einen Saloon in einem indischen Western. Sie trugen blaue Gewänder, einen Turban in derselben Farbe und einen Gürtel um die Taille. Unter dem Gewand schaute eine weite weiße Hose hervor. Beide hatten lange Bärte. Gurjits war ein bisschen voller, und das verlieh ihm Überlegenheit. Sie trugen jeder ein Schwert, einen Dolch und ein dickes Armband mit scharfem Rand. Ami, Gurjits Freund, hatte ein knallrotes iPad bei sich, das er neben seinem Schwert unter das blaue Band um seine Taille gesteckt hatte. Ein schöner Kontrast. Das Blau stand für das Traditionelle und das Rot für die Modernität. Als ich ihn später darauf hinwies, reagierte er gleichgültig. Es war ihm noch nicht aufgefallen.

»Was für ein schönes Armband«, meinte Airin, als sich die beiden gesetzt hatten.

»Das ist kein Armband, sondern eine Waffe«, erklärte Gurjit. Er nahm das Teil vom Handgelenk und legte es sich um die Knöchel. »Schau, jetzt ist es ein Schlagring. Damit kannst du ohne Probleme jemanden ausknocken. Und so« – jetzt holte er das Armband von den Knöcheln und nahm es in die Hand – »wird es zu einer Art Wurfstern, mit dem du einen Gegner aus einiger Entfernung ausschalten kannst.«

»Hast du deine Waffe schon mal benutzen müssen?«, erkundigte sich Airin vorsichtig.

»Du willst gar nicht wissen, wie oft. *Zu* oft«, verkündete er in feierlichem Ton. »Sollen wir Essen bestellen?«

Nach der Mahlzeit gingen wir zum Goldenen Tempel, wo uns Gurjit den Mitgliedern seines gefürchteten Clans, den *Blue Birds*, vorstellen wollte.

Vor dem Betreten des Tempels mussten wir unsere Schuhe zurücklassen und erhielten ein orangefarbenes Tuch, das wir uns um den Kopf zu wickeln hatten. Wir gingen über einen Steinboden durch ein Tor aus weißem Marmor. Rund um den Goldenen Tempel hatte man einen viereckigen Teich angelegt. Der Platz wurde von einem blitzsauberen weißen Gang umschlossen, wie in einer Art Abtei.

Im Goldenen Tempel herrschte großer Betrieb. Hunderte von Menschen liefen um das Gewässer, das dem Tempel als Schlossgraben diente. Sitar-Musik erklang, und Lautsprecher übertrugen Gebete. Die Atmosphäre war unglaublich ruhig. Gurjit erklärte, dass der Tempel für die Sikhs den heiligsten Ort darstelle und es deshalb so ruhig sei. Alles, was in der Umgebung geschah, war weniger wichtig. Sobald man auch nur einen Schritt aus dem

Tempel heraustrat, wurde man von Rikschas überfahren oder trat in Schmutz.

Die *Blue Birds* mussten rechtzeitig zu Hause sein. Airin und ich verabschiedeten uns von der Gruppe und versprachen Ami, wir würden am nächsten Tag mit zu ihm gehen. Dann drehten wir noch eine Runde um den Tempel. Am Eingang wurde soeben der Sri Guru Granth Sahib nach drinnen getragen, das heilige Buch der Sikhs. Dieses große Buch lag tagsüber im Goldenen Tempel und wurde abends unter der großen Aufmerksamkeit der Umstehenden von vier Männern in sein Schlafgemach getragen. Wir folgten den Leuten und sahen, wie das Buch mit äußerster Sorgfalt auf ein Bett gelegt und zugedeckt wurde.

»Ich habe völlig vergessen, mich um einen Schlafplatz zu kümmern«, sagte ich erschrocken.

»Du kannst gerne bei mir im Hotelzimmer schlafen. Aber laufen wird nichts zwischen uns.«

Ich runzelte theatralisch die Stirn. Sie wurde rot. Wir hatten noch überhaupt nicht darüber gesprochen, doch je weiter der Abend voranschritt, desto häufiger berührten wir einander.

Ordentlich stellte ich meinen Rucksack in eine Zimmerecke. Das Zubettgehen verlief bei mir immer unkompliziert: Zähneputzen, Sachen aus und schlafen. Ich legte mich mit dem Rücken zu Airin, damit sie sich beim Ausziehen nicht unbehaglich fühlte.

Als sie neben mir ins Bett kroch, wünschte ich ihr eine gute Nacht, aber schlafen konnte ich nicht. Die Spannung zwischen uns war zu groß. Ich wusste ganz sicher, dass sie auch wach lag, und dass sie genau dasselbe dachte wie ich. So interpretierte ich jedenfalls ihre Atemzüge. Sie hatte mir den Rücken zugewandt, lag mit offenen Augen im Dunkeln da und wartete darauf, dass ich den ersten Schritt machte. Ich konnte mich natürlich auf die andere Seite drehen. Das brauchte nicht notwendigerweise eine Annäherung zu bedeuten. Sobald die Laken raschelten, drehte sie sich auch um. Unsere Körper wurden voneinander angezogen. Sie küsste mich nicht, es würde nichts passieren. Aber sie keuchte mir ins Ohr. Das war dicht an der Grenze. Wir verschlangen uns immer mehr ineinander. Da ließ sie mich los.

»Sorry, ich kann nicht. Ich habe einen Freund.«

Meine Freunde sagten immer, ich würde mich nur in vergebene oder unerreichbare Frauen verlieben. Aber diesmal war es wirklich nicht meine Schuld. Genau wie bei Sem hatte ich wirklich geglaubt, Airin hätte keinen Freund. Die Frauen zögerten das Geständnis genauso lange heraus, bis die Vernunft nicht mehr über die Lust siegen konnte. Andere Leute hatten meinen moralischen Kompass schon oft verurteilt. Mit jemandem, der eine Beziehung hat, darf man sich schließlich nicht einlassen. Aber hier konnte die Moral doch einfach nicht gewinnen?

Ich hatte Sem Schachunterricht gegeben. Danach hatten wir in einer Literaturkneipe ein Bier getrunken. Sie saß in einem bequemen alten Sessel und ich in einer Ecke auf einem Sofa.

Wir schauten einander lange in die Augen und ließen ein Schweigen zwischen uns entstehen. Ich musste aktiv werden. Aber wir waren ziemlich ungünstig positioniert, und es hätte ungeschickt gewirkt, wenn ich mich verrenkt hätte, um mit meinen Lippen zu ihren zu kommen. Darum sagte ich, dass ich sie küssen wollte. Sie lachte verlegen. »Ich habe einen Freund.«

»Warum gehst du dann mit mir in ein Schachcafé?«, fragte ich verblüfft. »Ich hatte nicht den Eindruck, dass es dich wirklich interessiert, welche Züge man mit einem Bauern machen darf. Welche Erwartungen hattest du denn an heute Abend?«

»Ich weiß nicht, aber ich finde dich nett. Deshalb ...«

Was, *deshalb* ...? Ich verstand überhaupt nichts.

In diesem Moment wollte ich nur noch sie. Einen Korb zu bekommen, fand ich nicht schlimm, aber der Geruch ihres Halstuchs und ihre langen Beine unter dem bunten Kleid ... Wenn ich sie sah, verschwamm alles um sie herum. Jetzt konnte ich doch nicht mehr aufgeben.

Ich entschuldigte mich und ging nach unten auf die Toilette. Auf dem Rückweg stieß ich mir den Kopf an einem niedrigen Balken. Als ich zurückfuhr, erkannte ich eine weiße Aufschrift: JETZT IST DER AUGENBLICK, GENIESSE IHN. Ich fotografierte den Balken als Schicksalsbeweis und zeigte ihn triumphierend Sem. »Ein Zeichen an der Wand«, erklärte ich. Sie biss sich auf die Unterlippe. Sie hatte sich auch schnell mit sich selbst beraten. »Ein ganz kleiner Kuss kann wohl nichts schaden.« Sie schaute drein, als täte sie so etwas zum ersten Mal.

Mit Airin lief es genauso ab. Wie hätte ich jetzt noch ganz ruhig erwidern können: »Ach so, das hättest du gleich sagen sollen. Na gut, dann schlafe ich jetzt natürlich. Gute Nacht.« Stattdessen fragte ich: »Aber Kuscheln ist erlaubt, oder?«

»Ja.«

»Und das hier?«

Sie stöhnte. »Nein.«

»Und das?« Ich konnte nicht mehr aufhören.

»Nein!«

»Und das?«

Sie küsste mich jetzt leidenschaftlich, hörte dann jedoch auf und sagte: »Aber keinen Sex, in Ordnung?«

Es lief genauso wie in meiner ersten Nacht mit Sem. Keinen Sex zu haben konnte aufregender sein als Sex.

Erst als es hell wurde, entschieden wir uns, noch ein Stündchen zu schlafen. Airin musste weiter. Auf Reisen war es unmöglich, eine längere Beziehung zu führen. Von unterwegs schickte sie mir eine Nachricht: »Ich glaube, du hast einen Schalter in meinem Kopf umgelegt. Jetzt weiß ich, was im Leben möglich ist.«

Plötzlich war mir, als würde die Sonne heller scheinen, und die Farben wirkten intensiver. Mein Ego strahlte.

Goldene Pfannkuchen

Neben dem Goldenen Tempel befand sich ein alter Apartment-komplex mit einem großen Innenhof. Dort übernachteten Hunderte Inder nebeneinander. Außerdem gab es noch einen Schlafsaal mit etwa zwanzig Betten für Gäste aus dem Ausland. Ganz umsonst. Nach meinen Abenteuern in Pakistan hatte ich be-schlossen, der Backpackerszene in Indien eine Chance zu geben.

Der Schlafsaal war mit jungen Leuten gefüllt, die alle gebannt auf ihre Smartphones starrten. Fünf Meter weiter war eines der schönsten Bauwerke der Welt, und die Leute versteckten sich in einem muffigen Schlafsaal. Ich verstand das gut. Indien machte einen müde. So viele Reize wirkten gleichzeitig auf mich ein. Ich hatte kaum geschlafen und wollte ein Buch lesen. Das hatte ich schon lange nicht mehr getan.

Gurjit, Ami und ich waren am Eingang des Goldenen Tempels verabredet. Wir wollten zu Gurjits Familie fahren, die auf einem Bauernhof in der Nähe von Jalandhar wohnte. Die Busfahrt würde zwei Stunden dauern. Wir setzten uns in die Mitte. Gurjit und Ami fummelten an ihren Schwertern herum, bis sie bequem nebeneinander sitzen konnten. Die Fahrt verlief einigermaßen unspektakulär, bis plötzlich eine Frau vorne im Bus den Fahrer anschrie. Der ignorierte sie und fuhr einfach weiter, woraufhin die Frau noch lauter schrie. Ich verstand nicht, was gesagt wurde, doch Gurjit und Ami sprangen auf und zogen ihre Schwerter. Sie traten ein paar Schritte vor und riefen dem Busfahrer etwas zu. Der schaute gelangweilt in seinen großen Rückspiegel und hielt an, sodass die Frau aussteigen konnte. »Jetzt hast du gesehen, warum wir Waffen tragen«, erklärte Gurjit voller Entschlossenheit. »Wir müssen uns gegen das Unrecht wappnen.«

Das Grundstück von Gurjits Onkel und Tante bestand aus einem Innenhof, den eine Scheune, ein Stall, der eigentliche Bauernhof und Zuckerrübenfelder umgaben. Man stellte keine Fragen; es schien ganz selbstverständlich, dass ich auch gekommen war. Ich bekam Essen und ein Dach über dem Kopf geboten, als einzige Gegenleistung sollte ich Pfannkuchen backen.

Gurjit fragte, ob ich mich waschen wolle. Ich hatte gesehen, wie er und Ami das getan hatten. Dabei standen sie in einer langen weißen Unterhose da und leerten einen Plastikstieltopf über ihren Köpfen aus. Auch ich hätte mich gern gewaschen, aber leider besaß ich keine so schöne lange Unterhose. Ich glaubte, es wäre unhöflich, all meine Kleidungsstücke auszuziehen und dann ungeniert ganze Eimer Wasser über mir auszuschütten. Aber ich hatte auch noch nie zuvor angezogen geduscht. Deswegen erschien es mir besser, schmutzig zu bleiben, als Anstoß zu erregen.

Am nächsten Morgen wurde ich früh von einem Hahn geweckt. Gurjits Tante war auch schon wach. Sie bedeutete mir durch Gesten, ich solle mich hinsetzen, gab mir einen großen Teller mit Essen und lachte mich an.

Dann brachte sie mir ein Glas frischen Lassi und schenkte mir immer wieder nach.

Gurjits Tante hatte mitbekommen, dass ich mich am Vortag nicht gewaschen hatte, und vielleicht begriff sie, dass ich mich deswegen unwohl fühlte. Sie stupste mich an und bedeutete mir, ich solle mit nach draußen kommen. Dort deutete sie auf eine Wanne aus Backstein. Ständig lief Wasser hinein und strömte über den Rand in die Zuckerrübenfelder, auf die man von hier aus schaute. Durch Gesten machte sie mir klar, dass ich mich hier waschen konnte. Unsicher zog ich mich aus, bis ich nur noch meine Boxershorts anhatte. Das Wasser war kühl. Ich schaute über die Zuckerrübenfelder und lauschte dem plätschernden Wasser, das die Wanne füllte. Die Tante erschien mit einem Glas Zuckerrübensaft. Lächelnd schloss ich die Augen.

Plötzlich merkte ich, dass rechts von mir Gurjits Onkel mit einer Büffelherde wartete. Er lächelte gutmütig. Ich stieg aus der Wanne, und sofort kamen die Büffel heran. Einer nach dem anderen sprang ins Wasser. Tante und Onkel lachten mir zu. Ich hätte nicht sagen können, ob sie mich aus- oder anlachten, aber das war egal. So verbrachte ich die nächsten Tage.

Zurück in Amritsar, wurde ich in den berüchtigten *Blue-Birds*-Clan aufgenommen. Ami hatte ein Gewand für mich mitgebracht. Bei Freunden zogen wir uns um. Frauen habe ich noch nie so lange ihre Frisur richten sehen wie diese jungen Männer. Gurjit stand vor dem Spiegel und fuhr sich in aller Ruhe mit einem Holzkamm durchs Haar. »Das Holz ist gut für die Haut und für den Geist.«

Ami half mir, einen Turban anzulegen. Es erinnerte mich daran, wie mir mein Vater früher beigebracht hatte, eine Krawatte zu binden. Der Turbanstoff schien unendlich lang zu sein. Und dabei musste ich noch die ganzen Zutaten für den Pfannkuchenabend besorgen. Ami meinte, ich solle mir keinen Stress machen. Genau wie in jedem anderen Land, das ich bisher bereist hatte (Nordeuropa einmal ausgenommen), wurde immer alles gut. Und wenn nicht heute, dann eben morgen. Oder nächste Woche.

»Nächste Woche bin ich in Delhi«, sagte ich.

Ami hielt im Turbanwickeln inne. »Wieso das denn?«

Ich erklärte, ich hätte für Indien weniger als zwei Monate Zeit und hinge jetzt schon fast zwei Wochen hier in Amritsar herum. Verständnislos schaute mich Ami an.

»Aber hier ist es doch großartig. Gemütlich am Tempel sitzen, umsonst essen, Pfannkuchen backen.«

Nach zwei Stunden sah ich wie ein waschechter Sikh aus, doch statt eines Schwerts trug ich eine Pfanne in dem blauen Band um meine Taille. Uns blieb nur noch wenig Zeit, um alle Zutaten zu besorgen. Es wurde rasch dunkel, und dann konnte ich nicht mehr gut filmen, weil das Licht nicht mehr stimmte und so weiter. Ja, darauf kam es an. Ich war weder ein geborener Produzent noch ein geborener Regisseur, und ein geborener Koch war ich auch nicht. *Geboren* war ich, damit hörte es auch schon so ziemlich auf.

Gurjit hingegen war ein geborener Anführer, ein echter Krieger. Ständig hing er am Telefon und beauftragte seine Freunde damit, Dinge für das *Pancake Adventure* zu regeln. Und wie er schon angekündigt hatte, brauchte ich mir um nichts Sorgen zu machen. Pünktlich auf die Minute standen mir ein Tisch, zwei Gaskocher, Teller und eine Gruppe junger Männer in Blau zur Verfügung. Ami und ich rasten in unseren blauen Gewändern auf einer klassischen *Royal Enfield* durch die Straßen von Amritsar, um eine weitere Pfanne aufzutreiben.

Ein *Blue-Birds*-Mitglied machte den Kameramann, Ami und ich backten die Pfannkuchen, ein anderer junger Mann schnitt mit seinem verzierten Dolch die Pfannkuchen in Stücke. Auf diese Weise kamen die Dolche auch endlich einmal zum Einsatz. Gurjit sorgte dafür, dass alles gut lief, und schaute stolz zu, wie sich der Platz immer mehr füllte. Bei den vorigen *Pancake Adventures* hatten die Leute brav Schlange gestanden und gewartet, bis sie einen Pfannkuchen bekamen. Hier stürzten sie sich wie Hyänen auf ihre Beute, sobald sie den Geruch wahrnahmen. Zahlreiche Hände reckten sich in unsere Richtung. Es war überwältigend. Ein großer Erwachsener schubste sogar einen kleinen Jungen zur Seite, um vor ihm ein Stückchen zu bekommen. Daraufhin gab ich dem Jungen einen ganzen Pfannkuchen. Ohne ein Wort kroch er durch das dichte Gedränge davon.

Der Stress setzte bei mir erst ein, als ich feststellte, dass es zehn Minuten dauerte, einen einzigen Pfannkuchen fertig zu bekommen. Die Flamme ließ sich nicht höher einstellen, und Pfannkuchen werden ohne Ei nicht so schnell fest. Doch Sikhs leben streng vegan und essen deswegen keine Eier. Bei Gurjit hatte ich schon mit Teig ohne Ei herumexperimentiert, und dort hatte es auch gut geklappt. Aber da hatte keine drängelnde Menschenmasse vor mir gestanden. Wir backten schon eine Stunde lang Pfannkuchen, und die Menge wuchs immer weiter an. Dann war auch noch das Gas in einem der Kocher alle. Ich wollte das Ganze aufgeben. Mir hatte man immer beigebracht: Entweder man macht eine Sache gut oder man lässt es bleiben. Das hier war ganz eindeutig eine Bleiben-lassen-Situation. Aber das interessierte die *Blue Birds* nicht. Und die Leute auch nicht – die standen da und drängelten fröhlich weiter, bis sie ein Stückchen halb fertigen Pfannkuchen in die Hände bekamen. Ich hatte nur mich selbst enttäuscht. Gurjit und Ami begriffen gar nicht, warum ich unzufrieden war. Ich eigentlich auch nicht.

Ich verabschiedete mich von den *Blue Birds* und kehrte an meinen Gratis-Schlafplatz zurück. Dort traf ich den Australier Michael. Er hatte einen dichten Bart und langes Haar. Als eine Art Sikh ohne Turban verkörperte er mit seiner *No-worries*-Mentalität perfekt den Klischeeaustralier. Am Tempel wurde er voller Respekt von den Sikhs begrüßt, die alle wissen wollten, wie er seinen Bart so dicht bekommen hatte.

Er meinte, ich müsse einmal in dem Waisenhaus vorbeischauen, wo er ehrenamtlich arbeitete. »Die Kinder wären begeistert, Mann. Echt begeistert.«

Slum Celebrity

Es war zwei Tage vor Diwali, dem Lichterfest der Hindus, das man mit Weihnachten vergleichen kann. Die Schlange vor dem Fahrkartenschalter am Bahnhof von Amritsar zog sich bis aus der Ankunftshalle heraus. Der Fahrkartenkauf sollte zu meiner Tagesaufgabe werden. Vor mir fluchte ein Mann auf Niederländisch in sein Handy.

»Alles in Ordnung?«, fragte ich. Er unterbrach sein Geschimpfe.

»Ich will jetzt seit mehr als zwei Stunden eine Fahrkarte nach Varanasi kaufen, und jedes Mal wird mir am Schalter was anderes gesagt. Deswegen buche ich jetzt ein Flugticket für verdammte hundertfünfzig Euro.« Er konnte es gar nicht erwarten, wieder zurück in den Niederlanden zu sein, wo alles seinen geregelten Gang nahm.

»Warum stehst du dann überhaupt noch Schlange?«

Er warf mir einen ärgerlichen Blick zu und ging weg.

Jetzt stand ich hinter einer Israelin. Sie versicherte mir nachdrücklich, sie würde den Manager kennen und alles für uns regeln. Es war doch einfach lächerlich, dass wir hier zwischen den Indern Schlange stehen mussten. Eine halbe Stunde später sagte man uns, wir sollten uns vorne hinstellen. Die Israelin fand das ganz selbstverständlich. Als ich endlich an die Reihe kam, erklärte mir die Frau hinter der schmutzigen Scheibe des Schalters, alle Züge nach Delhi seien schon voll und den ersten Platz gebe es in zwei Tagen. »Sie können auf die Warteliste. Dann sind Sie Nummer 210.«

In den letzten Tagen war ich so häufig im Goldenen Tempel ein und aus gegangen, dass ich mir gar nicht mehr die Mühe machte, meine Schuhe aus der Ecke zu holen. Ich konnte ganz wunderbar barfuß laufen. Um vom Goldenen Tempel zu meinem Gratis-Schlafplatz zu kommen, brauchte ich nur die Straße zu überqueren. Im Hostel teilte ich mir ein kleines Zimmer mit zwei Chinesen und einer Belgierin. Sie wollten zu einem Hindutempel aufbrechen. Das fand ich interessant. Zeit, meine Schuhe zu holen, hatte ich nicht. Wir würden ja nur ein kleines Stück laufen, und in dem anderen Tempel würde ich meine Schuhe doch wieder ausziehen müssen. Barfuß durch eine schmutzige Stadt in Indien laufen – authentischer ging es doch nicht. Zhang Xing und ein paar aufmerksame Inder lachten mich aus. Aber egal, ich war der Natur wirklich ganz nah – und dem Glas und dem ganzen Müll, die sich zu dieser Natur gesellten.

Abends machte ich mich wieder auf zum Bahnhof, um meine Wartelistennummer zu versilbern. Die Tür wurde von einer alten Bettlerin versperrt. Sie ging gebeugt an einem Stock und hielt die Hand auf. Das Klischee der armen Frau. In Indien stumpfte man diesem Bild gegenüber schnell ab. Ich hielt mich nicht mit Armut oder mit Nettsein auf. Ich wollte verdammt noch mal einen Platz im Zug nach Delhi. Gestern hatte ich noch umsonst Pfannkuchen ausgeteilt, also hatte ich mir meine Karmapunkte schon verdient. Verärgert steckte ich eine Hand in die Tasche, holte einen Geldschein heraus und gab ihn der Frau. Auf den Betrag achtete ich nicht, aber ich wusste, mehr als hundert Rupien konnten es nicht sein. Ohne ihre Reaktion abzuwarten, ging ich zum Schalter.

Routiniert teilte man mir mit, dass ich nicht mit dem Zug fahren konnte, weil ich immer noch erst Nummer 190 auf der Warteliste war. Draußen ging ich zu einer Schaffnerin und tat, als wäre ich ein dummer Typ aus dem Westen. Ich wollte nicht noch einen weiteren Tag in dieser stinkenden Stadt verbringen. »Einfach probieren«, riet mir die Schaffnerin lachend, »das klappt schon.« Ich schaute sie fragend an. »Das klappt schon, steigen Sie einfach ein.« Sie bedachte mich mit dem charakteristischen indischen Nicken, das alles bedeuten konnte.

Jemand zog mich am Arm, und erschrocken drehte ich mich um. Es war die alte Frau. Mit einem breiten zahnlosen Lachen zeigte sie mir einen Teller mit Reis und Dal. Sie sagte etwas, was ich nicht verstand. Ich zuckte die Schultern, als wollte ich sagen: Geld habe ich dir schon gegeben, was willst du jetzt noch von mir?

Ein Mann neben uns hatte die Frau gehört und erklärte mir, sie wolle sich bei mir bedanken, weil sie zum ersten Mal seit langer Zeit wieder eine nahrhafte Mahlzeit bekam. »Sie haben etwas Gutes getan, die Armut ist das größte Problem hier in Indien.« Die beiden ließen mich mit einem Grinsen auf dem Gesicht zurück. Der Tag konnte also immer noch ein guter werden.

Ich stieg in einen blauen Zug. Davon, wie das hier mit den Sitzplätzen funktionierte, hatte ich keine Ahnung, aber ich hatte schon einige Filme mit übervollen indischen Zügen gesehen, wo die Menschen auf dem Dach saßen und halb aus dem Fenster hingen. Ich beschloss, mich zwischen den Waggons niederzulassen, in der Nähe einer Toilette. Dabei redete ich mir ein, an den Pissegeruch würde ich mich schnell gewöhnen. In diesem stinkenden schmalen Zwischenraum rollte ich meine knallrote Matte aus und lehnte meinen Rucksack als Rückenstütze gegen die Tür. Das war ein ganzes Stück bequemer, als es roch.

Das Schaukeln des Zuges hatte eine beruhigende Wirkung. In aller Ruhe lag ich da und las, als mich jemand ansprach. Ich schaute auf. Drei Männer in grüner Uniform füllten den Raum ganz aus. Aus meiner Perspektive wirkten sie wie Riesen. Einer klopfte forsch mit einem Bambusstock auf seine Handfläche.

»Fahrkarte?«, wollte der Mann mit dem Bambusstock kurz angebunden wissen.

Nervös holte ich meine Wartelistenkarte aus der Tasche. Der Mann inspizierte das zerknitterte Stück Papier und schüttelte den Kopf. »Ungültig.«

»Die Schaffnerin hat gesagt, ich soll es einfach probieren«, erklärte ich.

»Kann nicht sein. Keine gültige Fahrkarte.« Der Mann sprach so wenig wie möglich. »Tausend Rupien.«

»Nein, warum denn? Ich habe die Fahrkarte doch schon bezahlt, schauen Sie.« Ich wollte den Zettel zur Hand nehmen, um dem Mann zu zeigen, wo der Betrag stand.

»Tausend Rupien«, wiederholte der große Inder nun etwas drängender. Seine beiden Handlanger konnten es gar nicht erwarten, in Aktion zu treten. Mir blieben zwei Möglichkeiten: bezahlen und im Zug bleiben oder fünfzehn Euro sparen und aus dem Zug fliegen. Mein Instinkt siegte über meinen Stolz. Es war besser, auf Menschen in Uniformen mit großen Stöcken zu hören, als ein Zeichen gegen die Korruption zu setzen. Ich richtete mich auf, um mein Portemonnaie aus der Hosentasche zu holen, und gab ihm einen Tausend-Rupien-Schein.

»Mitkommen.«

Ich stand auf und wollte ihm folgen.

»Sachen mitnehmen.« Mit dem Bambusstock zeigte er auf meine Ausrüstung. Nervös rollte ich meine Matte zusammen. Es war so ein Teil mit Selbstaufblasfunktion, und man bekam es nie gut in die zu enge Hülle. Ungeduldig schauten die Aufseher zu, wie ich ungeschickt meinen Schlafsack reinstopfte und mir die halb gepackte Tasche über die Schulter warf. Unbeholfen folgte ich dem Oberbefehlshaber, auch seine Handlanger begleiteten uns.

Wir erreichten den Schlafwagenteil der dritten Klasse. Der Wachmann schlug mit dem Stock gegen das erste obere Bett. Ein älterer Mann schaute auf. Er wurde kurz angeschnauzt, packte ohne Murren seine Sachen zusammen und verschwand. »Hier.

Dein Bett.« Die Männer zogen kommentarlos ab. Ich schaute mich um. Niemand protestierte, niemand warf mir einen bösen Blick zu. Nur Kopfnicken. Ich schaute entschuldigend drein. Wahrscheinlich war ich der Einzige, der diesen Vorgang seltsam fand.

Acht Stunden später kam ich ausgeschlafen in Delhi an. Ich musste die Linie 80 nehmen, den Bus ins Zentrum. So viel wusste ich.

Abgesehen von einem Mann mit grauem Bart und einem Schaffner war der Bus leer. Höflich grüßte ich, legte meinen Rucksack ins Gepäcknetz und setzte mich ein paar Reihen schräg vor den Mann mit dem Bart. Als der Schaffner zu mir kam, reichte ich ihm fünfzig Rupien für eine Fahrkarte. Der Bus füllte sich und fuhr los.

Delhi war ein ganzes Stück weitläufiger, als ich es mir vorgestellt hatte. Ich hatte nur Slums und Armut erwartet, doch wir fuhren an großen Parks und Tempeln vorbei und an luxuriösen Bürogebäuden. Hier sah es ganz anders aus als in Karachi.

Hinter mir brach Geschrei aus. Der Mann mit dem grauen Bart herrschte den Schaffner an, der sich gleichgültig gab. Alle verfolgten das Schauspiel. Ich begriff nichts davon und wollte wieder aus dem Fenster schauen, als sich plötzlich die anderen Passagiere in meine Richtung wandten. Verblüfft sah ich mich um. Ein Mann direkt hinter mir schüttelte lachend den Kopf. »Sie sprechen über Sie.«

So viel hatte ich inzwischen auch begriffen, aber warum? Der Mann schaute mich so lange grinsend an, dass mir unbehaglich zumute wurde.

Böse deutete der Mann mit dem grauen Bart auf mich und auf den Fahrer.

Der winkte mich heran.

»Sie sollen zum Schaffner kommen«, meinte der Mann, als hätte ich etwas Verkehrtes getan. Alle Augenpaare im Bus verfolgten meinen langen Weg ans Ende des Busses. Ich schaute mich verstohlen um.

Der Graubart starrte vor sich hin, als ich an ihm vorbeiging. Stirnrunzelnd schaute ich den Schaffner an. Der nickte mir zu. Ohne ein Wort legte er mir dreißig Rupien hin. Ich schaute auf das Geld und dann wieder zu ihm. Ein Mann mit einer Aktentasche sagte: »Sie haben zu viel bezahlt. Der Streit ist entstanden, weil der Schaffner Sie über den Tisch ziehen wollte. In Indien gibt es viele schlechte Menschen. Sie müssen aufpassen.« Mit einem unbehaglichen Gefühl nahm ich das Geld. Auf dem Weg zurück zu meinem Sitzplatz dankte ich dem Mann mit dem Bart, aber der erholte sich noch von seinem Wutanfall. Der Mann mit der Aktentasche ging nach vorne und hielt eine Ansprache. Was er sagte, wusste ich nicht, aber er schien darüber zu predigen, wie man Gäste zu behandeln hatte. Wenn jetzt noch Musik eingesetzt hätte und alle Buspassagiere zu singen und tanzen angefangen hätten, wäre ich mitten in meinem ganz persönlichen Bollywoodfilm gewesen.

Als ich an der Main Bazaar Road ankam, war es noch früh. Eine typische Backpacker-Straße, wo Wasserpfeifen, Holzelefanten und bequeme weite Hosen verkauft wurden. Die Läden waren noch geschlossen, außer einem, in dem man Chapati und Chai bekommen konnte. Ich setzte mich auf einen niedrigen Plastikhocker und genoss diesen vielversprechenden Tag.

Etwa um zwölf Uhr würde mich der Australier Michael abholen und zu dem Waisenhaus mitnehmen, in dem er ehrenamtliche Arbeit verrichtete. Nach zwei Chapati und drei Gläsern Chai lud ich mein Gepäck gegenüber des Cafés ab und beschloss, eine Runde spazieren zu gehen. Ich war erst ein paar Schritte gelaufen, als mich ein Sikh mit einem orangefarbenen Turban und einem langen grauen Bart anhielt. »Ah, von dir geht eine positive Energie aus. Das habe ich sofort gesehen.«

»Stimmt, das heute wird ein schöner Tag.«

»Ich kann dir noch viel mehr erzählen«, erklärte er geheimnisvoll. »Komm mit.«

»Ach ja? Was denn zum Beispiel?« Heute konnte einfach nichts schiefgehen.

»Ich besitze eine Gabe. Ich werde es dir beweisen. Zwei Vorhersagen bekommst du umsonst, und wenn ich recht habe, bezahlst du mir dreitausend Rupien für den Rest.«

Etwas Besseres hatte ich gerade nicht zu tun, und der Mann hatte gesagt, von mir gehe eine positive Energie aus, also musste er auf jeden Fall über bestimmte Qualitäten verfügen. Ich handelte ihn auf tausend Rupien herunter, was immer noch fünfundsiebzig Prozent meines Tagesbudgets entsprach. Manchmal musste man sich einfach den Ereignissen überlassen.

Der Mann führte mich in eine Gasse. Er schrieb etwas auf einen Zettel und faltete ihn zusammen. »Was ist deine Lieblingsfarbe?«

Normalerweise hätte ich etwas Albernes von mir gegeben, zum Beispiel »Ultraviolett« oder »Infrarot«. Jetzt aber sagte ich »Grün«.

Der Mann öffnete die Hand und überreichte mir den Zettel. Darauf stand tatsächlich »Grün«. Ein guter Trick. Hätte ich mal »Ultraviolett« gesagt.

»Das war einfach. Jetzt weiter. Bevor du nach Indien gekommen bist, warst du in …«

Geduldig wartete ich ab. Er schaute mir direkt ins Gesicht, bewegte leicht den Kopf. Dann kniff er die Augen zusammen und murmelte etwas.

»P… Pa… Pa…«

Wahrscheinlich erkannte er an meinem Gesichtsausdruck, dass er auf der richtigen Spur war, denn sofort sagte er »Pakistan«.

Eines musste man ihm lassen: Schlau war er. Von allen Westlern oder eigentlich von allen Menschen in Indien hatten nur wenige Pakistan besucht. Panama, Papua oder Paris wären wahrscheinlicher gewesen. Jetzt war ich bereit für die echte Vorstellung. Wir liefen durch die Gasse, bogen rechts ab und gelangten zu den Überresten eines Schuppens. Der Mann packte meine Hand und fuhr mit dem Zeigefinger darüber. »Du wirst fünf-, nein, sechsundachtzig.« *Das sehen wir ja dann*, dachte ich. Schließlich war es immer noch möglich, dass ich vor meinem dreißigsten Geburtstag starb, aber wenn meine Hand andere Pläne mit mir hatte, war das natürlich auch gut. »Du hast ein gutes Herz. Du bist freundlich. Manchmal ein bisschen zu freundlich.« Er rieb sich den Bart. »Und du bist nicht wählerisch, was deine Freunde angeht.« Wieder schaute er mir direkt in die Augen. Er hatte meine ganze Aufmerksamkeit. Außer Wahrsager war er auch ein guter Psychotherapeut. Auf mich warteten großartige Dinge. »Eine erfolgreiche Karriere hast du nicht vor dir, aber ein erfolgreiches Leben.« Er machte eine dramatische Pause. Bisher war mir seine Prophezeiung sehr recht. »Aber pass auf!«, fuhr er rasch fort und stieß mir einen Finger ins Gesicht. »Eine Sache kann dir zum Verhängnis werden. Du bist zu lässig. Zu nachlässig in der Liebe; dir ist einfach alles egal.«

»Vielleicht ...«

»Genau! Du lebst im Vielleicht, immer nur im Vielleicht, das ist nicht gut für dich. In vollständiger Willkür lebst du.« Er wandte den Kopf und schaute mich streng an. »Daran wirst du zugrunde gehen.«

»Das werden wir ja dann sehen«, gab ich fröhlich zurück.

»Für tausend Rupien sage ich dir, wie du deinen Untergang verhindern kannst.«

»Ich lasse mich überraschen.«

»Jetzt bist du wieder naiv«, sagte er drohend.

»Lieber naiv als ängstlich«, gab ich zurück.

Er schob den Kopf nach vorn und schaute unter seinen Augenbrauen hervor. Wie ein feuerspeiender Drache bewegte er sich. »Deine Unwissenheit wird dein Untergang. Dein Untergang! Hörst du mich!«

Ich lachte aus vollem Herzen. Das hier würde ein großartiger Tag werden. Ich wollte zurück. Er packte mich am Arm. »Ein schmerzvoller Tod erwartet dich. Gib mir zweitausend Rupien, dann sage ich dir, wie du ihm entkommen kannst. Sei doch nicht so naiv!«

»Einen schmerzvollen Tod mit sechsundachtzig finde ich ganz in Ordnung, aber danke für den Tipp.«

»Deine Zukunft sieht düster aus«, rief er mir noch nach, als ich um die Ecke bog. »Düster! Hörst du mich!«

Zufällig stand Michael am Ende der Gasse. Wir gingen ein Stück, aßen zu Mittag und ließen uns in einer Rikscha durch die Stadt kutschieren. Als wir wieder am Hotel ankamen, um mein Gepäck abzuholen, stand der Magier wieder dort.

»Dein Freund hat ein gutes Herz«, sagte er zu Michael, als wir an ihm vorbeigingen, »aber er ist naiv, er will den Tatsachen nicht ins Auge blicken!«

Michael lachte, schlug mir auf die Schulter und sagte zu dem Zauberer: »Jaja, passt schon, Kumpel!«

Wir stiegen in den Zug nach Faridabad, eine nichtssagende Großstadt, die direkt an Delhi grenzt. Dort wohnte Michael mit fünf anderen ehrenamtlichen Arbeitern bei der Familie, die das Waisenhaus betrieb. Es gab vier Mädchen aus Australien, die Michael zufolge nur hier waren, um fröhliche Fotos von sich und armen Waisenkindern machen zu lassen, damit ihre Instagram- und Tinderprofile ansprechender wirkten. Das Haus befand sich in einer gesicherten Wohnanlage unmittelbar außerhalb des Slums, in dem das Waisenhaus lag.

Am nächsten Tag war Diwali. Man hatte alle Häuser mit bunten Lichtern geschmückt, nur das Haus der Familie nicht. Das blieb dunkel. Die Familienmitglieder waren Christen, und Diwali gehörte nicht zu den christlichen Festen. Die Leiterin des Waisenhauses hatte uns auch verboten, Feuerwerkskörper für die Kinder zu kaufen. Michael war das völlig egal. »Diwali ist Weihnachten für Hindus. Weihnachten gehört allen.« Wir kauften eine große Tüte mit Böllern, Raketen und Feuerrädern. Am Abend wollte Michael das Feuerwerk testen. Mit Bier und Whisky kletterten wir aufs Dach. Voller kindlicher Begeisterung ließ Michael einige Böller aufsteigen.

Der nächste Morgen wurde zur Herausforderung. Zum ersten Mal seit meiner Zeit in Armenien hatte ich legal Bier trinken können. Michael und ich stolperten mit großen Kaffeetassen in den kahlen Innenhof des Hauses. Sacha, ein amerikanischer ehrenamtlicher Helfer, saß schon mit einer Zigarette draußen und nahm ein Gespräch wieder auf, das wahrscheinlich vorher abrupt unterbrochen worden war. Ich versuchte ihm zu folgen, konnte mich aber nicht konzentrieren. Deswegen nahm ich mein Handy und tippte mit:

Also, Folgendes ist passiert: Wir sind bei Kush weg und hatten einen Riesenspaß beim Fußballspielen … Und dann die Leute, einer der Typen war sturzbesoffen, und Gail ist ja Barkeeperin, du weißt schon, die trinkt jeden Kerl unter den Tisch. Das kannst du mir glauben. Von den Mädchen war nur Cindy hackedicht … und die hatte ein Messer in der Hand, so nach dem Motto: ›Abstand halten!‹ Dann ist da noch James, klar. James macht, was Ellen macht. Und was zum Teufel ist da los, Mann, du weißt schon, völlig irre das Ganze. Das kannst du mir glauben. Sie hält sich an die Regeln. Ich habe zu ihr gesagt: Bitte halte dich an Cindy. Hol dir was zu trinken! Und weißt du, dann wurde der total komisch. Und ich habe ihn richtig weggeschubst, so, rühr sie nicht an, Bro. Und dann kommt Kush und fasst sie am Kopf an, und das fand sie ziemlich gut, aber das gehörte alles dazu, und das habe ich verdammt noch mal gemerkt. ›Jetzt bist du fällig!‹ Und ich habe ihn an den Haaren gepackt und ihm den Kopf auf den Tresen gehauen, diesem beschissenen versoffenen Arschloch. Und dann kamen die

Typen, mit denen ich Fußball gespielt habe, und haben zu mir ge-
sagt: ›Immer cool bleiben, das sind doch nur Arschlöcher, Junge!‹
Und sie setzen sich wieder hin, und einer der Typen kippt um, und
ich nur so, ich wollte einfach nur nach Hause, Mann. Wir haben
doch schon gesagt, wir wollen dich hier nicht haben. Also hau ab.
Ja, ziemlich strange Nacht das Ganze, Mann, das kannst du mir
glauben.

Und der arbeitete ehrenamtlich in einem Waisenhaus. Krasser Typ.

Michael schaute von seinem iPad auf und meinte: »Klingt stressig, Mann.« Dann suchte er weiter nach Südafrikaflügen. Ein Buddha im australischen Gewand.

Weil Pfannkuchen nicht zu Diwali gehörten, unterstützte uns die Mutter bei unserem Vorhaben. Im Waisenhaus lebten etwa fünfzehn Jungen und Mädchen zwischen fünf und zwölf Jahren. Völlig verkatert gingen wir einkaufen und bereiteten den Teig vor. Wir verließen unser Wohngebiet, überquerten erst eine große Straße und dann einen Fluss, der mehr Müll als Wasser mit sich führte. Im Viertel gab es außer ein paar Motorrädern keinen Verkehr und asphaltierte Straßen auch nicht. Vorher hatte ich Slums mit Wellblechhütten assoziiert, aber die Häuser hier wirkten gepflegt auf mich.

Michael lief wie eine Berühmtheit aus einem *War-Child*-Werbefilm durch die Straßen. Sobald wir irgendwo hinkamen, rannten Leute auf uns zu. »Baba Michael! Du bist wieder da!«, rief jemand. Michael schüttelte einigen die Hände, fragte nach der Familie und lachte. Alle wollten Michael anfassen oder sich mit ihm unterhalten. Es war, als würde er Segnungen austeilen, dabei tat er gar nichts Besonderes.

Michael war eigentlich für die armen Kinder im Waisenhaus hergekommen, aber ganz gegen die Regeln seiner Gastfamilie hatte seine Anwesenheit hier einen positiven Effekt auf das ganze Viertel.

So wurde dieses *Pancake Adventure* ein richtiggehender Wohltätigkeitsfilm. Bei *War Child* wäre man stolz auf mich. Lachende Waisenkinder standen in ihren zerrissenen Kleidern da. Ich spazierte mit einer Slum-Berühmtheit umher, die allen die Hand gab. Wir backten und verteilten Pfannkuchen. – Allerdings durften wir sie nur den christlichen Kindern geben, die Hindus verdienten anscheinend keine. Dann hätten sie sich eben eine bessere Religion aussuchen müssen ... In Wirklichkeit wollte die Hälfte gar keine Pfannkuchen. Man hatte sie schon so oft gezwungen, auf Fotos von ehrenamtlichen Kurzzeitbesuchern lieb zu gucken, dass sie meine Anweisungen einfach ignorierten.

Michael klagte über übertrieben sentimentale Besucher, die den Kindern viel Zuwendung schenkten, niedliche Fotos auf Instagram einstellten und dann wieder verschwanden. Das hatte die Kinder abstumpfen lassen. Sie brauchten richtige Liebe, nicht diese flüchtige Aufmerksamkeit in den sozialen Medien. Ich machte rasch noch ein paar letzte Aufnahmen und steckte dann die Kamera weg. Wem wollte ich denn etwas vormachen? Glaubte ich vielleicht, durch meine Barmherzigkeit das Leben dieser Kinder an einem einzigen Nachmittag besser machen zu können? Ich war keine Wohltätigkeitsorganisation. Ich war einfach ein junger Mann, der Pfannkuchen verteilte, weil das Geben von etwas Kleinem so viel mehr einbrachte, als es kostete. Das durfte man nicht kaputt machen, indem man nach Anerkennung suchte.

Ich beneidete Michael um seine uneingeschränkt positive Einstellung. Danach lohnte es sich zu streben. Man konnte für andere da sein, ohne dass man etwas zurückbekam. In meiner Welt wurde für alles eine Gegenleistung erwartet. Aber wenigstens tat ich das Ganze nicht aus Angst vor ausbleibenden Likes oder für den Weltruhm.

Der Kerala-Express

Nachdem ich lange Zeit von Armut umgeben gewesen war, wurde ich von Mark aufgenommen, einem jungen niederländischen Diplomaten. Er lebte erst seit ein paar Wochen in Delhi. Die niederländischen Pfannkuchen sollten sein Heimweh kurieren, bis seine Freundin nachreisen und die richtige Medizin sein würde. Gleichzeitig heilte er auch mein eigenes Heimweh. Zum ersten Mal seit langer Zeit konnte ich wieder tiefer gehende Gespräche in meiner Muttersprache führen. Ein Chauffeur brachte uns zu verschiedenen Veranstaltungen, die man organisierte, um junge Expats zu beschäftigen, weit entfernt von allem Elend in Indien. Ich wollte gar nicht mehr weg. In Marks großem Haus und in einem bequemen Bett merkte ich, wie hektisch das Reisen gewesen war. Immer auf der Flucht, und nie wusste ich, wo ich schlafen würde. Hier hatte ich keine Kommunikationsprobleme, und alles lief wie von selbst.

Bevor ich es richtig merkte, hatte ich Marks Gastfreundlichkeit auf die Probe gestellt, indem ich länger geblieben war, als es die Höflichkeit gebot. So in Watte gepackt war es schwer, sich für das Abenteuer zu entscheiden, aber ich musste weiter.

Das neue Abenteuer hieß Kerala-Express, ein Zug, der mich zur Südspitze von Indien brachte, nach Kochi. Auf der Fahrkarte stand: »Abfahrt 28.10., 9:15 Uhr, Ankunft 30.10, 11:20 Uhr«. Ich rechnete nach. Ohne die unvermeidlichen Verspätungen waren das fünfzig Stunden und fünf Minuten. Direkt in den Süden, ohne Aussteigen. In einem Dritte-Klasse-Wagen. Fehlender Komfort wird oft mit Abenteuer verwechselt. Zuerst drang nicht richtig zu mir durch, wie lange das Ganze dauern würde. Die Karte kostete »*nine two five, only*«. In Indien fügte man dem Nennen eines Betrags oft »*only*« hinzu, egal um wie viel es sich handelte. Man bekam immer das Gefühl, riesiges Glück zu haben. In diesem Fall stimmte das auch: dreizehn Euro für 3036 Kilometer. Ein Schnäppchen. Inklusive zweier Übernachtungen und dem Ausblick auf Dschungel, authentische Dörfchen und kahle Bahnhöfe.

Ich bekam das oberste Bett zugeteilt. In der untersten Schlafwagenklasse, ohne Klimaanlage, aber mit Ventilatoren und mit Fenstern, die sich öffnen ließen. Diese Abteile waren eine Art Gruppenzelle. Es gab Gitter vor den Fenstern, und die WCs teilte man sich mit fünfzig anderen Passagieren. Ich versuchte aus meinem Bett ein sicheres Nest zu machen, mit allen Wertsachen am Kopfende und meinem Rucksack unter der untersten Liege. Die Decke war gerade so zu niedrig, als dass ich aufrecht hätte sitzen können, und ich lag gerade so zu hoch, um von den Ventilatoren kühle Luft abzubekommen. Wenn ich den Kopf weit genug drehte, konnte ich mit Mühe durch die Gitter nach draußen schauen. Wegen der Nackenkrämpfe musste ich den Blick wieder zur Decke richten. Ab und zu wehte aus irgendeiner Richtung eine Mischung aus altem und frischem Urin vorbei. Ich las *Shantaram*, den Romanklassiker für alle Indienreisenden. Noch neunundvierzig Stunden bis Kochi.

Die Decke schien mit jeder Minute einen Zentimeter weiter nach unten zu kommen. Alle fünf Minuten lief jemand vom Zug-Catering vorbei; man hörte die Leute schon aus einiger Entfernung rufen. »*Coffee, chai, hot tea, chaiii, coffeechaichaicoffee pani pani fresh water.*« Dann erschien jemand mit meiner vegetarischen Mahlzeit. Reis mit Dal und Pickles. Halb im Liegen und halb im Sitzen versuchte ich das Essen in mich reinzuschaufeln. Eine Familie unter mir winkte, ich solle mich zu ihnen gesellen. Ich brauchte nicht den ganzen Tag da oben liegen zu bleiben. Tagsüber wurde das mittlere Bett hochgeklappt, sodass sechs Sitzplätze entstanden. Ein guter Grund, immer das oberste auszuwählen, dann konnte man wenigstens schlafen, wann man wollte. Freundlich schauten die Leute zu, wie ich mit der Hand die letzten Reste abkratzte. Dann wollte ich den Behälter wegwerfen und suchte nach dem Mülleimer. Umsonst. Ich faltete alles zusammen und ließ es ungeschickt in meinem Schoß liegen.

Der Familienvater schaute mich an, warf einen Blick auf das Gefäß und dann wieder einen auf mich. Er nahm mir den Müll weg, und ich musste zusehen, wie er ihn zusammen mit den Teebechern aus Pappe zusammenfaltete und auf passiv-aggressive Weise aus dem Fenster warf. »Das war doch gar nicht so schwer?!«, schien er mir außerdem vermitteln zu wollen.

Niemand sagte etwas, alle starrten mich nur an, deswegen zog ich mich wieder in mein Nest zurück. Noch dreiundvierzig Stunden bis Kochi.

Etwas weckte mich. Ich spürte eine Berührung an meinem Bein. Noch halb schlafend versuchte ich mich aufzusetzen. Im schwachen Lichtschein sah ich, wie ein junger Mann von etwa zwanzig fasziniert zu mir hochschaute. Er bedeutete mir durch Gesten, er wolle zu mir kommen, und ohne auf Antwort zu warten, kletterte er zu mir herauf. »Name?«, fragte er.

»Mein Name ist Willem, und wie heißt du?« Als ich »du« sagte, deutete ich auf ihn. Schließlich sollten die Leute auch von mir lernen können.

»Ja«, gab er zurück. »Land?«

»Niederlande ... Holland ... Amsterdam.« Anstatt darauf zu reagieren, schaute er mich immer weiter an. So starrten wir uns ein wenig gegenseitig an und dann vor uns hin.

»Verheiratet?«

»Nein.«

»Oh! Single?«

»Ja.«

So weit also der Gesprächsstoff. Er musterte mich noch eine Weile gründlich und sprang dann von meinem Bett. Der Rhythmus des Zuges war wie ein schönes Schlaflied.

Wieder zog jemand an meinem Bein, und wieder setzte ich mich halb auf. Es war derselbe junge Mann, diesmal mit einem Freund. »Ihr Vorname, Sir?«

»Willem.« Wir spielten das Ganze noch einmal durch.

»Und woher kommen Sie?«

»Aus Holland.«

»Sind Sie verheiratet?«

Nach einigen sozial akzeptablen Antworten versickerte das Gespräch, und ich nickte wieder ein bisschen ein.

»Mister?«

»Ja ...«

»Machen wir zusammen ein Foto?«

Es ist halb drei ... Aber egal, los. Ich konnte schlecht Nein sagen, und an ihren Gesichtern ließ sich ablesen, dass sie bei der ganzen Sache mehr gewannen, als es mich kostete. Wir gingen in den Zwischenraum bei den Toiletten, wo das helle Licht niemanden anlocken konnte. Nach dem Fotoshooting kletterte der junge Mann, der kein Englisch sprach, auf mein Bett. »Mein Freund hat keinen Schlafplatz, darf er vielleicht zu Ihnen?«, erkundigte sich der andere.

Während meiner ersten Zugreise in Indien hatte man einen alten Mann aus dem Bett geholt, um Platz für mich zu machen. Ich seufzte und zog die Knie an, sodass der junge Mann an meinem Fußende sitzen konnte. *Karma is a bitch* ... die man gut behandeln muss.

Ich wachte auf, weil Sonnenstrahlen durch die Gitter flackerten. Es war sechs Uhr. Vielleicht hatte ich den jungen Mann im Schlaf in den Abgrund getreten, denn er war nirgends zu sehen. War es schlecht fürs Karma, wenn man aus Versehen etwas Schlimmes tat? Bestimmt nicht.

Heute würde ich mir den Tag anders einteilen. Heute würde ein schöner Tag werden. Ich kaufte mir einen Becher übersüßten Kaffee und setzte mich in die Türöffnung zwischen den Waggons. Dort genoss ich die Sonnenstrahlen, die hinter den Bananenbäumen hervorkamen, und schaute auf die kleinen Holzhütten, die man scheinbar willkürlich auf Grünflächen aufgestellt hatte, und die Flüsschen, die sich durchs Land schlängelten. Ich unterdrückte meine Empathie mit den Menschen, die in diesen armseligen Hütten leben mussten. *Poverty Porn* war etwas Widerliches, aber ich konnte nicht abstreiten, dass die Atmosphäre ein ganzes Stück friedlicher wirkte als die Rushhour auf der A10. Es kam nur darauf an, unter welchem Blickwinkel man es betrachtete. Ich bestellte mir noch einen süßen Kaffee, setzte mich wieder hin und ließ die Füße aus dem Zug baumeln. So starrte ich eine Weile in die vorbeigleitende Landschaft hinaus.

»Entschuldigen Sie bitte.« Ein kleiner Junge schubste mich zur Seite und setzte sich neben mich. Hin und wieder flogen Pappbecher und Verpackungen vorbei, und wir bekamen Chaispritzer oder Spucke ins Gesicht. Aber das kümmerte uns nicht. Er holte ein altes Smartphone heraus, steckte die Kopfhörer ein und schaute sich einen Bollywood-Videoclip an. Als er mitbekam, dass ich auch zuschaute, gab er mir einen seiner Ohrstöpsel. Wir schauten auf knallbunte Gewänder und lauschten Stimmen, die mir Unverständliches über die unerreichbare Liebe sangen. Der kleine Junge legte mir den Kopf auf die Schulter. Noch siebenundzwanzig Stunden – zum ersten Mal verging die Zeit schneller, als der Zug fuhr.

Meine Reisegesellschaft setzte sich inzwischen anders zusammen. Die strenge Familie, die Verpackungsmaterial aus dem

Fenster warf, hatte einem alten Paar und zwei jüngeren Frauen Platz gemacht. Die alte Dame holte eine große Tasche mit Essen zum Vorschein. Ihr Mann half ihr dabei, Puffreis mit Tomaten und Masala in eine spitze Papiertüte zu schöpfen, und verteilte die Portionen. Eine der Frauen packte eine Schale voller Samosas aus und reichte diese ebenfalls herum. »Moment!«, rief ich. Elegant wie ein Zauberer holte ich eine große Erdnusskaramelltafel aus der Tasche. Die Männer und Frauen nickten dankbar. In Indien brauchte man nicht viel zu sagen; die Dankbarkeit wurde am Gesichtsausdruck erkannt.

Nach diesem Festmahl erhob sich der alte Mann und begann zu tanzen und zu singen. Die anderen Passagiere klatschten und jauchzten. Vielleicht waren die Bollywoodfilme gar nicht so weit von der Realität entfernt. Aus einem anderen Abteil erschienen neugierige Gesichter, und auf dem Gang tanzten jetzt zwei junge Männer mit. Als wäre das noch nicht genug Bollywood, kamen zwei Musiker in unser Abteil und trommelten ohrenbetäubend. Die Passagiere klatschten lauter, um die Trommeln zu übertönen. In den Niederlanden gab man Musikern Geld, wenn sie etwas dargeboten hatten, in Indien tat man das, damit sie aufhörten. Niemand bezahlte die Trommler, deswegen trommelten sie immer weiter. Lauter und immer lauter. Und die jungen Männer und der Alte tanzten und tanzten. Ich stellte mir diese Szene um acht Uhr morgens im Zug von Utrecht nach Amsterdam vor. Unmöglich!

Die Ruhe war wieder eingekehrt und mit ihr die Langeweile. Man hatte mir die Kopfhörer gestohlen, als ich kurz auf der Toilette gewesen war. Ich las weiter in *Shantaram*. Noch sechshundert Seiten und noch zwölf Stunden Fahrt. Ich schlief ein, und niemand weckte mich.

Kochi ist eine alte Kolonialstadt; erst waren die Portugiesen da und dann noch kurz die Niederländer. Der Besuch im Hafen mit den chinesischen Fischnetzen lohnt sich, und an jedem Haus mit einer Tür werden *Backwater Tours* angepriesen, eine Bootsfahrt durch die Binnengewässer von Kerala. Am Bahnhof hatte ich drei Backpacker entdeckt, und mit ihnen buchte ich eine solche Tour. Ich kaufte alle Zutaten für Pfannkuchen, sodass wir das Boot zu einem Pfannkuchenboot machen konnten. Die Rundfahrt war schön, aber ein Abenteuer konnte man sie nicht nennen. Alles lief genauso ab wie geplant. Hatte ich schon gesagt, dass es nicht um das Ziel, sondern um den Weg ging? Nach zweiundfünfzig Stunden nonstop im Zug reichte es mir nach zwei Tagen auch schon wieder in diesem malerischen Dörfchen.

Nach der Tour kaufte ich mir eine Zugfahrkarte nach Gorkana. Vor der Abreise blieb noch etwas Zeit, also bat ich einen Rikschafahrer, mich zum »Niederlandehaus« zu bringen. *Gut gegen mein Heimweh,* dachte ich. Er hielt vor einem Laden und sagte: »Wenn Sie erst noch hier reingehen, ist die Fahrt ermäßigt.« Diesen Trick kannte ich, deswegen fragte ich ihn, wie viel er in diesem Fall bekäme.

»Wenn Sie fünf Minuten drinbleiben und sich unterhalten, gibt das fünfhundert Rupien für mich.«

»Ich habe kein Geld, um etwas zu kaufen, aber genug Zeit, um überall vorbeizuschauen. Wir fahren jetzt bei allen Touristenshops vorbei, und dann setzen Sie mich am Museum ab.«

Er lachte. Ich sah Elefanten aus Holz, weite Hosen, schicke Kleidung, Dosen mit Steinintarsien, Ketten aus »echten« Kristallen. Die Kaufleute wussten, dass sie an mir nichts verdienen würden, aber für mich und den Rikschafahrer war es ein wunderbarer Zeitvertreib. Das Niederlandehaus konnte warten.

Happy Pancakes

In Mangalore stieg ich vom Zug in den Bus um. Die folgende fünfstündige Fahrt war eine unangenehm holprige Angelegenheit. Endlich setzte man mich an der staubigen Busstation in Gorkana ab, und von dort aus nahm ich ein Tuktuk nach Om Beach.

Om Beach ist eine Bucht zwischen zwei großen Felsen, vollgebaut mit Strandcafés und Gästehäusern. Ich ging schnurstracks auf das hinterste zu, da ich vermutete, dass es dort am ruhigsten und billigsten sein würde. Diese Theorie war natürlich völlig haltlos. Es hätte sich genauso gut um ein zu teures Haus ohne Atmosphäre handeln können. Umgekehrte Psychologie für Menschen wie mich, die immer ein bisschen anders sein wollen.

Mit zwanzig Kilo auf dem Rücken schlurfte ich durch den Sand. Alle zehn Meter wurde ich von Indern angehalten, die über und über mit Ketten behängt waren. Die Steine und Perlen an diesen Ketten sollten allerlei positive Auswirkungen haben. Einige halfen gegen Krankheiten, wieder andere gegen Stress, noch andere in der Liebe. Ich brauchte keine Kette. Durch die Hartnäckigkeit der Verkäufer würde ich niemals vor Sonnenuntergang ans andere Ende des Strandes zu meinem Gästehaus kommen. Da kam mir eine großartige Idee: Wenn ich jetzt eine einzige Kette kaufte, konnte ich danach zu den anderen Verkäufern sagen, dass ich schon eine hatte. Dann war die Enttäuschung für diese fröhlichen Jungs vielleicht ein wenig kleiner.

Dem Nächstbesten, der auf mich zukam, kaufte ich sofort eine schöne Kette ab, mit Vulkansteinen, glaube ich. Die würden mich vor bösen Gedanken beschützen. Der Placebo-Effekt dieser Ketten war wissenschaftlich erwiesen, deswegen trug ich meine mit Freuden. Obwohl ich den Verkäufer bereits bezahlt hatte, lief er noch ein Stück neben mir her. Ich wusste mittlerweile, dass das immer so war, wenn jemand ins Kreuzverhör genommen werden sollte. Er hieß Aman, war verheiratet, hatte zwei Kinder und lebte in einem bescheidenen Haus in Gokarna. Jetzt war er an der Reihe. »Willem«, »Holland«, »Nein«. »Ja, mehrere, haha«. Er fragte, wo ich untergebracht sei, erklärte, ich hätte eine gute Wahl getroffen, und er hoffe, mich bald wiederzusehen.

Zehn Meter weiter kam der nächste Verkäufer auf mich zu. Bevor er etwas sagen konnte, rief ich:»Ich habe gerade Ihrem Freund eine abgekauft.« Mit Daumen und Zeigefinger umfasste ich die Kette um meinen Hals.

»Für Ihre Frau?«, fragte er. Ich sagte, ich hätte keine Frau, und lief weiter. »Ihre Freundin? Ihre Geliebte? Ihre Mutter?«

Außer von den Kettenverkäufern wurde der Strand von Kühen besucht. Wie jeder weiß, werden die in Indien nicht geschlachtet. Ihr Leben dient keinem höheren Ziel. Es spielt sich in einem endlosen *All-Inclusive*-Ferienresort ab. Sie sonnen sich, bis der Tag vorbei ist. Danach begeben sie sich auf das Weideland hinter dem Strand, um ein paar Kilo Gras zu schlucken. Man fragt sich, warum nicht mehr Kühe nach Indien emigrieren.

Ich lief an Gästehäusern vorbei, die in fröhlichen Farben angestrichen und mit Bildern von Bob Marley und Jimi Hendrix verziert waren. Es roch nach Dope. Das Gästehaus, das ich mir ausgesucht hatte, war genau wie erwartet: dunkel und spärlich möbliert. Jetzt musste ich nur noch auf einen niedrigen Preis hoffen.

Ich stellte meinen Rucksack an der Rezeption ab und schaute mich um, um herauszufinden, ob jemand anwesend war. Ich sah nur einen bleichen jungen Mann, der in einer Hängematte schaukelte. Er richtete sich halb auf.

»Ah, endlich noch ein Gast.« Er klang schläfrig. »Ich bin schon zwei Wochen hier, und noch nie hat mich jemand besucht. Das wird cool, Mann. Wir gehen guten Zeiten entgegen.« Mühsam kletterte er aus seiner Hängematte und stellte eine Whiskyflasche auf dem Boden ab. Schwankend stand er da und hielt sich ungeschickt an der Hängematte fest. Die Hand, die ich ihm reichte, um mich vorzustellen, diente ihm auch direkt als Stütze. Joachim hieß er. Er kam aus dem Norden von Norwegen, wo achtzig Prozent aller Metalbands herstammen und man dem Kannibalismus als Hobby frönt.

»Wie geht es Euch an diesem so vortrefflichen Tag?«, fragte ich ihn spaßhaft.

»Beschissen, wenn man's genau nimmt«, gab er galant zurück. »Mein Opa ist gerade gestorben. Er war wie ein Vater für mich, musst du wissen. Eigentlich das einzige Familienmitglied, dem wirklich etwas an mir lag. Und jetzt ist er tot.«

»Oh. Mein Beileid. Fährst du nicht zurück nach Hause?«

»Nein, Mann, das ist so weit weg, und ich hasse meine Familie. Die sind allesamt irre. Nur mein Opa war ein Held. Die anderen sind alle Säufer.«

Obwohl ich seine Familie nicht kannte, gab ich ihm in seiner Entscheidung recht. »Vielleicht ist es besser, ihm zu Ehren hier zu trinken.«

»Damit tue ich ihm keinen Gefallen. Er hat nie getrunken. Deswegen war er auch so ein toller Kerl. Er hat mir alles beigebracht: Angeln, Survivaltraining, Philosophie. Das Einzige, was ich von meinem richtigen Vater gelernt habe, ist das Trinken. Seit meiner Ankunft hier bin ich jeden Tag besoffen, weißt du.« Er schaute sich benebelt um. »Willst du Hasch rauchen? Ach ja, der Hostelbesitzer kommt übrigens gleich zurück, glaube ich. Du kannst deine Tasche einfach hier stehen lassen. Hier kommt sowieso niemand her.«

Durch einen Flur folgte ich Joachim zu seinem Zimmer. Es bestand aus einer von Beton umgebenen Matratze, ein Laken diente als Tür. Das Zimmer kostete hundertfünfzig Rupien pro Nacht. Das hätte schlimmer kommen können. Alle Zutaten für einen Joint lagen noch fein säuberlich ausgebreitet auf Joachims Bett: Dope, Zigarettenpapier, Filter und eine Schere.

»Normalerweise würde ich den Joint einfach am Strand bauen, aber wenn uns die Polizei erwischt, sind wir die Angeschmierten. Darum sitze ich hier. Hier kommt wenigstens niemand hin.« Am Strand roch es überall nach Hasch. »Glaub mir nur. Alles schon vorgekommen. Sie haben einen neuen Chef, einen reichen Kerl mit Prinzipien. Den kann man nicht einfach so bestechen.« Mit dem fertigen Joint gingen wir zurück und kletterten jeder in eine Hängematte. Ich nahm anstandshalber ein paar kurze Züge und gab Joachim den Joint zurück. »*Shanti, shanti*, du weißt schon. Ruhe und Frieden«, sagte er und stieß dabei eine große Rauchwolke aus.

Am nächsten Morgen frühstückte ich am Strand, trank einen Mangolassi und aß ein Omelett. Ich genoss das Geräusch der Wellen und den weichen Sand zwischen den Zehen. Joachim ließ sich in einen Stuhl neben mir fallen. Ich fragte ihn, ob er gut geschlafen hätte. Das war nicht der Fall. »Das Scheißmeeresrauschen ist zu laut. Kann man das nicht einfach abends abstellen?«

Immerhin hatte er nicht früh aufstehen müssen. War also halb so wild, dachte ich.

Für mich hingegen gab es reichlich zu tun: Filme bearbeiten, Texte schreiben, mein Projekt pflegen. Leute warteten auf Updates. Da waren Ziele, die erreicht werden mussten. Besprechungen, Konferenzschaltungen, Blitzverkaufsgespräche. Ich konnte wirklich nicht einfach nur vor mich hinstarren. Die Leute zu Hause wollten lange Blogeinträge lesen. Ich tat hier nämlich etwas ganz Besonderes, und weil es etwas so Besonderes war, hatte ich die Domain <waarbenjij.nu/willemreistdewereldovermetpannenkoekenlekkerboeie> eingerichtet. So konnte meine Mutter nachprüfen, dass ich noch lebte. Ob jemals jemand mein Magnum Opus lesen würde, war unwichtig. Das Schreiben hatte eine therapeutische Funktion. Außerdem blieben die Erinnerungen auf diese Weise irgendwo in meinem Gedächtnis hängen. Das war wichtig. Hätte ich diese Reise auch gemacht, wenn ich niemandem davon hätte erzählen dürfen? Oder wenn ich bei meiner Heimkehr nichts mehr davon gewusst hätte? Ich schrieb und fotografierte, um mir die Details zu merken, damit ich später vielleicht noch wüsste, dass Joachim Besuch von einem hübschen rothaarigen Mädchen bekommen hatte.

Joachim sprach über seinen Opa. Sie antwortete ihm in tröstenden Worten, mit verständnisvollem Gesichtsausdruck. Dann rieb sie ihm über den Rücken. Ich starrte sie ungeniert an und tat nicht gerade mein Bestes, um den Blick subtil abzuwenden, als sie ihn mit weit hochgezogenen Augenbrauen erwiderte. Ich lächelte nur. »Zum Glück hast du einen neuen Freund«, sagte sie zu Joachim. Der schaute auf und stellte uns einander vor. Shani hieß sie, und sie kam aus Israel. »Ich mache mich dann mal auf. Kommst du später zum Mittagessen?« Ich wäre gern darauf eingegangen, aber mich hatte sie nicht gemeint.

»Ich bleibe hier, ich will über meinen Opa nachdenken. *Shanti shanti*, weißt du«, erwiderte der jammernde Norweger und bereitete sich auf den weiten Weg aus dem Stuhl in die Hängematte vor.

Ich arbeitete noch eine Weile weiter, ging kurz schwimmen und dann zu Shanis Gästehaus, obwohl ich nicht eingeladen war.

Shani stand über einen Tisch gebeugt. Ich zweifelte kurz, ob ich sie stören durfte. Hochkonzentriert waren einige Leute damit beschäftigt, aus tausend Puzzleteilen ein Schloss in den französischen Alpen zu legen.

Neben dem Puzzletisch gab es einen weiteren, an dem eine Gruppe Gäste saß. Ein junger Inder stand daneben, um die Bestellungen aufzunehmen. »Ich will den Cheeseburger«, sagte der Junge an der Ecke des Tisches, »aber mit der Soße neben dem Burger, nicht drauf. Und ohne Tomaten.« Er hatte langes dunkles Haar, trug Ketten um den Hals und eine bunte Pluderhose – also ein richtiger Backpacker.

Geduldig schrieb der Inder die Bestellung auf. Der nächste bestellte ein Biryani, aber ohne Knoblauch, mit extra Koriander und nicht zu scharf.

»Und einen Mangosaft ohne Eis. Hast du das kapiert? Ja? Das letzte Mal hast du nämlich doch Eis reingetan, und das will ich nicht. Verstanden? Ja? Gut.« Er wandte sich an ein blondes Mädchen. »Man muss den Leuten hier ganz genaue Anweisungen geben, sonst machen sie einfach, was sie wollen.«

Inzwischen hatte Shani mich bemerkt. »Du kommst neu dazu, deswegen bist du jetzt für den Himmel verantwortlich«, sagte sie ohne jede Spur von Ironie. Mit pedantischer Hingabe machte ich mich daran, Hunderte von Puzzleteilen in verschiedenen Blauschattierungen zu sortieren.

Unsere Fleißarbeit wurde brutal durch einen Schrei vom Nebentisch unterbrochen. »Ich habe doch gesagt, die Soße soll neben den Burger, nicht drauf. Was stehst du da und lachst?« Er nahm den Teller in beide Hände und hielt ihn hoch, um den Kellner lächerlich zu machen. »Das esse ich nicht, verdammt noch mal! Das bringst du jetzt schön wieder in die Küche.« Der junge Inder wirkte verzweifelt. Er wusste nicht, ob man sich über ihn lustig machte oder ob der Gast es ernst meinte. Der Backpacker erhob sich wütend, drückte dem jungen Mann den Teller in die Hand, drehte ihn um hundertachtzig Grad und schubste ihn zurück in Richtung der Küche. »Diese verdammten Inder. So verfickt blöde. Kein Wunder, dass das ganze Land ein einziger Schrotthaufen ist.«

»Aus diesem Grund gebe ich mich nicht gern mit anderen Israelis ab«, sagte Shani leise und starrte mit leerem Blick in den unvollständigen Himmel über dem Schloss. »Nicht, dass die immer so wären, weißt du. Die meisten von ihnen haben drei Jahre Militärdienst hinter sich und Dinge miterlebt, die man nicht einmal im Fernsehen sehen will. Sie haben die Stimme ihres Sergeanten beim Drill immer noch im Kopf. Ich will das Ganze nicht schönreden, aber verständlich ist es schon.«

Auf dem Weg zurück in mein Gästehaus stieß der Schmuckverkäufer zu mir, der mir schon eine Kette verkauft hatte. Er wusste meinen Namen noch. »Bist du sicher, dass deine Mutter keine Kette haben möchte?« Lachend erklärte ich, ich würde bis auf Weiteres noch nicht wieder nach Hause fahren.

»Ach, aber wir organisieren das mit FedEx, mit DHL, über Kreditkarte, alles kein Problem. *Sab kuch milega* – alles ist möglich«, gab er mit einem Lachen zurück. Ich kaufte eine weitere Kette und erzählte ihm, ich fühle mich schuldig, weil ich hier Urlaub machte, während er den ganzen Tag arbeiten musste, um seine Familie zu ernähren. Er legte mir eine Hand auf die Schulter und schenkte mir ein breites Lachen. »Du brauchst kein Mitleid mit mir zu haben. Ich bin der glücklichste Mann auf der ganzen Welt. Ich habe eine Frau und zwei Kinder. Und ich bin jeden Tag am Strand, umringt von schönen Menschen. Manchmal verkaufe ich nichts, manchmal verkaufe ich viel. Ein gutes Leben.« Ich schaute erstaunt rein. So ging es natürlich auch. Glücklich sein mit dem, was man hatte.

Hier wurde nichts von einem verlangt außer schlafen, schwimmen, trinken, essen, kiffen und am Strand abhängen. Das war mir schon in der Türkei nicht gelungen. Was das anging, hatte ich in der Zwischenzeit wenig gelernt. Ich wollte etwas tun. Zum Glück hatte ich jetzt ein Projekt. Und noch dazu eines, das mich irgendwann weltberühmt machen sollte. Diesmal wollte ich Pfannkuchen für die traumatisierten jungen israelischen Veteranen, die indischen Kettenverkäufer, die Kühe und eigentlich alle am Strand backen. Was wäre da besser geeignet als *Happy Pancakes*? Dafür benötigt man Mehl, Milch, Eier, Butter und zehn Gramm Hasch.

Hasch zu beschaffen, war nicht schwierig, man brauchte nur dem Geruch zu folgen. Für *Happy Pancakes* musste ich Haschbutter herstellen. Das war denkbar einfach: Hasch zerkrümeln, Butter schmelzen und dann das Ganze fünfundvierzig Minuten köcheln lassen, sodass das THC vollständig auf die Butter übergeht. Dann gießt man die flüssige Butter durch ein Sieb in den Pfannkuchenteig. Und fertig.

Wir hatten am Strand einen Tisch aufgestellt, darauf standen mein Gaskocher, die Pfanne und zwei Sorten Teig. Die *Happy Pancakes* mit Hasch für die frustrierten Israelis und die anderen Gäste am Strand und die normalen Pfannkuchen für die Kühe und alle Strandbesucher, die schon happy genug waren.

Es dämmerte schon. Ab und zu blieben Leute stehen und schauten sich an, was ich da trieb. Die Kühe rochen die geschmolzene Butter schon aus der Entfernung und kamen aus verschiedenen Richtungen angelaufen. Drei Kälbchen schubsten die anderen Gäste zur Seite und leckten die Pfannkuchen vom Teller. Natürlich wollte ich keine Minderjährigen unter Drogen setzen, also schnitt ich einen Pfannkuchen in Stücke und ließ die drei gierigen Kälbchen aus meiner Hand fressen.

Joachim machte zu dieser Gelegenheit eine Ausnahme und fand zielsicher den Weg vom Hostel zur Haschbutter. Auch Aman, mein persönlicher Kettenverkäufer, erschien zusammen mit einem Kollegen, weil ihn der Festlärm anzog.

»Das sieht aber lecker aus!«, meinte er und lächelte strahlend.

»Für dich einen *Happy Pancake* oder einen *Unhappy Pancake*?«, erkundigte ich mich.

»Was glaubst du wohl? Einen *Happy Pancake* natürlich, denn

schließlich bin ich doch ein *happy man*.« Ich bereitete für beide Männer einen Pfannkuchen mit Schokolade zu.

»Ich bin jetzt schon glücklich!« Er lachte. »*Happy, happy!*« Niemand nahm die Pfannkuchen mit so viel Dankbarkeit entgegen wie dieser Mann.

Als der Teig alle war und die Leute irgendwo anders darauf warteten, dass der Abend zu Ende ging, räumte ich alles auf und ging zurück ins Gästehaus. Ich spürte noch immer nichts. Hatte ich die Butter wirklich gut zubereitet? Am Ende würden die Israelis noch böse, weil meine Gratispfannkuchen sie nicht high gemacht hatten.

Dann ging ich wieder hinaus und starrte lange ins Wasser. Ich verstand gar nichts mehr. Ich machte mich auf den Weg zu Shanis Gästehaus. Vorwärtsgehen fühlte sich an wie rückwärtsgehen. Der Sand war schwer unter meinen Füßen. Plötzlich lief ich durch einen riesigen Dschungel. Keine Ahnung, wie ich hier gelandet war und wie ich wieder herausfinden sollte. »He, da bist du ja.« Ich schaute auf. Es war Shani.

»Ich bin so froh, dich zu sehen. Ich hatte mich im Dschungel von eurem Gästehaus verlaufen«, meinte ich.

Besorgt runzelte Shani die Stirn.

»Komm, wir setzen uns kurz ans Wasser.«

»Okay.«

»Ich kann kein Englisch mehr sprechen«, sagte ich auf Niederländisch.

»Was hast du gesagt?«

»*No English*«, wiederholte ich mühsam auf Englisch.

»Du brauchst auch gar nichts zu sagen.«

Wir starrten in die Wellen. Sie durchbrach das Schweigen.

Im einzigen Club am Strand feierten die Leute eine Psytrance-Party. Unbeholfen bewegte ich meine Gliedmaßen im Takt der Musik und entschied, es sei an der Zeit zu gehen. Auf dem Weg ins Gästehaus sah ich einen Jungen mit Kopfhörern mit dem Meer um die Wette freestylen. Ich wurde immer verwirrter.

Am folgenden Morgen beschloss ich, ich hätte genug von diesem gechillten Strand, an dem nichts passierte. Auf dem Weg zu Shanis Gästehaus sah ich, dass der junge Mann immer noch an derselben Stelle seinen *Rap Battle* gegen das Meer ausführte.

Meine Kettenverkäuferfreunde kamen angelaufen. »Was hast du bloß in diese Pfannkuchen getan?«, schrie Aman fröhlich. »Auf dem Weg nach Hause habe ich mich plötzlich ganz komisch gefühlt. Beinahe bin ich vor Lachen von einem Kliff gefallen. Und meine Frau hat sich richtige Sorgen gemacht.« Beide lachten lauthals. Ich lachte auch und erzählte ihnen, sie hätten ja um einen *Happy Pancake* gebeten und dass die Hasch enthielten. Sie dankten mir mehrfach in vielen Worten. Aman sagte, ich solle mir zwei Ketten aussuchen. Wegen solcher Augenblicke hatte ich die *Pancake Adventures* ins Leben gerufen.

Hyderabad

Aus unerklärlichen Gründen befand ich, es sei nun an der Zeit, das Paradies zu verlassen. Mahi, mein Freund aus Dubai, hatte mir gesagt, ich solle unbedingt nach Hyderabad fahren. Dort hatte er studiert. Das sei wirklich zu empfehlen, hatte er gesagt. Ich ließ mich immer von den Ratschlägen der Einheimischen leiten, denn sie wussten es besser als die Reiseführer. Manchmal war das ein Erfolg, manchmal weniger.

Im Zug begann sich die Melancholie wieder in mir einzunisten. Am Strand war ich glücklich gewesen, aber das Stillsitzen hatte ich immer noch nicht gelernt. Vielleicht hätte ich mich mehr unter die Kettenverkäufer mischen sollen. Ich hatte sogar versucht, den Backpacker heraushängen zu lassen, und sofort wurde ich von einem eigenartigen Schuldgefühl überfallen. Warum gönnte ich mir selbst so wenig Ruhe, haderte mit dem Müßiggang?

Wie sich herausstellte, war Hyderabad keine Stadt, in der man ohne Plan den Weg finden konnte. In den letzten Tagen hatte ich kaum geschlafen und spürte, dass ich Fieber bekam. Ich wollte mich in ein Bett verkriechen, das Licht ausschalten und niemanden sehen oder sprechen. Ein Rikschafahrer kutschierte mich auf der Suche nach einem bezahlbaren Hotel durch die Stadt. Nachdem wir über eine Stunde durch die Gegend gefahren waren, hielt der Mann vor einem verfallenen Apartmentkomplex und sagte, das sei meine letzte Option. In der grauen Lobby wurde ich von einem missmutigen kleinen Mann empfangen, der nach Schweiß und verfaulenden Zähnen roch; dieser erste Eindruck bestätigte sich durch sein Grinsen und die gelben Flecken auf seinem Hemd. Er wollte viertausend Rupien für ein Doppelzimmer haben. Eigentlich wollte ich nur noch schlafen und hatte keine Lust, über den Preis zu verhandeln. Trotzdem entgegnete ich, das Zimmer werde online für eintausendfünfhundert Rupien angeboten, und selbst das fände ich noch teuer. In Gokarna hatte mein Zimmer zweihundert Rupien gekostet, und das war paradiesisch schön gewesen. Wir einigten uns schließlich auf einen Preis, und ich wankte in Richtung meines Zimmers.

Dass man die Tür nur von außen abschließen konnte, verhieß nichts Gutes. Es roch so, als würde man regelmäßig Leute gegen ihren Willen für längere Zeit einsperren. Die Gitter vor den Fenstern verhinderten ein Entkommen. Ich hatte Fieber und war völlig fertig. Bevor ich einschlief, dachte ich nur noch, dass gleich Männer ins Zimmer eindringen, mich unter Drogen setzen und festhalten würden, bis ich alle war.

Als ich ein paar Stunden später aufwachte, waren meine Hände nicht am Bettgestell festgekettet. Auch die Tür hatte man nicht von außen verriegelt. Ich musste die Stadt erkunden, das schuldete ich Mahi. Er hatte gesagt, Hyderabad sei für seine Biryani- und Currygerichte mit Huhn bekannt. Nicht gerade eine ideale Reklame für einen Vegetarier. Aber es sollte außerdem noch einen schönen Hindutempel geben.

Es war wirklich ein schöner Tempel, aus weißem Marmor, aber mein Kopf hämmerte zu sehr. Der Tempel heißt »Birla Mandir«. Bitte einfach auf Google Images nachschauen, wie schön er ist, und dann auf Wikipedia alle dazugehörigen Informationen nachlesen. Ich stand nach zehn Minuten wieder draußen und ging zum Bahnhof, um den nächstbesten Zug nach Mumbai zu nehmen. Alle Züge, die an diesem und am nächsten Tag dorthin fuhren, waren ausgebucht oder zu teuer. Erst in zwei Tagen gab es einen, für den ich eine Karte erwerben konnte. Ich hatte keine Lust auf sozialen Austausch beim Couchsurfen. Man konnte nicht einfach krank irgendwo auftauchen und davon ausgehen, dass sich ein Fremder um einen kümmerte.

Mahi hatte für mich den Kontakt zu seinem Cousin hergestellt. Das war ein netter junger Mann, der mit mir essen ging. Ich war so von Selbstmitleid erfüllt, dass ich ihn um einen Schlafplatz anbettelte. Erst auf dem Spaziergang danach wurde mir klar, wie erbärmlich ich mich aufgeführt hatte. Er hatte schließlich schon mein Abendessen bezahlt. War ich denn ein so schlechter Mensch, dass ich einfach davon ausging, er würde das tun und mir dann auch noch einen Schlafplatz anbieten? Ich hatte einfach die Männergrippe. Ich wollte, dass Sem mir die Haare kraulte und mir sagte, alles würde gut werden … Ich rief mich selbst zur Ordnung und schickte eine E-Mail mit einer Entschuldigung an Mahis Cousin.

Zurück im Hotelzimmer, sagte ein klägliches Stimmchen in meinem Kopf: »Vielleicht, na ja … Weißt du … Du kannst ja auch wieder nach Hause fahren, oder?« Ich brachte es zum Schweigen. Ich würde das hier schon überleben. Ich musste einfach nur ganz kurz Sems Stimme hören. Mein Wundermittel gegen Heimweh.

Ich rief sie an. Als ich fertig gejammert hatte, sagte sie, sie habe sich (endlich) von ihrem Freund getrennt. Und zwar endgültig. Das half gegen das Fieber, nur half es weniger gut gegen die Sehnsucht.

Meine *Pancake Adventures* nahmen erst allmählich Form an, ich hatte das Ziel noch lange nicht erreicht. Sem war nun vielleicht Single, aber deswegen konnte ich noch lange nicht überenthusiastisch zurückstürmen; erst musste ich noch nach China und dann in den Rest der Welt. Und noch wichtiger: Ich musste aus den *Pancake Adventures* einen großartigen Erfolg machen. Aber wann war etwas ein Erfolg? Ich hatte in Dubai und in Pakistan in der Zeitung gestanden, ich hatte Menschen froh gemacht und war an Orte gelangt, die ich sonst vielleicht nicht zu Gesicht bekommen hätte. Tat ich das für mich selbst oder für die Wertschätzung anderer? Das Projekt wäre erst ein Erfolg, wenn ich mir keine Gedanken mehr darum machte.

Mein Vater rief an. Das bedeutete, entweder war jemand gestorben oder es musste etwas Administratives geregelt werden. Dass er mich nur aus diesen beiden Gründen anrief, hatte nichts mit mangelnder Zuneigung zu tun, sondern mit der Rolle, die er als Vater nun einmal seinem Sohn gegenüber zu erfüllen hatte. Ich konnte mit allen Problemen zu ihm kommen, solange es eine konkrete Lösung gab. Wenn jemand in Selbstmitleid ertrank, hatte er dafür keine Lösung. Er kam sofort zur Sache. Es gab ein administratives Problem, ich musste mich neu bei der Gemeinde anmelden. Und das konnte ich nur persönlich erledigen.

Das war ein Zeichen. In diesem Moment hätte ich wahrscheinlich alles als Zeichen betrachtet, nach Hause zu fahren. Vor mir selbst konnte ich das wunderbar verantworten. Ich stand auf und irrte wieder durch die Stadt, die mich in keiner Weise inspirierte. Zwischen verfallenen Gebäuden und Baustellen stieß ich auf ein hippes Künstlercafé. Dort öffnete ich meinen Laptop und suchte nach Flugtickets. Ich buchte ein Ticket für den Tag, an dem mein Visum ablaufen würde: in zwei Wochen. Während mein Fieber langsam sank, nahm das Heimweh immer mehr zu. Ein Rückflugticket nach Amsterdam würde das Ende meiner Reise bedeuten, und das wollte ich nicht. Deswegen würde ich zwei Wochen nach meiner Heimkehr nach Kathmandu zurückfliegen, um dort die *Pancake Adventures* fortzusetzen, bis Sem wieder einen neuen Freund hätte und ich *endlich* die Ruhe und den Sinn des Lebens würde finden können.

Die letzten beiden Wochen wollte ich einigen Sehenswürdigkeiten in Indien widmen, aber am liebsten wäre ich sofort nach

Hause aufgebrochen. Ich nahm den Zug nach Mumbai, wo ich in den nach Jaipur umsteigen wollte.

Durch die Gitter des Schlafwagens blitzten Lichter an mir vorbei. Hin und wieder hielt der Zug an einem kahlen, grell erleuchteten Bahnsteig. Bis zu meiner Ankunft in Mumbai würde es noch eine ganze Weile dauern. Inzwischen hatte ich die langen Zugfahrten schätzen gelernt. Man konnte kaum etwas anderes tun, als zu warten und die Gedanken an sich vorbeigleiten zu lassen.

Mein Handy klingelte. Es war Tim. Tim rief mich nie an, schickte mir nie WhatsApp-Nachrichten. Nach unserem Treffen im Iran hatte ich nichts mehr von ihm gehört. Was war los?

»Vielleicht ist es besser, wenn du dich hinsetzt.«

»Ich sitze schon seit acht Stunden«, gab ich lachend zurück, »und daran wird sich auch in den nächsten zwanzig Stunden nichts ändern. Super Fahrt bisher.«

Tim ging nicht darauf ein. »Ich muss dir etwas sagen. Jort hat sich das Leben genommen.«

Danach blieb es still am anderen Ende der Leitung. Ich wusste nicht, was ich sagen sollte. Ich wollte Tim für das Gespräch danken. *Alles klar.* Es blieb noch länger still, und mir wurde bewusst, dass mich das wahnsinnig viel Datenvolumen kostete, das ich noch für diverse andere Dinge brauchte. Darum sagte ich: »Oh.« Dann schwieg ich wieder.

Tim seufzte. »Wir sitzen hier alle zusammen. Es wäre schön, wenn du auch hier sein könntest.«

»Ja«, sagte ich. »Das ist mir klar.« Aber mir war natürlich gar nichts klar. Ich saß in einem leeren Zug auf einem Metallbett, vor mir Gitter, durch die hin und wieder ganz kurz das Mondlicht fiel. Ich begriff überhaupt nichts von dem, was zu Hause so alles ablief. Zu Hause war eine unveränderliche Welt, eine Inszenierung von Anfang bis Ende. Ich hätte etwas sagen sollen, aber mir fiel nichts ein.

»Ich muss noch ein paar Leute anrufen«, sagte Tim schließlich. »Wir sind jederzeit für dich erreichbar.«

Es gab nichts weiter zu sagen. Ich steckte mein Handy weg und schaute aus dem Fenster, so als hätte das Telefongespräch nicht stattgefunden. Gedanken blitzten auf und verzogen sich unverrichteter Dinge wieder.

Rikschafahrer

In Mumbai begann ich meinen Tag wie geplant. Ich stieg an der Victoria Railway Station aus. Daneben gab es ein *Top-rated Local Restaurant* mit dem besten *Thali* in Indien. Still schlang ich das Essen von meinem Stahltablett herunter und musterte ein paar Männer in hellen Oberhemden, die gurgelnd und röchelnd an einem kleinen Waschbecken standen. Danach ging ich in einen Park, wo ein Kricketturnier stattfand, und plauderte fröhlich mit einem der Trainer.

Die Nachricht vom Vortag war noch immer nicht völlig zu mir durchgedrungen. Nach und nach erfuhr ich weitere Einzelheiten von Freunden. Nach einer Panikattacke im OP hatte man Jort gesagt, er sei zu labil, um Chirurg werden zu können. Anschließend war er nach Hause gefahren und hatte sich dort auf jede nur denkbare Weise Gewalt angetan. Vielleicht nicht mit der Absicht, sich das Leben zu nehmen, aber jedenfalls, um dem tobenden Sturm in seinem Kopf zu entkommen.

Während ich mit ihm zusammenwohnte, hatte ich als einer der wenigen einen Einblick in sein destruktives Verhalten bekommen. Manchmal fand ich ihn zusammengesunken in einer Ecke seines verdunkelten Zimmers. Und das, nachdem er tagsüber ein Deckengemälde angefertigt, einen *Jam* veranstaltet oder sich seinem *Cum-laude*-Abschluss gewidmet hatte.

Als er in eine eigene Wohnung zog, sah ich ihn immer seltener. Gemeinsame Freunde meinten, es gehe ihm gut, aber niemand war bei ihm gewesen, um sich davon zu überzeugen.

Statt Chirurg hätte er auch ein erfolgreicher Schriftsteller werden können, oder Geiger, Künstler, Unternehmer, Prediger, Straßenbauer. Es wäre egal gewesen. Solange er den zerstörerischen Drang nach Erfolg nicht loslassen konnte, wäre ihm alles zum Verhängnis geworden.

Sollte ich mein Ticket umbuchen? Dieses Dilemma hatte ich beim letzten Mal nicht lösen können. Es würde mich viel Stress und Geld kosten, und was würde ich damit gewinnen? Niemandem nutzte es etwas, wenn ich bei dem Abschied war, oder? Ich konnte besser so trauern wie Joachim und in einer Hängematte mit einer Flasche Whisky am Mund Erinnerungen ausgraben, mit Menschen, die nichts damit zu tun hatten. In Jaipur würde ich mich dem widmen.

Auf dem Bahnsteig von Jaipur kam ein junger Mann auf mich zu. Er war klein und schmächtig und hatte ein sanftes Gesicht. Hoffnungsvoll erkundigte er sich, ob er mich zu meinem Hotel bringen solle. Ich war gerade nicht zu Verhandlungen im Stande. Ich erklärte, ich hätte noch kein Hotel.

»Das macht nichts, ich bringe Sie schon.«

Wir verließen den hektischen Bahnsteig. Der junge Mann stellte sich als Salman Khan vor. »Khan« ist ein ehrenvoller Titel für Beschützer, und das beruhigte mich. Er wirkte verlegen und verspielt, in keiner Weise wie ein üblicher Taxifahrer, aber das war nur eine Frage der Zeit und der Erfahrung.

Ein größerer Mann kam uns entgegen und ging ein Stückchen mit uns mit. Er gab mir die Hand und erkundigte sich, wie viel Geld Salman von mir wollte. Er würde mir auf jeden Fall einen besseren Preis anbieten, erklärte er. Ich sah die Panik im Blick meines neuen Freundes. Als Anfänger in seinem Fach musste Salman noch lernen, sich besser zu behaupten. Ich schlug einen Arm um Salman und sagte: »Das hier ist mein Freund, such dir jemand anderen.« Ich brauchte in diesen dunklen Zeiten Freunde, und wen hätte ich mir da Besseres aussuchen können als einen unbefangenen Straßenjungen? Der andere folgte uns immer weiter und bot mir Frauen und Drogen an, alles zu niedrigen Preisen. Salman rief mit hoher Stimme, so als würde er jeden Moment in Tränen ausbrechen, er solle mich in Ruhe lassen. Ich bekräftigte das und sagte entschieden, er solle verschwinden.

Salman blickte mich voller Ehrfurcht an. »Du bist mehr als ein Freund, du bist mein Bruder. Und Brüder bezahlen, was sie wollen.«

Ich versprach ihm, er würde in den nächsten Tagen mein Stammchauffeur werden.

Während ich mich in meinem Hotelzimmer einrichtete, hatte Salman seinen Freund Sharuk abgeholt. Nach ein paar Drinks auf dem Dach des Hotels nahmen sie mich mit in eine Gaststätte mit einem Billardtisch und stellten mich ihren Freunden vor. So fand ich innerhalb weniger Stunden einen spontanen Freundeskreis, der mir Ablenkung bot.

Salman stand mit seiner grün-gelben Rikscha vor dem Hotel bereit. Wir cruisten durch die engen Straßen der kunterbunten Stadt, vorbei am rosafarbenen Stadtpalais zum großen Fort Amber. Doch eigentlich hatte ich kein Interesse an meiner Umgebung. Ich wollte nur Gesellschaft.

Er brachte mich zu einem Ort, an dem man gegen Bezahlung Elefanten einfärben oder waschen durfte. Ich hätte lieber dafür bezahlt, den Aufseher anzumalen, einen Eimer Wasser über ihm auszuschütten und ihn dann mit seinem Bambusstock zu disziplinieren. Ich sagte zu Salman, ich hätte genug von diesen Sehenswürdigkeiten.

»Ja genau, die Region Rajasthan hat viel mehr zu bieten als nur Jaipur.«

Mir stand der Sinn nicht danach, auf Kamelen zu reiten, die Blaue Stadt zu sehen oder mit anderen Touristen irgendwo hingeschleppt zu werden. Ich wollte nur in mein Hotelzimmer.

Ich erklärte ihm, mein Freund habe sich das Leben genommen und ich bräuchte ein wenig Zeit für mich. Er sagte, das verstehe er. Er hatte im vergangenen Jahr auch einen Freund auf diese Weise verloren, wegen Liebeskummer. Ich lächelte bitter. Was war Indien doch herrlich romantisch – ein Land, in dem die Menschen noch im Namen der Liebe starben.

Die Tür fiel hinter mir ins Schloss. Ich machte mir nicht die Mühe, das Licht einzuschalten, sondern ließ mich mit dem Gesicht nach vorn aufs Bett fallen und schrie unterdrückt auf.

»Dann heul doch!«, sagte ich zu mir selbst. »Das willst du doch so gern? Wenn es jemals einen geeigneten Moment dafür gab, dann diesen hier.« Ich drehte mich auf den Rücken und rang nach Luft, aber es passierte nichts. Jort und ich hatten uns länger als ein Jahr nicht gesprochen. Es war zu spät, um unseren verwässerten Kontakt wieder aufleben zu lassen, aber ich konnte zumindest versuchen, ihm näherzukommen, indem ich Erinnerungen hochholte. Sie waren nicht immer unbeschwert, aber ich hatte stets eine große Faszination für seine Talente und Gedanken verspürt.

Als ich ihn das letzte Mal sprach, spielten wir in seinem Dachzimmer Schach. Um diese Erinnerung zu verstärken, nahm ich mein Handy und suchte nach *Brothers in Arms* von Dire Straits. Ich stellte den Song auf Repeat. Mühelos brachte er mich zu diesem Abend zurück. Wir haben die Partie nie fertiggespielt, sondern uns in Gesprächen über den Sinn des Lebens verloren, denen wir mit Whisky und Zigarren zusätzliches Gewicht verleihen wollten. Und dann überlegte ich mir, wie mutlos er da in den letzten quälenden Augenblicken seines Lebens auf seinem Sofa gelegen haben musste. Alles war ihm recht gewesen, wenn nur der Schmerz ein Ende hätte. Langsam kamen die Tränen.

»Willem!« Es war Salman. Ich reagierte nicht. Fäuste hämmerten gegen die Tür.

»Willem! *Brother*. Wir wissen, dass du da drin bist. Mach auf.«

»Sorry, ich habe zu tun«, sagte ich ganz leise. Diesen Augenblick wollte ich ganz und gar Jort widmen. Dazu brauchte ich niemanden.

»Wir warten hier, bis du aufmachst!«

Ich trocknete mir das Gesicht am Laken ab und rollte mich aus dem Bett. Widerwillig öffnete ich die Tür. Aus geschwollenen Augen starrte ich die beiden an und spürte, wie sich trotz allem ein schmales Lächeln auf mein Gesicht stahl. Sharuk hielt hoffnungsvoll eine Flasche Royal-Stag-Whisky hoch.

»Wir sind deine Brüder«, erklärte Salman voller Mitgefühl. »Wir haben die Rikscha für die ganze Nacht gemietet.«

Ich sträubte mich noch kurz, aber sie hielten mir die Whiskyflasche an den Mund und zogen mich aus dem Zimmer.

Salman setzte sich hinters Steuer. Sharuk und ich hingen rechts und links von ihm. Wir kurvten durch die schmalen Gassen, über eine große Straße, bis wir an eine Baustelle kamen, wo wir uns ungestört betrinken konnten.

Wir sprachen über alles, was die beiden beschäftigte. Sie erklärten mir, wie man am besten Touristen übers Ohr haute. Salman versuchte mitzureden, wurde aber von Sharuk übertönt, der mir voller Aufregung ein Foto von einer hochgewachsenen blondierten Frau zeigte, seiner deutschen Freundin. Dann holte er seine Geldkarte hervor. »Damit kann ich jeden Monat etwas abheben.«

Sharuks Handy klingelte. Er meldete sich fröhlich, wurde dann aber ernst. Er beriet sich mit Salman, wovon ich nichts verstand, und dann sagte er zu mir, die beiden würden weggehen und ich solle hierbleiben. Das war mir nicht geheuer. Was sollte ich denn auf einer verlassenen Baustelle? Ich hatte keine Ahnung, wo ich mich befand.

»Mein Bruder steckt mitten in einem Kampf, und wir müssen ihm helfen«, erklärte mir Sharuk.

»Ich warte doch nicht hier, während ihr zusammengeschlagen werdet.« Ich schüttete mir den letzten Rest *Royal Stag* rein. »*Challo, challo!* Auf geht's!«

»Du bist ein echter Bruder«, jauchzten sie betrunken.

Genau das brauchte ich jetzt.

Der Whisky und unsere Gespräche hatten mich aufgeputscht, aber bis wir bei dem alten Einkaufszentrum ankamen und die Rikscha abgestellt hatten, war mein plötzlicher Übermut verschwunden. Uberall standen große muskulöse Inder herum, etwas kleiner als ich, aber viel breiter. Wo kamen die schon wieder her? Gangmitglieder, voller Tattoos und mit vielen Ketten. Ich konnte mir nicht vorstellen, dass Salman und Sharuk etwas Wesentliches zu diesem Gefecht beitragen konnten, denn sie waren schmächtig und zwei Köpfe kleiner als ich. Wir blieben Zuschauer, hielten uns in sicherem Abstand. Nach zehn Minuten sagte Scharuk: »Es ist fast fünf Uhr, wir müssen weg. Gleich kommt eine neue Ladung Leute.«

Wir waren nicht die Einzigen, die müde Touristen zu einer Fahrt überreden wollen. Vor dem Bahnhofsparkplatz standen ganze Reihen Rikschas. Wir mussten etwas außerhalb warten, weil sich Salman und Sharuk noch keine gute Position erarbeitet hatten. Als wir den Bahnsteig entlangliefen, fuhr gerade ein Zug ein. Wir waren wählerisch: nur blonde Mädchen. Wir verteilten uns. Ich lief mit dem Zug mit, sodass die Türen genau vor meinen Füßen aufgingen. Viele Touristen stiegen aus, aber alle ignorierten mich. Schließlich entdeckte ich zwei blonde Mädchen mit großen Rucksäcken. Sie erkannten Salman und Sharuk noch vom letzten Mal. Die beiden jungen Männer konnten ihr Glück kaum fassen, weil sie von diesen Göttinnen erkannt wurden.

Für mich war es an der Zeit, eine neue Phase des Trauerprozesses zu beginnen.

Abschied

Wo hätte ich Jort besser die letzte Ehre erweisen können als in Varanasi? Menschen reisen von weither an, damit ihre greisen Mütter dort sterben können. Die Hindus glauben, dass die Seele Ruhe findet, wenn man in Varanasi kremiert wird. Die Chancen erhöhen sich zusätzlich, wenn man auch dort stirbt. Ich brachte nur die Erinnerung an Jort mit. Das musste reichen.

Nachdem ich ein Hotel am Ganges gefunden hatte, füllte ich meinen Tag mit der vergeblichen Suche nach einem stabilen WLAN-Netzwerk, um dem Begräbnis in den Niederlanden live beizuwohnen. Am laufenden Band zogen Gruppen von Männern an mir vorbei, die über ihren Köpfen einen Leichnam auf einer hölzernen Bahre trugen. Der Tod wurde hier nicht versteckt, sondern in Begleitung lauter Mantras durch die Straßen getragen. Alle durften es hören. Ich beschloss, so einem Zug zu folgen, wie ich zu Hause auch Jort gefolgt wäre. Varanasi war ein Irrgarten, doch diese Männer würden mich mit ihrem Gesang ans Ufer des Flusses führen, wo die Leichen verbrannt wurden. Wenn ich Jorts Bestattung nicht beiwohnen konnte, dann eben der Verbrennung von jemand anderem.

Der Leichenzug endete am Manikarnika Ghat, dem Ufer, an dem die Scheiterhaufen vierundzwanzig Stunden am Tag und sieben Tage in der Woche brennen. Jeden Tag werden hier etwa achtzig Leichen verbrannt. Ich hatte den Zug aus den Augen verloren. Von einem Plateau aus starrte ich auf einen Scheiterhaufen, auf dem ein Kopf wegschmolz. Arme Familien konnten häufig nicht genug Brennholz bezahlen, deswegen kam es vor, dass man im Ganges halb verkohlte Leichen treiben sah. Ich starrte auf die Scheiterhaufen und dachte daran, was ich noch zu Jort hätte sagen wollen.

Die Nachricht, dass du aus dieser Welt in eine andere gegangen bist, erstaunt mich und zugleich auch wieder nicht. Welches Jenseits du auch erwählt hast, es wird – weil du ein solcher Romantiker bist – ganz ohne Zweifel besser eingerichtet sein als die kahlen Zugabteile, in denen ich in letzter Zeit an die Decke gestarrt habe.

Die Hindus glauben, sie müssen nicht mehr endlos ins irdische Dasein zurückkehren, wenn ihre Asche über den Ganges verteilt wird. Falls du nicht schon jetzt das Nirwana erreichst, empfehle ich dir, als Kuh in Gokarna wiedergeboren zu werden. Dann kannst du am Strand chillen und vom Graswiederkäuen träumen. Ohne destruktive Ambitionen, die niemand von dir verlangt.

Ich hätte dir ein friedliches Sterbebett gegönnt, auf dem du auf deine schönen Augenblicke und auf alles Erreichte zurückschauen könntest. Du warst so irrsinnig begabt, und jetzt bist du mein Märtyrer. Dein Tod sagt mir ganz eindeutig, dass ich keinen Träumen nachjagen darf, die einen Sturm der Ruhelosigkeit entfesseln. Meilensteine scheinen immer weiter entfernt, je näher man seinem Ziel kommt.

Wenn du noch ein wenig gewartet hättest, hätte ich dich in die Einfachheit des Lebens mitgenommen, auf die wir manchmal so voller Hochmut herabschauen oder nach der wir uns mit fehlgeleiteten guten Absichten sehnen. In zwei Wochen wären wir durch die Dörfer im Himalaja gezogen.

In vielen Stunden, Tagen und Wochen hätten wir nichts anderes tun können, als müßig die Zeit verstreichen zu lassen. Dem alten Touristen zuschauen, der frustriert darauf wartet, dass der Jeep an einen Ort fährt, an dem es nichts zu tun gibt. Uns noch einen übersüßten Tee bestellen und in Tagträume über das Erreichen von nicht zu erkletternden Gipfeln versinken. Aber Träume hätten der Wirklichkeit nicht im Weg gestanden.

Vielleicht würdest du ein größenwahnsinniges Projekt auf die Beine stellen, mit dem du die Welt erobern willst. Ich würde das erkennen und dich auf andere Gedanken bringen wollen. In meiner Naivität würde ich dir erzählen, was die richtigen Zutaten und Mengenverhältnisse für ein bedeutsames Leben sind. Ich hätte gesagt, dass du alle Brücken hinter dir verbrennen könntest, um mit deinen letzten Schätzen eine Utopie zu schaffen. Und dass du durch das Geben von etwas Kleinem so viel mehr zurückbekommen hättest. Du hättest mich argwöhnisch angeschaut, mit deiner Genialität, die einen so verrückt macht. Das verstehe ich, denn so einfach ist das nicht, sich loszulösen. Ich muss noch eine ganze Menge Pfannkuchen backen, damit mir das klar wird. Aber irgendwann hättest du auch gelernt, dass sich niemand um deine Karriere schert. Es war niemandem wichtig, ob du Chirurg wirst oder Eisenbahnbeamter in einem kleinen armenischen Dorf.

Ach, ich weiß nicht, ob ich das Rezept gefunden habe, aber ich weiß inzwischen sehr gut, was eine Pfanne und ein bisschen Mehl, Milch und Eier bewirken können. Es ist egal, wenn der erste Pfannkuchen misslingt, wenn man ihn nur mit Liebe zubereitet und dem anderen überreicht.

Pancake Adventure

Die Welt erobern, bewaffnet mit einer Pfanne und Pfannkuchen

Ein niederländischer Reisender backt und verteilt in verschiedenen Städten kostenlos Pfannkuchen, um die Freude des Gebens mit anderen zu teilen

Von Bilal Farooqi und Ali Xafar
Karachi

Auf einem unglaublich vollen Secondhand-Markt in Karachi wendet Willem Dieleman Pfannkuchen und wischt sich hin und wieder den Schweiß von der Stirn. Die Pfannkuchen verteilt er kostenlos an eine Menge gleichermaßen faszinierter und erstaunter Zuschauer. »Warum macht er das?«, fragen sich viele von ihnen.

Ein etwa achtjähriger Müllsammler greift gierig nach einem Stück Pfannkuchen, das ihm einer der freiwilligen Helfer rund um den Stand hinhält. Er schluckt einen Mundvoll herunter und stößt einen Freudenschrei aus. Mission geglückt!

Pakistan ist das sechste Land, in das Willem Dieleman aus Amsterdam in den Niederlanden auf seinem *Pancake Adventure* gekommen ist. Vorher hat er die Geschmacksknospen von Menschen in der Türkei, Georgien, Armenien, im Iran und den Vereinigten Arabischen Emiraten in prickelnde Aufregung versetzt.

Der Niederländer ist aufgebrochen, um die Welt zu erobern, und seine einzigen Waffen bestehen aus einem tragbaren Gaskocher und einer Pfanne. Die nächsten Ziele seiner ehrgeizigen Tour sind Indien, Sri Lanka, Nepal, China und Vietnam. Eine konkrete Route hat er noch nicht geplant, aber er möchte weiter nach Laos, Kambodscha, Thailand, Malaysia, Indonesien, Australien, Neuseeland und in viele weitere Länder reisen, wenn er auf dem Weg Geld verdienen und sparen kann.

Aber warum Pfannkuchen? Dielemans Begeisterung für diese Speise geht auf seine Kindheit zurück. »Als ich sieben war, hat mir meine Mutter beigebracht, wie man Pfannkuchen backt«, erzählt er. »Diese Familientradition erinnert mich an zu Hause, während ich mich auf der anderen Seite der Welt aufhalte.«

Er findet es aufregend, die Freude des Gebens zu spüren. Und was ließe sich einfacher verschenken als ein Pfannkuchen – ein flacher Kuchen auf Stärkebasis mit einfachen Zutaten, der mit vielen verschiedenen Füllungen oder Sorten Belag serviert wird: zum Beispiel Marmelade, Obst, Sirup, Schokostreuseln und sogar Käse, Zwiebeln oder Pilzen.

In fast jeder Kultur auf der Welt gibt es Pfannkuchen in irgendeiner Form. Amerikanische Pfannkuchen sind luftig, französische dünn und chinesische klein. Meistens sind sie süß und das Lieblingsessen vieler Kinder.

»Wer liebt sie [Pfannkuchen] nicht? Ich möchte alle froh machen, und es gibt keinen besseren Weg dafür als das hier«, sagt Dieleman, während er einen weiteren leckeren Käsepfannkuchen zubereitet.

»Und viel einfacher [zuzubereiten] als zum Beispiel geröstete Froschschenkel«, witzelt er dann. Seine persönlichen Lieblingspfannkuchen sind die nach traditioneller niederländischer Art: gefüllt mit Käse und mit Sirup (»Stroop«) obendrauf. Aber diese Zutaten lassen sich auf Reisen nur schwer auftreiben.

Der junge Reisende glaubt, dass Pfannkuchen ebenso universal sind wie Kunst, Musik und Literatur. Darin besteht seine einzigartige Art und Weise, das Konzept »Menschheit« zu erklären – von Nationalitäten, Ethnien und religiösen Überzeugungen abgesehen, ist es schließlich so, dass wir »die einfachen Freuden des Lebens schätzen«.

Die feuchte Hitze von Karachi setzt dem schlanken Niederländer kaum zu. Bevor er in Karachi angekommen ist, hat er der brennenden Wüstensonne von Dubai widerstanden und dort Pfannkuchen für indische und pakistanische Bauarbeiter gebacken. »Jetzt, wo ich schon so viel gereist bin, fällt es mir leichter, mich an verschiedene Klimazonen anzupassen«, sagt er.

Sein Abenteuer wird weitergehen, doch die Entscheidung, das vom Terrorismus heimgesuchte Pakistan und noch dazu die von Gewalt geplagte Stadt Karachi zu besuchen, ist Dieleman nicht leichtgefallen. Zu Hause wartet eine sehr besorgte Mutter auf ihn.

»Ich hatte viele schreckliche Geschichten über Pakistan gehört. Das einzig Gute ist seine Schönheit«, meint er. Die Pakistaner, die er in Dubai kennengelernt hat, haben ihn sehr unterstützt und einen äußerst positiven Eindruck des Landes bei ihm hinterlassen.

»Außerdem«, so sagt er mit einem Lächeln, »verletzt doch niemand einen Kerl, der einfach irgendwo am Straßenrand Pfannkuchen backt.«

Im Moment finanziert Dieleman seine Reisen selbst. Über *Couchsurfing.org*, eine Webseite, die Reisende rund um die ganze Welt mit Einheimischen verbindet, die Touristen unterbringen wollen und dafür normalerweise kein Geld verlangen, ist es ihm gelungen, seine Ausgaben niedrig zu halten.

Mithilfe der Couchsurfer hat er es sogar geschafft, seinen improvisierten Stand in Gulshane-Iqbal aufzustellen. Einer von ihnen hat das Ganze organisiert, ein anderer einen Gaskocher gestiftet, wieder andere haben Marmelade, Schokoladensirup und Cheddar-Käse mitgebracht.

Die kleine Menschenmenge am Stand ist ausgesprochen durchmischt, viele verstehen die Idee hinter der außergewöhnlichen Reise des Niederländers. Doch es gibt auch andere, die nur schwer glauben können, dass ein Mann Hunderte von Meilen zurücklegt, nur um völlig Fremden kostenlos Pfannkuchen zu servieren.

Ein Polizist erkundigt sich: »Wann kommt dieses Produkt auf den Markt?«

Als der Beamte vom Pfannku-
chenabenteuer erfährt, begreift
er das Konzept einfach nicht.
»Wenn er damit keinen Profit
macht, warum tut er es dann
überhaupt?«

Aber als der Polizist einen
Pfannkuchen probiert, schmeckt
er ihm. Und das ist alles, was
für den Pfannkuchenreisenden
zählt.

Das Pfannkuchenrezept des Niederländers

1 kg Mehl
1 l Milch
1 l Wasser
8 Eier
eine Prise Salz

In eine heiße Pfanne (heiß,
aber nicht zu heiß – die
größte Herausforderung)
kommt ein Stück Butter.
Dann den Teig von einer
Seite in die Pfanne gießen
und sie ein wenig hin und
her bewegen, bis der ganze
Boden bedeckt ist. Füllung
nach Wahl hinzufügen. Warten, bis der Teig fest genug
ist, dann den Pfannkuchen
wenden. In einer Minute
ist der Pfannkuchen fertig.
Weiteren Belag nach Wahl
hinzufügen.

**Das Logo, welches
Jonas für mich
entworfen hat**

Eine Anmerkung zur Widmung

* Senem Koç, Cansu Elter, Yasin Talasci, Husseyin, Fatma Özdemir, Bruno Cattelain, Jenner, Frau am Grenzübergang, Irakli, Marko Đedović, Mark Fisk, Karola Bidermann, Vater und Sohn im weißen Auto, russischer Chauffeur, Mann im weißen Auto, Wassermelonenverkäufer, Lastwagenfahrer, junge Männer im Ladewagen, Vater und Sohn, Abschleppwagenfahrer, vier Männer im lila Auto, Tereza Ulikhanyan, Aram und Sergey Gyozalyan, Mann auf dem Weg nach Eriwan, Mann im lila Auto, Spielzeugverkäufer, armenisch-amerikanische Familie, junger Mann im weißen Minibus mit Eiskaffee, junger Mann im roten Renault, Hosein Moradi, Zari und Pari Sabbah, Fatemeh und Reza Ghaderi, Parinaz und Mahy Hashemi, Reza Peace Gulf, Roshanak, *ame* Efat und *amoo* Hassan, Mohammad Shamsollahi, Mehmet Abolghasem, Hadji, Sassan Rismani, Martin Palmer, Jinki Perez, Mahi Digumarthy, russischer Student, nepalesischer Sicherheitsdienstmitarbeiter, pakistanischer Manager, Moataz, Hafiz Muzzammil, Sohail Jumani, Talha Asif Dar, Alam Dario und Familie, Kamran Yusuf Shami, Roshaan Khattak und Familie, Ali Abbas Akhtar, Mohammed (vom Sicherheitsdienst), Faisal, Akifa Mian, Omer Alghazali, Gurjit Singh, Ami Bal, Mann mit Bart im Bus, Michael Bones, Miracle Orphanage, Mark Rotenstein, Salman und Sharukh Khan, Jonas Louisse, Jochem Koning, Boas Dun, Om, Bhagya Ewaram Subba, Sara und Kamal, Surya Man Limbu, Jibn, junger Vater in Besisahar, 张楚旋, Zhang Xing, Leo Yu, Sander in Chengdu, Koen Sijpkens, Huynh Ngoc Thanh, Uyen Diep, Ai Linh und Familie, Nguyễn Tu Oanh, Hieu Mike, Familie in Phuc Đồng, Leute aus dem Friendship Village, Familie auf der Hochzeit, Petar Zhivkov, Chhun NaVith, Per van Duijn, Andrew Lindqvist, Julia Adamski und Familie, Veerle Verloij, Mirke Sipsma, Marcus Costello, Greg und Meagan Bones, Sallo Polak, Anton Dryanichkin, Kate Rial und Austin Nicolas, Gaelle Dickie, Iskander und Fatun, Willy Ramadhan, Zemo Cabalero, Khairul, Nanang Sunarko, Agam Rifidikan, Ferry Borhan, Siti NJ und Maarten Luycx, Priester in der Ausbildung, Lastwagenfahrer, KupuKupu Foundation, Niederländische Botschaft, Lentera Anak Pelangi, Natasja Sitorus, Familie in West-Nusa Tenggara, Sita Teofani, Budi, Hafiz, Armin Nikdel; beim Autostopp: junge Männer im Auto, Pärchen, Familie, Studenten, Mandy Tay, Remedios Gonzales Payumo und Familie, Elizabeth Elliott, Jacqueline van den Ende, Nick Moiratis, Natalie Cutcliffe, Martin Kuhn, Marion Kelt, Lily und ihre Freunde, Lastwagenfahrer, Ricky, französische Familie im Wohnwagen, Annet, Alex, Eroll, Alice, Ash, Dennis.

Der Soldat und der Streuner – ein unschlagbares Team

Craig Grossi
MEIN FREUND FRED
UND UNSER LANGER
WEG NACH HAUSE
Aus dem amerikanischen
Englisch von
Maria Mill
328 Seiten
mit Abbildungen
ISBN 978-3-7857-2647-1

Craig ist als Soldat in einer afghanischen Taliban-Hochburg im Einsatz, als ihm ein tölpeliger Hund mit kurzen Beinen und großen Augen zuläuft. Der zutrauliche Welpe bekommt den Namen Fred und ist bald aus dem Camp nicht mehr wegzudenken. Als es für Craig an der Zeit ist, heimzukehren, bringt er es nicht übers Herz, den kleinen Hund im Kriegsgebiet zurückzulassen. Er schmiedet einen wagemutigen Plan und schmuggelt Fred in die USA. Zu diesem Zeitpunkt ahnt er noch nicht, dass Fred für ihn schon bald zum Retter in der Not wird.

Bastei Lübbe